Jiaotong Jianshe gongcheng Shigong Anquan Shengchan

交通建设工程施工安全生产

Guanli Renyuan Yingzhi Yinghui Tiku

管理人员应知应会题库

浙江交通职业技术学院交通运输安全研究所

邹胜勇　张征文　主编

人民交通出版社股份有限公司
China Communications Press Co.,Ltd.

内 容 提 要

本题库共六篇，分为法律法规篇、安全管理篇、工程施工作业通用安全技术篇、工程施工作业专用安全技术篇、养护技术篇和案例警示篇。第一篇包括安全法律、行政法规和部门规章。第二篇包括安全基础理论、安全管理制度和安全标准化考评。第三篇包括施工现场布设与防护、高处作业、支架脚手架、模板、危险品作业、特种设备与特种作业、基坑施工和临时用电。第四篇包括路基、路面、桥梁、隧道、航道、码头、船闸和附属工程。第五篇为养护技术篇。第六篇为案例警示篇，列出了20个交通建设工程施工安全事故典型案例。

本题库共2700题，内容涵盖交通建设工程安全生产各知识点，可供交通建设工程安全管理人员学习使用。

图书在版编目(CIP)数据

交通建设工程施工安全生产管理人员应知应会题库 / 邹胜勇，张征文主编. — 北京：人民交通出版社股份有限公司，2016.12

ISBN 978-7-114-13450-0

Ⅰ. ①交… Ⅱ. ①邹… ②张… Ⅲ. ①交通工程—工程施工—安全生产—安全管理—习题集 Ⅳ. ①U415-44

中国版本图书馆CIP数据核字(2016)第271587号

书　　名：交通建设工程施工安全生产管理人员应知应会题库
著 作 者：邹胜勇　张征文
责任编辑：任雪莲
出版发行：人民交通出版社股份有限公司
地　　址：(100011)北京市朝阳区安定门外外馆斜街3号
网　　址：http://www.ccpress.com.cn
销售电话：(010)59757973
总 经 销：人民交通出版社股份有限公司发行部
经　　销：各地新华书店
印　　刷：北京盈盛恒通印刷有限公司
开　　本：787×1092　1/16
印　　张：18
字　　数：416千
版　　次：2016年12月　第1版
印　　次：2016年12月　第1次印刷
书　　号：ISBN 978-7-114-13450-0
印　　数：0001-3000册
定　　价：59.00元
(有印刷、装订质量问题的图书由本公司负责调换)

前　言

安全生产关系着社会稳定与和谐，是保护劳动者的健康和生命安全、避免国家财产损失、促进社会经济活动协调发展的基本保证。随着我国交通基础设施建设规模的不断扩大，工程建设向高、大、深、新发展，建设施工难度日益加大，施工环节多，环境复杂，施工现场生产安全风险增多，安全管理工作内容涉及面广且繁杂。

生产安全事故大多数都与人的不安全行为有关。加强安全生产教育培训工作，是预防事故的重要环节，是建立安全监管长效机制的重要举措。为了帮助广大交通建设工程施工企业安全管理人员系统地学习基础理论知识、法律法规知识和安全生产技能，进一步推动交通建设工程施工企业安全生产管理人员的教育培训考核工作，我们组织了有关专家，结合安全理论和工程实践，针对交通建设工程施工的专业特点，编写了《交通建设工程施工安全生产管理人员知识读本》和《交通建设工程施工安全生产管理人员应知应会题库》。

本题库共分六篇，包括法律法规篇、安全管理篇、工程施工作业通用安全技术篇、工程施工作业专用安全技术篇、养护技术篇和案例警示篇。法律法规篇主要依据《中华人民共和国安全生产法》《中华人民共和国标准化法》《中华人民共和国职业病防治法》和《企业安全生产标准化基本规范》等法律法规。安全管理篇包含安全基础理论、安全管理制度和安全标准化考评三个部分，参照了《建筑施工企业安全生产管理机构设置及专职安全生产管理人员配备办法》《生产安全事故报告和调查处理条例》和《交通运输工程建设企业安全生产标准化考评指标释义》等文件。工程施工作业通用安全技术篇和工程施工作业专用安全技术篇主要依据《公路工程施工安全技术规范》（JTG F90—2015）、《建筑施工扣件式钢管脚手架安全技术规范》（JGJ 130—2011）、《建筑施工模板安全技术规范》（JGJ 162—2008）、《公路路基施工技术规范》（JTG F10—2006）、《重力式码头设计与施工规范》（JTS 167-2—2009）和《水运工程施工安全防护技术规范》（JTS 205-1—2008）等行业规范。养护技术篇参考了《公路养护安全作业规程》（JTG H30—2015）、《公路养护技术规范》（JTG H10—2009）和《公路沥青路面养护技术规范》（JTJ 073.2—2001）等。案例警示篇由20个案例组成，读者需了解事故经过和分析事故原因后进行选择、判断。

本题库的编写是在浙江省交通建设工程监督管理局支持下的“浙江省公路水运工程施工安全生产管理人员应知应会试题集”项目基础上由浙江交通职业技术

学院交通运输安全研究所主持完成。本题库主编为浙江交通职业技术学院邹胜勇、张征文，参与编写的还有陈凯、陈祎、张冰冰、诸葛晓军、刘渊海、郭发忠、徐忠阳、许玮珑等。本题库编写过程中得到了浙江省交通建设工程监督管理局的鼎力支持。

由于编者水平有限，难免有疏漏之处，真诚希望读者能够提出宝贵意见，以便及时修订，联系邮箱：zoudao@163.com。

本书编委会

2016 年 10 月

目　　录

第一篇　法律法规篇

第一章　安 全 法 律

一、单选题

1.《中华人民共和国安全生产法》(主席令 2014 第 13 号)第三条规定:我国安全生产的方针是(　　)。

A. 安全第一、预防为主、综合治理

B. 质量第一、兼顾安全

C. 安全至上

D. 安全责任重于泰山

2.《中华人民共和国安全生产法》(主席令〔2014〕第 13 号)第五条规定:生产经营单位的(　　)对本单位的安全生产工作全面负责。

A. 项目经理　　B. 安全部长

C. 分管安全的副总　　D. 主要负责人

3.《中华人民共和国安全生产法》(主席令〔2014〕第 13 号)第六条规定:生产经营单位的(　　),有依法获得安全生产保障的权利,并应当依法履行安全生产方面的义务。

A. 单位负责人　　B. 项目经理

C. 专职安全管理人员　　D. 从业人员

4.《中华人民共和国安全生产法》(主席令〔2014〕第 13 号)第十条规定:"生产经营单位必须执行依法制定的保障安全生产的国家标准或者行业标准。"此款中的国家标准和行业标准属于(　　)标准。

A. 一般　　B. 强制性　　C. 通用　　D. 推荐性

5.《中华人民共和国安全生产法》(主席令〔2014〕第 13 号)第十三条规定:生产经营单位委托工程技术人员提供安全生产管理服务的,保证安全生产的责任由(　　)负责。

A. 责任人　　B. 项目经理

C. 主管　　D. 本单位

6.《中华人民共和国安全生产法》(主席令〔2014〕第 13 号)第十七条规定:生产经营单位应当具备本法和有关法律、行政法规和国家标准或者行业标准规定的(　　);不具备的,不得从事生产经营活动。

A. 安全标识　　B. 安全生产条件

C. 安全设备　　D. 安全投入

7.《中华人民共和国安全生产法》(主席令〔2014〕第13号)第二十条规定:生产经营单位应当具备的安全生产条件所必需的资金投入,由生产经营单位的决策机构、(　　),并对由于安全生产所必需的资金投入不足导致的后果承担责任。

A. 主要负责人或者个人经营的投资人予以保证

B. 相关负责人或者集体经营的投资人予以保证

C. 相关负责人或者个人经营的投资人予以保证

D. 主要负责人或者集体经营的投资人予以保证

8.《中华人民共和国安全生产法》(主席令〔2014〕第13号)第二十一条规定:对建筑施工企业安全生产管理机构的设置,下列说法准确的是(　　)。

A. 不超过50人的,不需设置　　B. 不超过100人的,不需设置

C. 不超过150人的,不需设置　　D. 应当设置

9.《中华人民共和国安全生产法》(主席令〔2014〕第13号)第二十一条规定:矿山、建筑施工单位和危险物品的生产、经营、储存单位,应当设置安全生产管理机构或者(　　)。

A. 配备监督人员　　B. 配备生产管理人员

C. 配备项目主管　　D. 配备专职安全生产管理人员

10.《中华人民共和国安全生产法》(主席令〔2014〕第13号)第二十四条规定:危险物品的生产、储存单位以及矿山、金属冶炼单位应当有(　　)从事安全生产管理工作。

A. 安全监理　　B. 项目经理

C. 注册安全工程师　　D. 主要负责人

11.《中华人民共和国安全生产法》(主席令〔2014〕第13号)第二十四条规定:生产经营单位的主要负责人和安全生产管理人员必须具备与本单位所从事的生产经营活动相应的(　　)。

A. 安全生产管理资格　　B. 安全生产管理学历

C. 安全生产管理经验　　D. 安全生产知识和管理能力

12.《中华人民共和国安全生产法》(主席令〔2014〕第13号)第二十五条规定:生产经营单位应当对从业人员进行安全生产教育和培训,保证从业人员具备必要的(　　)。

A. 职业生产技能　　B. 安全生产知识

C. 工作能力　　D. 企业文化知识

13.《中华人民共和国安全生产法》(主席令〔2014〕第13号)第二十八条规定:生产经营单位新建、改建、扩建工程项目(统称建设项目)的安全设施,必须与主体工程(　　)。

A. 同时设计、同时施工

B. 同时设计、同时施工、同时投入生产

C. 同时设计、同时施工、同时投入生产和使用

D. 同时施工、同时投入生产和使用

14.《中华人民共和国安全生产法》(主席令〔2014〕第13号)第三十三条规定:生产经营单位必须对安全设备进行经常性维护、保养,并定期检测,由有关人员签字。这一规定属于安全生产保障措施中的(　　)。

A. 组织保障措施　　B. 管理保障措施
C. 经费保障措施　　D. 技术保障措施

15.《中华人民共和国安全生产法》(主席令〔2014〕第13号)第三十八条规定:生产经营单位应当建立健全(　　),采取技术、管理措施,及时发现并消除事故隐患。事故隐患排查治理情况应当如实记录,并向从业人员通报。

A. 生产秩序管理制度　　B. 生产安全事故隐患排查治理制度
C. 生产工艺管理制度　　D. 安全生产会议制度

16.《中华人民共和国安全生产法》(主席令〔2014〕第13号)第三十九条规定:生产、经营、储存、使用危险物品的车间、仓库等,不得与员工宿舍在同一建筑物内,并应当与员工宿舍保持(　　)距离。

A. 5m　　B. 10m　　C. 15m　　D. 安全

17.《中华人民共和国安全生产法》(主席令〔2014〕第13号)第四十条规定:生产经营单位进行爆破、吊装等危险作业,应当安排(　　)进行现场安全管理,确保操作规程的遵守和安全措施的落实。

A. 专门人员　　B. 临时人员　　C. 单位负责人　　D. 监理人员

18.《中华人民共和国安全生产法》(主席令〔2014〕第13号)第四十二条规定:生产经营单位必须为从业人员提供符合国家标准或者行业标准的(　　)。

A. 安全教育书籍　　B. 卫生用品
C. 操作工具　　D. 劳动防护用品

19.《中华人民共和国安全生产法》(主席令〔2014〕第13号)第四十三条规定:生产经营单位的安全生产管理人员应当根据本单位的生产经营特点,对安全生产状况进行(　　);对检查中发现的安全问题,应当立即处理;不能处理的,应当及时报告本单位有关负责人,有关负责人应当及时处理。检查及处理情况应当如实记录在案。

A. 经常性检查　　B. 不定期检查
C. 突击检查　　D. 需要时检查

20.《中华人民共和国安全生产法》(主席令〔2014〕第13号)第四十五条规定:两个以上的生产经营单位在同一作业区域内进行生产经营活动,可能危及对方安全的,应当(　　),明确各自的安全生产管理职责和应采取的安全措施。

A. 隐瞒对方保证生产　　B. 签订安全生产管理协议
C. 错开经营活动的时间　　D. 请求有关部门协调

21.《中华人民共和国安全生产法》(主席令〔2014〕第13号)第四十六条规定:生产经营项目、场所有多个承包单位、承租单位的,生产经营单位应当与承包单位、承租单位签订专门的安全生产管理协议,或者在承包合同、租赁合同中约定各自的安全生产管理职责;(　　)对承包单位、承租单位的安全生产工作统一协调、管理。

A. 政府　　B. 安全生产监督部门
C. 生产经营单位　　D. 承包和承租单位联合体

22.《中华人民共和国安全生产法》(主席令〔2014〕13号)第四十九条规定:生产经营单位

与从业人员订立的(　　),应当载明有关保障从业人员劳动安全、防止职业危害的事项,以及依法为从业人员办理工伤社会保险的事项。

A. 工资合同　　B. 养老保险

C. 劳动合同　　D. 失业保险

23.《中华人民共和国安全生产法》(主席令〔2014〕第13号)第五十一条规定:生产经营单位的从业人员对本单位的安全生产工作提出批评、检举、控告,生产经营单位(　　)。

A. 可以降低其工资、福利待遇,但不得解除与其订立的劳动合同

B. 可以降低其工资,但不得降低其福利待遇

C. 不可以降低其工资、福利待遇或者解除与其订立的劳动合同

D. 可以降低其福利待遇,但不得降低工资和解除劳动合同

24.《中华人民共和国安全生产法》(主席令〔2014〕第13号)第五十二条规定:对从业人员权利和义务的有关规定,当发现直接危及自身安全的紧急情况时,从业人员(　　)。

A. 应立即逃离施工现场

B. 要采取一切技术手段抢险救灾

C. 在采取必要的个人防护措施后,在现场静观事态变化

D. 有权停止作业或者在采取可能的应急措施后撤离作业现场

25.《中华人民共和国安全生产法》(主席令〔2014〕13号)第五十三条规定:因生产安全事故受到伤害的从业人员,除依法享有(　　)外,依照有关民事法律尚有获得赔偿权利的,有权向本单位提出赔偿要求。

A. 工伤保险　　B. 医疗保险

C. 失业保险　　D. 养老保险

26.《中华人民共和国安全生产法》(主席令〔2014〕第13号)第五十三条规定:因生产安全事故受到伤害的从业人员,除依法享有工伤保险外,依照有关民事法律尚有获得赔偿的权利的,有权向本单位提出(　　)。

A. 任何要求　　B. 保护要求

C. 辞职要求　　D. 赔偿要求

27.《中华人民共和国安全生产法》(主席令〔2014〕第13号)第五十七条规定:对生产经营单位违反安全生产法律、法规,侵犯从业人员合法权益的行为,(　　)有权要求纠正。

A. 办公室　　B. 工会　　C. 人力资源部　　D. 职工代表

28.《中华人民共和国安全生产法》(主席令〔2014〕第13号)第五十七条规定:发现危及从业人员生命安全的情况时,(　　)有权向生产经营单位建议组织从业人员撤离危险场所,生产经营单位必须立即作出处理。

A. 办公室　　B. 工会　　C. 人力资源部　　D. 职工代表

29.《中华人民共和国安全生产法》(主席令〔2014〕第13号)第七十一条规定:对事故隐患或安全生产违法行为,有权向负有安全生产监督管理职责部门报告或者检举的(　　)。

A. 只能是生产经营单位的从业人员

B. 只能是监察机关及其工作人员

C. 可以是任何单位和个人

D. 必须是生产经营单位的安全生产管理人员

30.《中华人民共和国安全生产法》(主席令〔2014〕第13号)第七十八条规定:生产经营单位应当制订本单位生产安全事故应急救援预案,与所在地县级以上地方人民政府组织制订的生产安全事故应急救援预案相衔接,并(　　)组织演练。

A. 需要时　　B. 定期　　C. 不定期　　D. 不需要

31.《中华人民共和国安全生产法》(主席令〔2014〕第13号)第八十条规定:生产经营单位发生生产安全事故后,事故现场有关人员应当立即报告(　　)。

A. 本单位负责人　　B. 公安机关

C. 人民检察院　　D. 人民法院

32.《中华人民共和国安全生产法》(主席令〔2014〕第13号)第八十九条规定:承担安全评价、认证、检测、检验工作的机构,出具虚假证明,构成犯罪的,依照《中华人民共和国刑法》有关规定追究刑事责任;尚不够刑事处罚的,没收违法所得,违法所得在5 000元以上的,并处违法所得(　　)的罚款。

A. 2万元以下　　B. 2万元以上5万元以下

C. 5万元以下　　D. 3万元以上5万元以下

33.《中华人民共和国安全生产法》(主席令〔2014〕第13号)第九十一条规定:生产经营单位的主要负责人受刑事处罚或者撤职处分的,自刑罚执行完毕或者受处分之日起,(　　)年内不得担任任何生产经营单位的主要负责人。

A. 2　　B. 3　　C. 4　　D. 5

34.《中华人民共和国安全生产法》(主席令〔2014〕第13号)第九十八条规定:生产经营单位逾期未安排专门人员对爆破、吊装作业进行现场安全管理,应(　　)。

A. 吊销其有关证照　　B. 处以一定数额的罚款

C. 追究刑事责任　　D. 责令停产停业整顿

35.《中华人民共和国安全生产法》(主席令〔2014〕第13号)第一百一十一条规定:生产经营单位发生生产安全事故造成人员伤亡、他人财产损失的,应当依法承担(　　);拒不承担或者其负责人逃匿的,由人民法院依法强制执行。

A. 赔偿责任　　B. 刑事责任

C. 行政责任　　D. 降职处分

36.《中华人民共和国环境保护法》(主席令〔2014〕第9号)第五十九条规定:企业事业单位和其他生产经营者违法排放污秽物,受到罚款处罚,被责令改正,拒不改正的,依法作出处罚决定的行政机关可以自责令改正之日的次日起,按照(　　)处罚。

A. 原处罚数额按日连续　　B. 原处罚数额的2倍

C. 原处罚数额的3倍　　D. 原处罚数额的5倍

37.《中华人民共和国特种设备安全法》(主席令〔2013〕第4号)第三十二条规定:特种设备使用单位应当使用取得许可(　　)合格的特种设备。

A. 生产并改造　　B. 检验并改造

C. 生产并检验　　　　D. 改造并安装

38.《中华人民共和国特种设备安全法》(主席令〔2013〕第4号)第四十八条规定:(　　)设备应报废,并向原登记机关注销。

A. 存在严重事故隐患,无改造、维修价值的

B. 超过检验周期的

C. 发生过一般事故的

D. 管理混乱的

39.《中华人民共和国职业病防治法》(主席令〔2011〕第52号)第五十条规定:劳动人事争议仲裁委员会在接到劳动者申请时,应该在(　　)天内作出裁决。

A. 5　　B. 15　　C. 21　　D. 30

40.《中华人民共和国职业病防治法》(主席令〔2011〕第52号)第五十条规定:用人单位对仲裁裁决不服的,可以在职业病诊断、鉴定程序结束之日起(　　)天内依法向人民法院提起诉讼。

A. 5　　B. 15　　C. 21　　D. 30

41.《中华人民共和国建筑法》(国务院令〔2011〕第46号)第二十四条规定:(　　)对建筑工程实行总承包,禁止将建筑工程肢解发包。

A. 提倡　　B. 要求　　C. 强制实行　　D. 禁止

42.《中华人民共和国建筑法》(国务院令〔2011〕第46号)第三十八条规定:施工企业在编制施工组织设计时,应当根据(　　)制订相应的安全技术措施。

A. 建设工程的特点　　　　B. 自身经济情况

C. 本单位的特点　　　　D. 主管部门的要求

43.《中华人民共和国建筑法》(国务院令〔2011〕第46号)第三十八条规定:建筑施工企业在编制施工组织设计时,对专业性较强的工程项目,(　　)。

A. 不必编制专项安全施工组织设计

B. 视情况决定是否编制专项安全施工组织设计

C. 视情况决定是否采取安全技术措施

D. 应当编制专项安全施工组织设计,并采取安全技术措施

44.《中华人民共和国建筑法》(国务院令〔2011〕第46号)第四十二条规定:有下列情形之一的,(　　)应当按照国家有关规定办理申请批准手续。

(一)需要临时占用规划批准范围以外场地的;

(二)可能损坏道路、管线、电力、电信等公共设施的;

(三)需要临时停水、停电、中断道路交通的;

(四)需要进行爆破作业的;

(五)法律、法规规定需要办理报批手续的其他情形。

A. 建设单位　　　　B. 监理单位

C. 设计单位　　　　D. 建筑施工企业

45.《中华人民共和国建筑法》(国务院令〔2011〕第46号)第六十六条规定:建筑施工企业

转让、出借资质证书或者以其他方式允许他人以本企业的名义承揽工程的，对因该项承揽工程不符合规定的质量标准造成损失（　　）。

A. 由建筑施工企业独自负责

B. 承包单位与接受转包或者分包的单位商定承担责任

C. 由借用单位或者个人独立承担赔偿责任

D. 由建筑施工企业与使用本企业名义的单位或者个人承担连带赔偿责任

46.《中华人民共和国建筑法》（国务院令〔2011〕第46号）第七十六条规定：建筑法规定的责令停业整顿、降低资质等级和吊销资质证书的行政处罚，由（　　）决定。

A. 劳动部门　　B. 颁发资质证书的机关

C. 中国建筑业协会　　D. 安监局

47.《中华人民共和国建筑法》（国务院令〔2011〕第46号）第八十二条规定：建设行政主管部门和其他有关部门在对建设活动实施监督管理过程中，（　　）。

A. 可以收取相关费用

B. 不得收取任何费用

C. 除按照国务院有关规定收取费用外，不得收取其他费用

D. 除按照国务院有关规定收取费用外，还可以依据实际发生收取其他费用

48.《中华人民共和国消防法》（主席令〔2008〕第6号）第二十一条规定：作业人员应当遵守消防安全规定，并采取相应的消防安全措施。进行具有（　　）等火灾危险的作业人员和自动消防系统的操作人员，必须持证上岗，并严格遵守消防安全操作流程。

A. 木工　　B. 电焊、气焊

C. 油漆　　D. 使用喷灯

49.《中华人民共和国刑法修正案（六）》（主席令〔2006〕第51号）第一百三十四条规定：强令他人违章冒险作业，因而发生重大伤亡事故，情节特别恶劣的，处（　　）有期徒刑。

A. 三年以下　　B. 五年以上

C. 七年以下　　D. 三年以上七年以下

50. 第一次明确规定了从业人员安全生产的法定义务和责任的是（　　）。

A. 劳动法　　B. 安全生产法

C. 工会法　　D. 宪法

二、多选题

1.《中华人民共和国安全生产法》（主席令〔2014〕第13号）第一条规定：安全生产的目的包括（　　）。

A. 防止和减少生产安全事故　　B. 保障人民群众生命和财产安全

C. 促进经济发展　　D. 减少项目成本

E. 加快项目进度

2.《中华人民共和国安全生产法》（主席令〔2014〕第13号）第十八条规定：生产经营单位的主要负责人对本单位安全生产工作负有下列职责（　　）。

A. 建立、健全本单位安全生产责任制

B. 保证本单位安全生产投入的有效实施

C. 组织制订并实施本单位的生产安全事故应急救援预案

D. 及时、如实报告生产安全事故

E. 组织制订并实施本单位安全生产教育和培训计划

3.《中华人民共和国安全生产法》(主席令〔2014〕第13号)第十九条规定:生产经营单位的安全生产责任制应当明确各岗位的(　　)等内容。

A. 技术要求　　B. 责任人员

C. 责任范围　　D. 考核标准

E. 竞争对象

4.《中华人民共和国安全生产法》(主席令〔2014〕第13号)第二十二条规定:生产经营单位的安全生产管理机构以及安全生产管理人员应履行下列职责:(　　)。

A. 组织或参与拟订单位安全生产规章制度、操作规程和生产安全事故应急救援预案

B. 检查安全生产状况,及时排查生产安全事故隐患,提出安全生产管理的改进建议

C. 督促落实单位重大危险源的安全管理措施

D. 组织或参与本单位应急救援演练

E. 组织或参与单位安全生产教育与培训

5.《中华人民共和国安全生产法》(主席令〔2014〕第13号)第二十五条规定:生产经营单位应当建立安全生产教育和培训档案,如实记录安全生产教育和培训的(　　)等情况。

A. 时间　　B. 内容

C. 参加人员　　D. 考核结果

E. 领导批示

6.《中华人民共和国安全生产法》(主席令〔2014〕第13号)第二十六条规定:生产经营单位采用新工艺、新技术、新材料或者使用新设备,必须(　　)。

A. 了解、掌握其安全技术特性及其安全性能

B. 采取有效的安全防护措施

C. 配备临时人员对其进行维护

D. 对从业人员进行企业文化教育

E. 对从业人员进行专门的安全生产教育和考核

7.《中华人民共和国安全生产法》(主席令〔2014〕第13号)第二十六条规定:生产经营单位采用(　　),必须了解、掌握其安全技术特性,采取有效的安全防护措施,并对从业人员进行专门的安全生产教育和培训。

A. 新工艺　　B. 新技术

C. 新材料　　D. 新设备

E. 新发现

8.《中华人民共和国安全生产法》(主席令〔2014〕第13号)第三十四条规定:生产单位使用的(　　),必须按照国家有关规定,由专业生产单位生产,并经取得专业资质的检测、检验

机构检测、检验合格，取得安全使用证或者安全标志，方可投入使用。

A. 食堂炊具、餐具

B. 涉及生命安全、危险性较大的特种设备

C. 危险物品的容器

D. 危险物品的运输工具

E. 临时租赁居民住房

9.《中华人民共和国安全生产法》（主席令〔2014〕第13号）第三十七条规定：生产经营单位对重大危险源应当登记建档，并进行定期（　　），告知从业人员和相关人员在紧急情况下应当采取的应急措施。

A. 检测　　B. 评估

C. 监控　　D. 制订应急预案

E. 质检

10.《中华人民共和国安全生产法》（主席令〔2014〕第13号）第四十二条与第五十一条规定：从业人员在安全生产活动中的义务包括（　　）。

A. 正确佩戴和使用劳动防护用品

B. 掌握本岗位工作所需的安全生产知识

C. 绝对服从作业指挥

D. 制订安全生产事故的处理程序

E. 发现事故隐患立即向新闻媒体汇报

11.《中华人民共和国安全生产法》（主席令〔2014〕第13号）第四十九条规定：生产经营单位与从业人员订立的劳动合同，应当载明有关（　　）。

A. 保障从业人员劳动安全的事项

B. 保障从业人员防止职业危害的事项

C. 保障从业人员接受教育培训的事项

D. 保障从业人员缴纳工伤社会保险费和获得民事赔偿的事项

E. 依法为从业人员办理工伤社会保险的事项

12.《中华人民共和国安全生产法》（主席令〔2014〕第13号）第四十九条规定：生产经营单位与作业人员订立协议（　　）。

A. 免除其对从业人员因生产安全事故伤亡依法应承担的责任的，该协议无效

B. 减轻其对从业人员因生产安全事故伤亡依法应承担的责任的，该协议无效

C. 免除其对从业人员因生产安全事故伤亡依法应承担的责任的，该协议有效

D. 减轻其对从业人员因生产安全事故伤亡依法应承担的责任的，该协议有效

E. 免除或减轻其对从业人员因生产安全事故伤亡依法应承担的责任的，该协议有效与否视情况而定

13.《中华人民共和国安全生产法》（主席令〔2014〕第13号）第五十一条规定：从业人员有权对本单位安全生产工作中存在的问题提出（　　）。

A. 批评　　B. 检举

C. 控告　　D. 规定

E. 申诉

14.《中华人民共和国安全生产法》(主席令〔2014〕第13号)第六十二条规定:重大事故隐患排除前或者排除过程中无法保证安全的,应当责令(　　)。

A. 从危险区域内撤出作业人员

B. 暂时停产停业

C. 暂时停止使用相关设施、设备

D. 放弃该项目建设

E. 处罚项目领导

15.《中华人民共和国安全生产法》(主席令〔2014〕第13号)第六十二条规定:为了加强日常监督管理,加大执法工作力度,赋予了负有安全生产监督管理职责的部门(　　)。

A. 现场检查权　　B. 紧急处罚权

C. 当场处理权　　D. 查封扣押权

E. 安全关闭权

16.《中华人民共和国安全生产法》(主席令〔2014〕第13号)第六十五条规定:安全生产监督检查人员应当将检查的(　　)作出书面记录,并由检查人员和被检查单位的负责人签字。

A. 时间、地点与内容　　B. 发现的问题及其处理情况

C. 现场人数　　D. 周边环境

E. 气候温度

17.《中华人民共和国安全生产法》(主席令〔2014〕第13号)第八十三条规定:事故调查处理应当按照(　　)的原则,及时、准确地查清事故原因,查明事故性质和责任,总结事故教训,提出整改措施,并对事故责任者提出处理意见。

A. 科学严谨　　B. 领导批示

C. 实事求是　　D. 注重实效

E. 依法依规

18.《中华人民共和国安全生产法》(主席令〔2014〕第13号)第九十四条规定:生产经营单位应对(　　)进行安全生产教育和培训,并按照规定如实告知有关的安全生产事项。

A. 从业人员　　B. 被派遣劳动者

C. 实习学生　　D. 公司领导

E. 外来指导专家

19.《中华人民共和国安全生产法》(主席令〔2014〕第13号)第九十六条规定:生产经营单位有下列(　　)行为之一的,责令限期改正,可以处五万元以下的罚款;逾期未改正的,处五万元以上二十万元以下的罚款,对其直接负责的主管人员和其他直接责任人员处一万元以上两万元以下的罚款;情节严重的,责令停产停业整顿;构成犯罪的,依照《中华人民共和国刑法》有关规定追究刑事责任。

A. 未在有较大危险因素的生产经营场所和有关设施、设备上设置明显的安全警示标志的

B. 安全设备的安装、使用、检测、改造和报废不符合国家标准或者行业标准的

C. 未对安全设备进行经常性维护、保养和定期检测的

D. 未为从业人员提供符合国家标准或者行业标准的劳动防护用品的

E. 使用应当淘汰的危及生产安全的工艺、设备的

20.《中华人民共和国安全生产法》(主席令〔2014〕第13号)第九十八条规定:生产经营单位对重大危险源应该(　　)。

A. 登记建档　　B. 立即废弃

C. 进行评估、监控　　D. 制订应急预案

E. 请领导视察

21.《中华人民共和国安全生产法》(主席令〔2014〕第13号)第一百零六条规定:生产经营单位的主要负责人在本单位发生生产安全事故时,不立即组织抢救或者在事故调查处理期间擅离职守或者逃匿的,给予降级、撤职的处分,并由安全生产监督管理部门处上一年年收入百分之六十至百分之一百的罚款;对逃匿的处十五日以下拘留;构成犯罪的,依照《中华人民共和国刑法》有关规定追究刑事责任。生产经营单位的主要负责人对生产安全事故(　　)的,依照前款规定处罚。

A. 隐瞒不报　　B. 谎报

C. 迟报　　D. 如实上报

E. 及时抢救

22.《中华人民共和国安全生产法》(主席令〔2014〕第13号)第三章规定:明确赋予从业人员的权利有(　　)。

A. 知情权　　B. 赔偿请求权

C. 检举权　　D. 安全保障权

E. 指挥权

23.《中华人民共和国安全生产法》(主席令〔2014〕第13号)第六章规定:依法被追究安全生产违法犯罪刑事责任的主体可以是(　　)。

A. 政府负有安全生产监管职责部门的工作人员

B. 工会工作人员

C. 生产经营单位的主要负责人

D. 生产经营单位的从业人员

E. 中介服务机构的有关人员

24.《中华人民共和国环境保护法》(主席令〔2014〕第9号)第二十五条规定:企业事业单位和其他生产经营者违反法律法规规定排放污染物,造成或者可能造成严重污染的,县级以上人民政府环境保护主管部门和其他负有环境保护监督管理职责的部门,可以(　　)造成污染物排放的设备、设施。

A. 查封　　B. 扣押

C. 转移　　D. 搬迁

E. 拍卖

25.《中华人民共和国环境保护法》(主席令〔2014〕第9号)第四十二条规定:严禁通过(　　)或者不正常运行防治污染设施等逃避监管的方式违法排放污染物。

A. 暗管　　B. 渗井

C. 渗坑　　D. 灌注

E. 篡改、伪造监测数据

26.《中华人民共和国特种设备安全法》(主席令〔2013〕第4号)第二十三条规定:在施工前将拟进行的特种设备(　　)情况书面告知直辖市或者设区的市级人民政府负责特种设备安全监督管理的部门。

A. 安装　　B. 改造

C. 修理　　D. 搬运

E. 转让

27.《中华人民共和国特种设备安全法》(主席令〔2013〕第4号)第三十四条规定:特种设备使用单位应当建立(　　)等安全管理制度。

A. 岗位责任　　B. 隐患治理

C. 经费控制　　D. 应急救援

E. 进度计划

28.《中华人民共和国特种设备安全法》(主席令〔2013〕第4号)第三十九条规定:特种设备使用单位应当对其使用的特种设备的(　　)进行定期校验、检修,并作出记录。

A. 转向系统　　B. 安全附件

C. 安全警示装置　　D. 安全保护装置

E. 仪表装置

29.《中华人民共和国职业病防治法》(主席令〔2011〕第52号)第五条规定:用人单位应当(　　)。

A. 建立、健全职业病防治责任制

B. 加强对职业病防治的管理

C. 提高职业病防治水平

D. 对本单位产生的职业病危害承担责任

E. 与劳动者连带承担职业病危害责任

30.《中华人民共和国职业病防治法》(主席令〔2011〕第52号)第二十一条规定:交通部门用人单位应采用的职业病防治管理措施包括(　　)。

A. 设置或者指定职业卫生管理机构或者组织,配备专职或者兼职的职业卫生专业人员,负责本单位的职业病防治工作

B. 制订职业病防治计划和实施方案

C. 建立、健全职业卫生管理制度和操作规程

D. 建立、健全职业卫生档案和劳动者健康监护档案

E. 建立、健全工作场所职业病危害因素监测及评价制度

31.《中华人民共和国职业病防治法》(主席令〔2011〕第52号)第三十六条规定:对从事接

触职业病危害作业的劳动者，用人单位应当按照规定组织(　　)的职业健康检查。

A. 上岗前　　B. 在岗期间

C. 离岗时　　D. 下岗期间

E. 退休后

32.《中华人民共和国消防法》(主席令〔2008〕第 6 号)第五条规定：任何单位和个人都有(　　)的义务。

A. 维护消防安全　　B. 保护消防设施

C. 预防火灾　　D. 报告火灾

E. 参加有组织的灭火工作

三、判断题

1.《中华人民共和国安全生产法》(主席令〔2014〕第 13 号)第三条规定：安全生产工作应当以人为本，坚持安全发展，坚持节约第一、预防为主、综合治理的方针，强化和落实生产经营单位的主体责任，建立生产经营单位负责、职工参与、政府监管、行业自律和社会监督的机制。(　　)

2.《中华人民共和国安全生产法》(主席令〔2014〕第 13 号)第二十一条规定：矿山、金属冶炼、建筑施工、道路运输单位和危险物品的生产、经营、储存单位从业人员超过 100 人时，应当设置安全生产管理机构或者配备专职安全生产管理人员。(　　)

3.《中华人民共和国安全生产法》(主席令〔2014〕第 13 号)第二十四条规定：危险物品的生产、经营、储存单位以及矿山、金属冶炼、建筑施工、道路运输单位的主要负责人和安全生产管理人员，应当由主管的负有安全生产监督管理职责的部门对其安全生产知识和管理能力考核合格，并收取费用。(　　)

4.《中华人民共和国安全生产法》(主席令〔2014〕第 13 号)第二十四条规定：生产经营单位的主要负责人和安全生产管理人员不需同时具备与本单位所从事的生产经营活动相应的安全生产知识和管理能力即可上岗。(　　)

5.《中华人民共和国安全生产法》(主席令〔2014〕第 13 号)第二十五条规定：建筑施工企业应当建立、健全劳动安全生产教育培训制度，加强对职工安全生产的教育培训；但因客观条件限制未经安全生产教育培训的人员，也可以上岗作业。(　　)

6.《中华人民共和国安全生产法》(主席令〔2014〕第 13 号)第三十二条规定：生产经营单位应当在有较大危险因素的生产经营场所和有关设施、设备上，设置明显的安全警示标志。(　　)

7.《中华人民共和国安全生产法》(主席令〔2014〕第 13 号)第三十五条规定：国家对严重危及安全的工艺、设备实行改进制度。未经改进，生产经营单位不得使用危及生产安全的工艺、设备。(　　)

8.《中华人民共和国安全生产法》(主席令〔2014〕第 13 号)第四十四条规定：生产经营单位应当安排用于配备劳动防护用品、进行安全生产培训的经费。(　　)

9.《中华人民共和国安全生产法》(主席令〔2014〕第 13 号)第四十五条规定：3 个以上生

产经营单位在同一作业区域内进行生产经营活动，可能危及对方生产安全的，应当签订安全生产管理协议。（ ）

10.《中华人民共和国安全生产法》（主席令〔2014〕第13号）第四十六条规定：生产经营单位不得将生产经营项目、场所、设备发包或者出租给不具备安全生产条件或者相应资质的单位或者个人。（ ）

11.《中华人民共和国安全生产法》（主席令〔2014〕第13号）第四十八条规定：生产经营单位必须依法参加工伤保险，为从业人员缴纳保险费。（ ）

12.《中华人民共和国安全生产法》（主席令〔2014〕第13号）第五十一条规定：从业人员有权对本单位安全生产工作中存在的问题提出批评、检举、控告；有权拒绝违章指挥和强令冒险作业。（ ）

13.《中华人民共和国安全生产法》（主席令〔2014〕第13号）第五十二条规定：险情严重时，从业人员必须请示领导后，才能停止作业。（ ）

14.《中华人民共和国安全生产法》（主席令〔2014〕第13号）第五十二条规定：从业人员发现直接危及人身安全的紧急情况时，有权停止作业或者在采取可能的应急措施后撤离作业场所。（ ）

15.《中华人民共和国安全生产法》（主席令〔2014〕第13号）第五十四条规定：从业人员在作业过程中，应当服从管理，所以对违章指挥仍要服从。（ ）

16.《中华人民共和国安全生产法》（主席令〔2014〕第13号）第六十一条规定：负有安全生产监督管理职责的部门对涉及安全生产的事项进行审查、验收，可以收取相应的费用。

（ ）

17.《中华人民共和国安全生产法》（主席令〔2014〕第13号）第六十二条规定：对有根据认为不符合保障安全生产的国家标准或者行业标准的设施、设备、器材以及违法生产、储存、使用、经营、运输的危险物品予以查封或者扣押。（ ）

18.《中华人民共和国安全生产法》（主席令〔2014〕第13号）第六十五条规定：安全生产监督检查人员对检查发现的问题应作出书面记录，并由检查人员和被检查单位的负责人签字，这样有利于安全检查不走过场。（ ）

19.《中华人民共和国安全生产法》（主席令〔2014〕第13号）第六十七条规定：负有安全生产监督管理职责的部门依照规定采取停止供电措施，除有危及生产安全的紧急情形外，可不通知生产经营单位。（ ）

20.《中华人民共和国安全生产法》（主席令〔2014〕第13号）第七十九条规定：危险物品的生产、经营、储存单位以及矿山、金属冶炼、城市轨道交通运营、建筑施工单位无须建立应急救援组织。（ ）

21.《中华人民共和国安全生产法》（主席令〔2014〕第13号）第八十二条规定：任何单位和个人都应当支持、配合事故抢救，并提供一切便利条件。（ ）

22.《中华人民共和国安全生产法》（主席令〔2014〕第13号）第八十九条规定：承担安全评价、认证、检测、检验工作的机构，出具虚假证明的，没收违法所得；违法所得在五万元以上的，并处违法所得二倍以上五倍以下的罚款。（ ）

23.《中华人民共和国安全生产法》(主席令〔2014〕第13号)第九十条规定:生产经营单位的从业人员不服从管理,违反安全生产规章制度或者操作规程的,由生产经营单位予以批评教育,依照有关规章制度给予处分;造成重大事故,构成犯罪的,依照刑法有关规定追究刑事责任。 (　　)

24.《中华人民共和国安全生产法》(主席令〔2014〕第13号)第九十二条规定:生产经营单位的主要负责人未履行本法规定的安全生产管理职责,导致发生重大事故的,处上一年年收入百分之六十的罚款。 (　　)

25.《中华人民共和国安全生产法》(主席令〔2014〕第13号)第一百零三条规定:生产经营单位可以与从业人员订立协议,免除或者减轻其对从业人员因生产安全事故伤亡依法应承担的责任的,该协议具有法律效力。 (　　)

26.《中华人民共和国安全生产法》(主席令〔2014〕第13号)第三章规定,关于从业人员的安全义务主要有四项:遵章守规,服从管理;佩戴和使用劳动防护用品;接受培训,掌握安全生产技能;发现事故隐患应及时报告。 (　　)

27.《中华人民共和国特种设备安全法》(主席令〔2013〕第4号)第十五条规定:特种设备生产、经营、使用单位对其生产、经营、使用的特种设备应当进行自行检测和维护保养,对国家规定实行检验的特种设备应无需申报并接受检验。 (　　)

28.《中华人民共和国特种设备安全法》(主席令〔2013〕第4号)第三十七条规定:与特种设备安全相关的建筑物、附属设施,应当符合有关法律、行政法规的规定。 (　　)

29.《中华人民共和国环境噪声污染防治法》(主席令〔1996〕第77号)第二十八条规定:在城市市区范围内不得向周围生活环境排放建筑施工噪声;在市区外向周围环境排放建筑施工噪声的,应当符合国家规定的建筑施工场界环境噪声排放标准。 (　　)

第二章　行 政 法 规

一、单选题

1.《工伤保险条例》(国务院令〔2010〕第586号)第十五条规定:在工作时间和工作岗位,因突发疾病死亡或者在(　　)小时之内经抢救无效死亡的视同工伤。

A. 24　　B. 48　　C. 72　　D. 96

2.《特种设备安全监察条例》(国务院令〔2009〕第549号)第二十五条规定:特种设备在投入使用前或者投入使用后(　　)日内,特种设备使用单位应当向直辖市或者设区的市的特种设备安全监督管理部门登记。

A. 7　　B. 15　　C. 30　　D. 60

3.《特种设备安全监察条例》(国务院令〔2009〕第549号)第二十七条规定:特种设备使用单位对在用特种设备应当至少(　　)进行一次自行检查。

A. 1 个月　　B. 3 个月　　C. 半年　　D. 一年

4.《特种设备安全监察条例》(国务院令〔2009〕第549号)第四十五条规定:特种设备检验检测机构和(　　)进行特种设备检验检测,应当遵循诚信原则和方便企业的原则,为特种设备生产、使用单位提供可靠、便捷的检验检测服务。

A. 国家质量监督检验检疫总局

B. 特种设备安全监察局

C. 检验检测人员

D. 特种设备作业人员

5.《特种设备安全监察条例》(国务院令〔2009〕第549号)第六十三条规定:起重机械整体倾覆事故为(　　)。

A. 特别重大事故　　B. 重大事故

C. 较大事故　　D. 一般事故

6.《特种设备安全监察条例》(国务院令〔2009〕第549号)第二十七条规定:下列关于特种设备使用的表述,正确的是(　　)。

A. 特种设备在投入使用前或者投入使用后5日内,特种设备使用单位应当向直辖市或者设区的市的特种设备安全监督管理部门登记

B. 特种设备使用单位对在用特种设备应当至少每月进行一次自行检查,并作记录

C. 电梯应当至少每60日进行一次清洁、润滑、调整和检查

D. 客运索道、大型游乐设施的运营使用单位在客运索道、大型游乐设施投入使用前,应当进行试运行和例行安全检查,并对安全装置进行检查确认

7.《特种设备安全监察条例》(国务院令〔2009〕第549号)第二十五条规定:特种设备在投入使用前或者投入使用后(　　)日内,特种设备使用单位应当向直辖市或者设区的市的特种

设备安全监督管理部门登记。

A. 7　　B. 15　　C. 30　　D. 60

8.《关于进一步加强企业安全生产工作的通知》(国发〔2010〕第23号)第十三条规定:安全设施与建设项目主体工程未同时投入使用的(　　),并视情节追究有关单位负责人的责任。

A. 一律不予审批

B. 责令立即停止施工

C. 不得颁发安全生产许可证

D. 以上都不对

9.《关于进一步加强企业安全生产工作的通知》(国发〔2010〕第23号)第二条规定:以煤矿、非煤矿山、交通运输、危险化学品、(　　)、烟花爆竹、民用爆炸物品、冶金等行业领域为重点,全面加强企业安全生产工作。

A. 建筑施工　　B. 纺织业

C. 轻工业　　D. 服务业

10.《生产安全事故报告和调查处理条例》(国务院令〔2007〕第493号)第三条规定:重大事故是指造成(　　)死亡,或者50人以上100人以下重伤,或者5 000万元以上1亿元以下直接经济损失的事故。

A. 3人以上9人以下　　B. 3人以上10人以下

C. 10人以上29人以下　　D. 10人以上30人以下

11.《生产安全事故报告和调查处理条例》(国务院令〔2007〕第493号)第三条规定:造成3人以上10人以下死亡,或者10人以上50人以下重伤,或者1 000万元以上5 000万元以下直接经济损失的事故属于(　　)。

A. 特别重大事故　　B. 重大事故

C. 较大事故　　D. 一般事故

12.《生产安全事故报告和调查处理条例》(国务院令〔2007〕第493号)第九条规定:事故发生后,事故现场有关人员应当立即向本单位负责人报告;单位负责人接到报告后,应当于(　　)小时内向事故发生地县级以上人民政府安全生产监督管理部门和负有安全生产监督管理职责的有关部门报告。

A. 1　　B. 12　　C. 24　　D. 48

13.《生产安全事故报告和调查处理条例》(国务院令〔2007〕第493号)第十三条规定:自事故发生之日起(　　)日内,事故造成的伤亡人数发生变化的,应当及时补报。道路交通事故、火灾事故自发生之日起(　　)日内,事故造成的伤亡人数发生变化的,应当及时补报。(　　)

A. 10,7　　B. 20,8　　C. 30,7　　D. 40,8

14.《生产安全事故报告和调查处理条例》(国务院令〔2007〕第493号)第三十二条规定:对于重大事故、较大事故、一般事故,负责事故调查的人民政府应当自收到事故调查报告之日起(　　)日内作出批复;对特别重大事故,(　　)日内应作出批复,特殊情况下,批复时间可

以适当延长，但延长的时间最长不超过30日。（　　）

A. 10,20　　B. 10,30　　C. 15,20　　D. 15,30

15.《生产安全事故报告和调查处理条例》（国务院令〔2007〕第493号）第三十八条规定：事故发生单位对事故负有责任，对于发生较大事故的应处以（　　）的罚款。

A. 10万～20万元　　B. 20万～50万元

C. 50万～200万元　　D. 200万～500万元

16.《生产安全事故报告和调查处理条例》（国务院令〔2007〕第493号）第三十八条规定：因事故发生单位主要负责人未依法履行安全生产管理职责，而导致重大事故发生的，处上一年度年收入（　　）的罚款。

A. 10%　　B. 30%　　C. 60%　　D. 90%

17.《民用爆炸物品安全管理条例》（国务院令〔2006〕第466号）第三十三条规定：爆破作业单位应当对本单位（　　）进行专业技术培训。

A. 安全管理人员、爆破作业人员、现场监护人员

B. 现场监护人员、警戒保卫人员、爆破作业人员

C. 消防人员、现场监护人员、爆破作业人员

D. 爆破作业人员、安全管理人员、仓库管理人员

18.《安全生产许可证条例》（国务院令〔2004〕第397号）第五条规定：负责民用爆破器材生产企业安全生产许可证的颁发和管理的是（　　）。

A. 国务院公安机关

B. 国务院交通运输部门

C. 国务院国防科技工业主管部门

D. 国务院国土资源部门

19.《安全生产许可证条例》（国务院令〔2004〕第397号）第六条规定：下列（　　）不属于企业取得安全生产许可证所应当具备的安全生产条件。

A. 建立健全安全生产责任制，制定完备的安全生产规章制度和操作规程

B. 安全投入符合安全生产条件

C. 设置安全生产管理机构，配备专职安全生产管理人员

D. 企业负责人学历要求硕士研究生以上

20.《安全生产许可证条例》（国务院令〔2004〕第397号）第七条规定：对不符合此规定的安全生产条件的企业，不予颁发安全生产许可证，并应（　　）。

A. 电话通知企业

B. 短信通知企业

C. 书面通知企业并说明理由

D. 口头通知企业

21.《安全生产许可证条例》（国务院令〔2004〕第397号）第九条规定：企业在安全生产许可证有效期内，严格遵守有关安全生产的法律法规，未发生死亡事故的，安全生产许可证有效期届满时，经原安全生产许可证颁发管理机关同意，不再审查，安全生产许可证有效期延

期(　　)年。

A. 1　　B. 2　　C. 3　　D. 6

22.《安全生产许可证条例》(国务院令〔2004〕第 397 号)第九条规定:安全生产许可证的有效期为(　　)年。

A. 1　　B. 2　　C. 3　　D. 4

23.《安全生产许可证条例》(国务院令〔2004〕第 397 号)第十四条规定:安全生产许可证颁发管理机关发现已取得安全生产许可证的企业不再具备安全生产条件的应(　　)。

A. 罚款　　B. 书面责令批评

C. 暂扣或吊销安全许可证　　D. 限期整改

24.(　　)第一次确立了企业安全生产的市场准入制度。

A.《建筑法》

B.《安全生产法》

C.《建设工程安全生产管理条例》

D.《安全生产许可证条例》

25.《安全生产许可证条例》(国务院令〔2004〕第 397 号)第七条规定:安全生产许可证颁发管理机关应当自收到申请之日起(　　)日内审查完毕,经审查符合规定的安全生产条件的,颁发安全生产许可证。

A. 15　　B. 30　　C. 45　　D. 60

26.《安全生产许可证条例》(国务院令〔2004〕第 397 号)第二十条规定:安全生产许可证有效期满未办理延期手续,继续进行生产的,处理不正确的是(　　)。

A. 责令其停止生产

B. 没收其违法所得

C. 责令其限期补办延期手续

D. 吊销其安全生产许可证

27.(　　)是我国第一部规范建设工程安全生产的行政法规,标志着我国建设工程安全生产管理进入了法制化、规范化发展的新时期。

A.《建设工程安全生产管理条例》

B.《安全生产许可证条例》

C.《建筑法》

D.《安全生产法》

28.《国务院关于进一步加强安全生产工作的决定》(国发〔2004〕第 2 号)第十七条规定:生产经营单位新建、改建、扩建工程项目的(　　),必须与主体工程同时设计、同时施工、同时投入生产和使用。

A. 生活设施　　B. 福利设施

C. 安全设施　　D. 医疗设施

29.《国务院关于进一步加强安全生产工作的决定》(国发〔2004〕第 2 号)第二十二条规定:要努力构建“(　　)、群众参与监督、全社会广泛支持”的安全生产工作格局。

A. 政府统一领导、部门依法监管、企业全面负责

B. 政府统一领导、部门全面负责、企业依法监管

C. 政府依法监管、部门统一领导、企业不用负责

D. 政府全面负责、部门统一领导、企业依法监管

30.《建设工程安全生产管理条例》(国务院令〔2003〕第 393 号)第八条规定:建设单位在编制(　　)时,应当确定建设工程安全作业环境及安全施工措施所需费用。

A. 工程预算　　B. 工程定额

C. 工程决算　　D. 工程概算

31.《建设工程安全生产管理条例》(国务院令〔2003〕第 393 号)第十四条规定:工程监理单位在实施监理过程中,发现存在安全事故隐患的,应当要求施工单位停工或整改,若施工单位拒不整改或不停止施工的,监理单位应当(　　)。

A. 不再要求施工单位整改

B. 要求施工单位赔偿

C. 及时向有关主管部门报告

D. 协助施工单位隐瞒隐患

32.《建设工程安全生产管理条例》(国务院令〔2003〕第 393 号)第十七条规定:安装、拆卸施工起重机械和整体提升脚手架、模板等自升式架设设施,应当编制拆装方案,制订安全施工措施,并由(　　)现场监督。

A. 专业技术人员　　B. 监理人员

C. 设计人员　　D. 项目经理

33.《建设工程安全生产管理条例》(国务院令〔2003〕第 393 号)第十九条规定:检验检测机构对检测合格的施工起重机械和整体提升脚手架、模板等自升式架设设施,应当出具(　　)文件,并对检测结果负责。

A. 安全使用期限　　B. 安全使用说明

C. 安全合格证明　　D. 安全技术措施

34.《建设工程安全生产管理条例》(国务院令〔2003〕第 393 号)第二十一条规定:项目负责人的安全生产责任不包括(　　)。

A. 对建设工程项目的安全施工负责

B. 确保安全生产费用的有效使用

C. 落实安全生产责任制度、安全生产规章和操作规程

D. 签署危险性较大的工程安全专项施工方案

35.《建设工程安全生产管理条例》(国务院令〔2003〕第 393 号)第二十三条规定:施工单位应当设立(　　),配备专职安全生产管理人员。

A. 安全生产管理机构　　B. 安全生产监督机构

C. 安全生产实施机构　　D. 安全生产保障机构

36.《建设工程安全生产管理条例》(国务院令〔2003〕第 393 号)第二十四条规定:总承包单位依法将建设工程分包给其他单位的,分包合同中应当明确各自的安全生产方面的权利、义

务。总承包单位对分包工程的安全生产承担(　　)责任。

A. 全部　　B. 主要

C. 部分　　D. 连带

37.《建设工程安全生产管理条例》(国务院令〔2003〕第393号)第二十四条规定:分包单位应当服从总承包单位的安全生产管理,分包单位不服从管理导致生产安全事故的,由分包单位承担(　　)。

A. 全部责任　　B. 次要责任

C. 一般责任　　D. 主要责任

38.《建设工程安全生产管理条例》(国务院令〔2003〕第393号)第二十四条规定:建设工程实行施工总承包的,由(　　)对施工现场的安全生产负总责。

A. 建设单位　　B. 施工单位

C. 监理单位　　D. 总承包单位

39.《建设工程安全生产管理条例》(国务院令〔2003〕第393号)第二十六条规定:施工单位应当在施工组织设计中编制安全技术措施和施工现场临时用电方案,对基坑支护与降水工程、土方开挖工程、模板工程、起重吊装工程、脚手架工程、拆除、爆破工程达到一定规模的危险性较大的分部分项工程编制专项施工方案,并附具(　　),经施工单位技术负责人、总监理工程师签字后实施,由专职安全生产管理人员进行现场监督。

A. 环境保护方案　　B. 人员安排方案

C. 设备安置方案　　D. 安全验算结果

40.《建设工程安全生产管理条例》(国务院令〔2003〕第393号)第二十七条规定:建设工程施工前,施工单位负责项目管理的技术人员应当对有关安全施工的技术要求向(　　)作出详细说明,并由双方签字确认。

A. 监理人员　　B. 建设单位工作人员

C. 施工作业班组、作业人员　　D. 设计人员

41.《建设工程安全生产管理条例》(国务院令〔2003〕第393号)第二十八条规定:施工单位应当在施工现场入口处、施工起重机械、临时用电设施、脚手架、出入通道口、电梯井口、孔洞口、桥梁口、隧道口、基坑边沿、爆破物及有害气体和液体存放处等危险部位,设置明显的(　　)。

A. 指路标志　　B. 安全警示标志

C. 阻拦措施　　D. 绕行提示标志

42.《建设工程安全生产管理条例》(国务院令〔2003〕第393号)第二十八条规定:施工单位应当根据不同施工阶段和周围环境及季节、气候的变化,在施工现场采取相应的安全施工措施。施工现场暂时停止施工的,施工单位应当做好现场防护,所需费用由(　　)承担,或者按照合同约定执行。

A. 施工单位　　B. 建设单位

C. 双方　　D. 责任方

43.《建设工程安全生产管理条例》(国务院令〔2003〕第393号)第二十九条规定:公路施

工企业施工单位应当将施工现场的办公、生活区与作业区(　　),并保持安全距离。

A. 集中设置　　B. 混合设置

C. 相邻设置　　D. 分开设置

44.《建设工程安全生产管理条例》(国务院令〔2003〕第 393 号)第三十二条规定:施工单位应当向作业人员提供安全防护用具和安全防护服装,并(　　)危险岗位的操作规程和违章操作的危害。

A. 口头简述　　B. 书面告知

C. 邮件通知　　D. 电话通知

45.《建设工程安全生产管理条例》(国务院令〔2003〕第 393 号)第三十二条规定:有权对施工现场的作业条件、作业程序和作业方式中存在的安全问题提出批评、检举和控告的是(　　)。

A. 最终用户　　B. 设计人员

C. 作业人员　　D. 参观人员

46.《建设工程安全生产管理条例》(国务院令〔2003〕第 393 号)第三十六条规定:施工单位的主要负责人、项目负责人、专职安全生产管理人员应当经建设行政主管部门或者其他有关部门(　　)方可任职。

A. 考核合格后　　B. 面谈后

C. 推荐　　D. 评审后

47.《建设工程安全生产管理条例》(国务院令〔2003〕第 393 号)第三十六条规定:施工企业应当对管理人员和作业人员每年至少组织(　　)次安全教育培训,其教育培训情况计入个人工作档案。

A. 1　　B. 2　　C. 3　　D. 4

48.《建设工程安全生产管理条例》(国务院令〔2003〕第 393 号)第三十六条规定:对于安全生产教育培训考核不合格的作业人员(　　)。

A. 不得上岗作业

B. 可继续上岗作业

C. 可发给临时操作证,不得超过 3 个月

D. 只能在合格人员的监督下工作

49.《建设工程安全生产管理条例》(国务院令〔2003〕第 393 号)第三十七条规定:公路施工单位在采用新技术、新工艺、新设备、新材料时,应当对作业人员进行相应的(　　)培训。

A. 团队精神　　B. 企业文化

C. 安全生产教育　　D. 沟通技巧

50.《建设工程安全生产管理条例》(国务院令〔2003〕第 393 号)第三十八条规定:意外伤害保险费由施工单位支付。意外伤害保险期限自(　　)止。

A. 建设工程开工之日起至有意外伤害发生之日

B. 有意外伤害发生起到竣工验收合格

C. 建设工程招标至竣工

D. 建设工程开工之日起至竣工验收合格之日

51.《建设工程安全生产管理条例》(国务院令〔2003〕第393号)第三十八条规定:施工单位应当为施工现场从事危险作业的人员办理(　　)。

A. 工程一切险　　B. 第三者责任险

C. 财产保险　　D. 意外伤害保险

52.《建设工程安全生产管理条例》(国务院令〔2003〕第393号)第五十八条规定:注册执业人员未执行法律、法规和工程建设强制性标准的,责令停止执业(　　)。

A. 3个月以上1年以下　　B. 3个月以上5年以下

C. 3个月以上2年以下　　D. 5个月以上1年以下

53.《建设工程安全生产管理条例》(国务院令〔2003〕第393号)第五十八条规定:注册执业人员未执行法律、法规和工程建设强制性标准的,情节严重的,吊销执业资格证书,(　　)年内不予注册;造成重大安全事故的,终身不予注册;构成犯罪的,依照《中华人民共和国刑法》有关规定追究刑事责任。

A. 1　　B. 3　　C. 5　　D. 8

54.《建设工程安全生产管理条例》(国务院令〔2003〕第393号)第六十三条规定:施工单位挪用列入建设工程概算的安全生产作业环境及安全施工措施所需费用的,责令限期改正,处挪用费用(　　)的罚款,造成损失的,依法承担赔偿责任。

A. 10% ~15%　　B. 20% ~50%　　C. 10% ~20%　　D. 30% ~50%

55.《建设工程安全生产管理条例》(国务院令〔2003〕第393号)第六十七条规定:施工单位取得资质证书后,降低安全生产条件的,责令限期改正;经整改仍未达到与其资质等级相适应的安全生产条件的,责令停业整顿,(　　)。

A. 暂扣资质证书　　B. 罚款

C. 降低其资质等级直至吊销营业执照　　D. 降低其资质等级直至吊销资质证书

56.《建设工程安全生产管理条例》(国务院令〔2003〕第393号)第二十六条规定:施工单位根据工程项目特点对达到一定规模的危险性较大的分部分项工程编制专项施工方案,由(　　)进行现场监督。

A. 项目经理　　B. 工程监理

C. 专职安全生产管理人员　　D. 业主代表

57.《建设工程安全生产管理条例》(国务院令〔2003〕第393号)第十四条规定:工程(　　)应当审查施工组织设计中的安全技术措施或者专项施工方案是否符合工程建设强制性标准。

A. 施工单位　　B. 监理单位

C. 环保监管部门　　D. 质检主管部门

58.《建设工程安全生产管理条例》(国务院令〔2003〕第393号)第三十八条规定:实行施工总承包的,由(　　)支付意外伤害保险费。

A. 总承包单位和分包单位共同

B. 总承包单位

C. 总承包单位和分包单位根据合同约定分别

D. 分包单位

59.《建设工程安全生产管理条例》(国务院令〔2003〕第393号)第二十四条规定:下列关于建设工程承包中属于总承包单位和分包单位安全责任的说法中,正确的是(　　)。

A. 建设工程实行施工总承包的,由建设单位和总承包单位对施工现场的安全生产总负责

B. 分包单位应当服从总承包单位的安全管理,分包单位不服从管理导致生产安全事故的,由分包单位承担主要责任

C. 总承包单位依法将建设工程分包给其他单位的,分包单位对分包工程的安全生产承担主要责任

D. 分包单位不服从管理导致生产安全事故的,分包单位和总承包单位对分包工程的安全生产承担连带责任

60.《建设工程安全生产管理条例》(国务院令〔2003〕第393号)第四十七条规定:县级以上人民政府建设行政主管部门应当根据本级人民政府的要求,制订本行政区域内的(　　)。

A. 重大建设工程施工方案

B. 建设工程施工生产安全管理检查方法

C. 建设工程生产和安全管理检查办法

D. 建设工程特大生产安全事故应急救援预案

61.《建设工程安全生产管理条例》(国务院令〔2003〕第393号)第三十条规定:(　　)应当遵守有关环境保护法律、法规的规定,在施工现场采取措施,防止或者减少粉尘、废气、废水、固体废物、噪声、震动和施工照明对人和环境的危害和污染。

A. 施工单位　　B. 建设单位

C. 监理单位　　D. 设计单位

62.《建设工程安全生产管理条例》(国务院令〔2003〕第393号)第四十八条规定:(　　)应当制订本单位生产安全事故应急救援预案,建立应急救援组织或者配备应急救援人员,配备必要的应急救援器材、设备,并定期组织演练。

A. 建设单位　　B. 监理单位

C. 设计单位　　D. 施工单位

63.《建设工程安全生产管理条例》(国务院令〔2003〕第393号)第二十六条规定:涉及深基坑、地下暗挖工程、高大模板工程的专项施工方案,施工单位应当(　　)。

A. 重新测算安全验算结果　　B. 附监理工程师名单

C. 组织专家进行论证与审查　　D. 附安全预算

64.《建设工程安全生产管理条例》(国务院令〔2003〕第393号)第三十四条规定:施工单位采购、租赁的安全防护用具、机械设备、施工机具及配件,应当具有生产(制造)许可证、产品合格证,并在(　　)进行查验。

A. 进入施工现场前　　B. 进入施工现场后

C. 提货前　　D. 使用过程中

65.《建设工程安全生产管理条例》(国务院令〔2003〕第393号)第三十五条规定:施工单位应当自施工起重机械和整体提升脚手架、模板等自升式架设设施验收合格之日起(　　)日内,向建设行政主管部门或者其他有关部门登记。

A.15　　B.20　　C.30　　D.60

66.《建设工程安全生产管理条例》(国务院令〔2003〕第393号)第五十九条规定:为建设工程提供机械设备和配件的单位,未按照安全施工的要求配备齐全有效的保险、限位等安全设施和装置的,责令限期改正,处(　　)的罚款。

A.合同价款1倍以上2倍以下　　B.合同价款1倍以上3倍以下

C.20万元以上50万元以下　　D.50万元以上100万元以下

67.《建设工程安全生产管理条例》(国务院令〔2003〕第393号)第三十八条规定:施工单位应当为施工现场的人员办理(　　),并支付保险费。

A.工程一切险　　B.意外伤害险

C.保险平安险　　D.第三者责任险

68.《建设工程安全生产管理条例》(国务院令〔2003〕第393号)第三十六条规定:施工单位的(　　)应当经建设行政主管部门或者其他有关部门考核合格后方可任职。

A.主要负责人、项目负责人

B.项目负责人、专职安全生产管理人员

C.主要负责人、专职安全生产管理人员

D.主要负责人、项目负责人、专职安全生产管理人员

69.《建设工程安全生产管理条例》(国务院令〔2003〕第393号)第四十三条规定:县级以上人民政府在履行安全监督检查职责时,有权(　　)。

A.指定施工人员　　B.更换施工单位

C.撤换分包单位　　D.进入现场检查

70.《生产经营单位安全生产不良记录"黑名单"管理暂行规定》(安委办〔2015〕14号)第五条规定:受到责令限期改正、责令停产整顿等现场处理或行政处罚的生产经营单位,应当在"黑名单"管理期限届满(　　)个工作日前,向原信息采集部门报送整改材料并提出移出申请,经原信息采集部门组织验收合格、符合规定后方能移出。

A.5　　B.10　　C.20　　D.30

二、多选题

1.《工伤保险条例》(国务院令〔2010〕第586号)第十八条规定:提出工伤认定申请应当提交的材料包括(　　)。

A.工伤认定申请表

B.与用人单位存在劳动关系(包括事实劳动关系)的证明材料

C.医疗诊断证明或者职业病诊断证明书(或职业病诊断鉴定书)

D.户口证明

E.工资收入

2.《工伤保险条例》(国务院令〔2010〕第586号)第四十二条规定:职工有下列情形(　　),停止享受工伤保险待遇。

A.丧失享受待遇条件的　　B.拒不接受劳动能力鉴定的

C.拒绝治疗的　　D.有犯罪嫌疑的

E.其他疾病并发

3.《工伤保险条例》(国务院令〔2010〕第586号)第十六条规定:职工有下列情形之一的,不得认定为工伤或者视同工伤:(　　)。

A.因自身过失造成事故伤害的

B.因犯罪或者违反治安管理伤亡的

C.醉酒导致伤亡的

D.自残或者自杀的

E.在抢险救灾等维护国家利益、公共利益活动中受到伤害的

4.《工伤保险条例》(国务院令〔2010〕第586号)第十四条规定:直接认定为工伤的范围为(　　)和在上下班途中,受到非本人主要责任的交通事故或者城市轨道交通、客运轮渡、火车事故伤害的;法律、行政法规规定应当认定为工伤的其他情况。

A.在工作时间和工作场所内,因工作原因受到事故伤害的

B.工作时间前后在工作场所内,从事与工作有关的预备性或者收尾性工作受到事故伤害的

C.在工作时间和工作场所内,因履行工作职责受到暴力等意外伤害

D.患职业病的

E.因工外出期间,由于工作原因受到伤害或者发生事故下落不明的

5.《特种设备安全监察条例》(国务院令〔2009〕第549号)第六十一条规定:有下列情形之一的,为特别重大事故:(　　)。

A.特种设备事故造成30人以上死亡,或100人以上重伤(包括急性工业中毒,下同),或1亿元以上直接经济损失的

B.600兆瓦以上锅炉爆炸的

C.锅炉、压力容器、压力管道破裂的

D.压力容器、压力管道有毒介质泄漏,造成15人以上转移的

E.客运索道、大型游乐设施高空滞留100人以上并且时间在48小时以上的

6.《生产安全事故报告和调查处理条例》(国务院令〔2007〕第493号)第三条规定:按照生产安全事故(以下简称事故)造成的人员伤亡或者直接经济损失,事故一般分为以下等级:(　　)。

A.特别重大事故　　B.特大事故

C.重大事故　　D.较大事故

E.一般事故

7.《生产安全事故报告和调查处理条例》(国务院令〔2007〕第493号)第四条规定:要求事故报告应当及时、准确、完整,任何单位和个人对事故不得(　　)。

A. 迟报　　B. 漏报

C. 谎报　　D. 瞒报

E. 逃报

8.《生产安全事故报告和调查处理条例》(国务院令〔2007〕第493号)第十条规定:安全生产监督管理部门和负有安全生产监督管理职责的有关部门接到事故报告后,应当依照规定上报事故情况,并通知(　　)。

A. 公安机关

B. 劳动保障行政部门

C. 工会

D. 人民检察院

E. 人民法院

9.《生产安全事故报告和调查处理条例》(国务院令〔2007〕第493号)第十二条规定:报告事故应当包括下列内容(　　)。

A. 事故发生单位概况

B. 事故发生的时间、地点以及事故现场情况

C. 事故的简要经过

D. 事故已经造成或者可能造成的伤亡人数(包括下落不明的人数)和初步估计的直接经济损失

E. 已经采取的措施

10.《生产安全事故报告和调查处理条例》(国务院令〔2007〕第493号)第三十条规定:事故调查报告应当包括下列内容(　　)。

A. 事故发生单位概况

B. 事故发生经过和事故救援情况

C. 事故发生的原因和事故性质

D. 事故造成的人员伤亡和直接经济损失

E. 事故防范和整改措施

11.《生产安全事故报告和调查处理条例》(国务院令〔2007〕第493号)第三十五条规定:事故发生单位主要负责人有下列行为(　　)之一的,处上一年年收入40%至80%的罚款;属于国家工作人员的,并依法给予处分;构成犯罪的,依法追究刑事责任。

A. 不立即组织事故抢救的

B. 迟报或者漏报事故的

C. 死亡1人

D. 在事故调查处理期间擅离职守的

E. 经济损失100万元以上

12.《生产安全事故报告和调查处理条例》(国务院令〔2007〕第493号)第三十九条规定:有关地方人民政府、安全生产监督管理部门和负有安全生产监督管理职责的有关部门有下列行为(　　)之一的,对直接负责的主管人员和其他直接责任人员依法给予处分;构成犯罪的,

依法追究刑事责任。

A. 不立即组织事故抢救

B. 迟报、漏报、谎报或者瞒报事故

C. 阻碍、干涉事故调查工作

D. 在事故调查中作伪证或者指使他人作伪证

E. 接受调查或者提供有关情况和资料的

13.《生产安全事故报告和调查处理条例》(国务院〔2007〕第493号)第三条规定:对生产安全事故进行分级的依据有(　　)。

A. 人员死亡数量　　B. 直接经济损失的数额

C. 事故单位性质　　D. 间接经济损失的数额

E. 人员受伤数量

14.《生产安全事故报告和调查处理条例》(国务院〔2007〕第493号)第十条规定:事故发生单位及其有关责任人员对安全生产监督管理部门和煤矿安全监察机构给予的行政处罚,享有(　　)。

A. 陈述权　　B. 申辩权

C. 救济权　　D. 选举权

E. 人身自由权

15.《安全生产许可证条例》(国务院令〔2004〕第397号)第十九条规定:企业未取得安全生产许可证而擅自进行生产的(　　)。

A. 责令停止生产

B. 没收违法所得

C. 处100万元以上500万元以下的罚款

D. 吊销营业执照

E. 造成重大事故或者其他严重后果,构成犯罪的,依法追究刑事责任

16.《建设工程安全生产管理条例》(国务院令〔2003〕第393号)第八条规定:建设单位在编制工程概算时,应当确定(　　)所需费用。

A. 现场卫生条件　　B. 建设工程安全作业环境

C. 工程施工　　D. 安全施工措施

E. 赶进度

17.《建设工程安全生产管理条例》(国务院令〔2003〕第393号)第十一条规定:在拆除工程施工15日前,建设单位应将(　　)等资料报送建设工程所在地的县级以上地方人民政府建设主管部门或者其他有关部门备案。

A. 施工单位资质等级证明　　B. 拆除施工组织方案

C. 检验批文　　D. 堆放废弃物的措施

E. 清除废弃物的措施

18.《建设工程安全生产管理条例》(国务院令〔2003〕第393号)第十六条规定:出租的机械设备和施工机具及其配件,应当具有(　　)。

A. 生产(制造)许可证　　B. 产品合格证

C. 产品使用说明书　　D. 营业执照

E. 出租许可证

19.《建设工程安全生产管理条例》(国务院令〔2003〕第 393 号)第三十八条规定:下列说法正确的是(　　)。

A. 意外伤害保险费由施工单位支付

B. 意外伤害保险费由设计单位支付

C. 意外伤害保险期限自建设工程开工之日起至竣工验收合格止

D. 意外伤害保险期限自建设工程开工之日起至竣工结算时止

E. 实行施工总承包的,由总承包单位支付意外伤害保险费

20.《建设工程安全生产管理条例》(国务院令〔2003〕第 393 号)第五十六条规定:勘察单位、设计单位有下列行为(　　)之一的,应责令限期改正,处 10 万元以上 30 万元以下的罚款;情节严重的,责令停业整顿,降低资质等级,直至吊销资质证书;造成重大安全事故,构成犯罪的,对直接责任人员,依照《中华人民共和国刑法》有关规定追究刑事责任;造成损失的,依法承担赔偿责任。

A. 承揽本单位资质等级内的工程的

B. 允许其他单位或者个人以单位名义承揽工程的

C. 未按照法律、法规和工程建设强制性标准进行勘察、设计的

D. 采用新结构、新材料、新工艺的建设工程和特殊结构的建设工程,设计单位未在设计中提出保障施工作业人员安全和预防生产安全事故的措施建议的

E. 以合法途径取得资质证书承揽工程的

21.《建设工程安全生产管理条例》(国务院令〔2004〕第 393 号)第二十六条规定:下列(　　)达到一定规模的危险性较大的分部分项工程需编制专项施工方案,并附具安全验算结果,经施工单位技术负责人、总监理工程师签字后实施,由专职安全生产管理人员进行现场监督。

A. 基坑支护与降水工程　　B. 土方开挖工程

C. 模板工程　　D. 混凝土工程

E. 脚手架工程

22.《建设工程安全生产管理条例》(国务院令〔2003〕第 393 号)第二十四条规定:下列说法正确的是(　　)。

A. 建设工程实行工程总承包的,由总包单位对施工现场的安全生产负总责

B. 总承包单位和分包单位对分包工程的安全生产承担连带责任

C. 监理单位对建设工程安全生产承担监理责任

D. 分包单位不服从管理导致生产安全事故的,由分包单位承担主要责任

E. 施工单位负责人依法对本单位的安全生产工作全面负责

23.《建设工程安全生产管理条例》(国务院令〔2003〕第 393 号)第九条规定:施工现场的安全防护用具、机械设备、施工机具及配件必须(　　),定期进行检查、维修和保养,建立相应的资料档案,并按照国家有关规定及时报废。

A. 由专人管理　　B. 堆放在特定位置
C. 定期检查、维修和保养　　D. 建立相应的资料档案
E. 按照国家规定及时报废

24.《建设工程安全生产管理条例》(国务院令〔2003〕第393号)第二十二条规定:施工单位对列入建设工程概算的安全作业环境及安全施工措施所需费用,主要用于(　　)。

A. 施工机具的更新
B. 施工安全防护用具及设施的采购和更新
C. 施工人员待遇改善
D. 安全施工措施的落实
E. 安全生产条件的改善

25.《生产经营单位安全生产不良记录“黑名单”管理暂行规定》(安委办〔2015〕第14号)第三条规定:生产经营单位有下列情况之一的,纳入国家安全监管总局管理的“黑名单”。(　　)

A. 发生重大及以上生产安全责任事故,或一个年度内累计发生责任事故死亡10人及以上的
B. 发生生产安全事故、发现职业病病人或疑似职业病病人后,瞒报、谎报或故意破坏事故现场、毁灭有关证据的
C. 存在重大安全生产事故隐患、作业岗位职业病危害因素的强度或浓度严重超标,经负有安全监管监察职责的部门指出或者责令限期整改后,不按时整改或整改不到位的
D. 暂扣、吊销安全生产许可证的
E. 存在其他严重违反安全生产、职业病危害防治法律法规行为的

三、判断题

1.《国务院关于坚持科学发展安全发展　促进安全生产形势持续稳定好转的意见》(国发〔2011〕第40号)第九条规定:企业用工要严格依照劳动合同法与职工签订劳动合同,职工必须全部经培训合格后上岗。(　　)

2.《工伤保险条例》(国务院令〔2010〕第586号)第六十二条规定:应当参加工伤保险而未参加工伤保险的用人单位职工发生工伤的,由该用人单位按照条例规定的工伤保险待遇项目的双倍标准支付费用。(　　)

3.《特种设备安全监察条例》(国务院令〔2009〕第549号)第九条规定:任何单位和个人对违反该条例的行为,有权向特种设备安全监督管理部门和行政监察等有关部门举报。(　　)

4.《生产安全事故报告和调查处理条例》(国务院令〔2007〕第493号)第十一条规定:安全生产监督管理部门和负有安全生产监督管理职责的有关部门逐级上报事故情况,每级上报的时间不可以超过2小时。(　　)

5.《生产安全事故报告和调查处理条例》(国务院令〔2007〕第493号)第三十五条规定:事故发生单位主要负责人迟报或者漏报事故的,处上一年年收入40% ~80%的罚款;属于国家工作人员的,并依法给予处分;构成犯罪的,依法追究刑事责任。(　　)

6.《安全生产许可证条例》(国务院令〔2004〕第397号)第九条规定:安全生产许可证的有效期为3年,有效期满需要延期的,企业应当于期满前6个月向原安全生产许可证颁发管理机关办理延期手续。 (　　)

7.《安全生产许可证条例》(国务院令〔2004〕第397号)第十条规定:安全生产许可证颁发管理机关应建立、健全安全生产许可证档案管理制度,需不定期向社会公布企业取得安全生产许可证的情况。 (　　)

8.《国务院关于进一步加强安全生产工作的决定》(国发〔2004〕第2号)第五条规定:加大政府对安全生产的投入,加强安全生产基础设施建设和支撑体系建设,加大对企业安全生产技术改造的支持力度。 (　　)

9.《国务院关于进一步加强安全生产工作的决定》(国发〔2004〕第2号)第十二条规定:生产经营单位必须对所有从业人员进行必要的安全生产技术培训。 (　　)

10.《建设工程安全生产管理条例》(国务院令〔2003〕第393号)第十条规定:依法批准开工报告的建设工程,施工单位应当自开工报告批准之日起30日内,将保证安全施工的措施报送建设工程所在地的县级以上地方人民政府建设行政主管部门或者其他有关部门备案。 (　　)

11.《建设工程安全生产管理条例》(国务院令〔2003〕第393号)第十三条规定:设计单位应当考虑施工安全操作和防护的需要,对涉及施工安全的重点部位和环节在设计文件中注明,但可以不对防范生产安全事故提出指导意见。 (　　)

12.《建设工程安全生产管理条例》(国务院令〔2003〕第393号)第十七条规定:在施工现场安装、拆卸施工起重机械和整体提升脚手架、模板等自升式架设设施,应当由具有劳务承包资质的单位承担。 (　　)

13.《建设工程安全生产管理条例》(国务院令〔2003〕第393号)第二十一条规定:施工单位的项目负责人应当由取得相应执业资格的人员担任,对建设工程项目的安全施工负责,落实安全生产责任制度、安全生产规章制度和操作规程,确保安全生产费用的有效使用,并根据工程的特点组织制订安全施工措施,消除安全事故隐患,及时、如实报告生产安全事故。 (　　)

14.《建设工程安全生产管理条例》(国务院令〔2003〕第393号)第二十二条规定:施工单位对列入建设工程概算的安全作业环境及安全施工措施所需费用,应当用于施工安全防护用具及设施的采购和更新、安全施工措施的落实、安全生产条件的改善,不得挪作他用。 (　　)

15.《建设工程安全生产管理条例》(国务院令〔2003〕第393号)第三十六条规定:施工单位应当对安全生产管理人员和作业人员每年至少进行一次安全生产教育培训,其教育培训情况记入个人工作档案。 (　　)

16.《建设工程安全生产管理条例》(国务院令〔2003〕第393号)第四十九条规定:实行施工总承包的,由总承包单位和分包单位分别组织编制建设工程生产安全事故应急救援预案。 (　　)

17.《建设工程安全生产管理条例》(国务院令〔2003〕第393号)第五十条规定:施工单位发生生产安全事故,应当按照国家有关伤亡事故报告和调查处理的规定,及时、如实地向负责安全生产监督管理的部门或者其他有关部门报告。 (　　)

18.《建设工程质量管理条例》(国务院令〔2000〕第279号)第十二条规定:实行监理的建设工程,建设单位不能委托具有工程监理相应资质等级并与被监理工程的施工承包单位没有隶属关系或者其他利害关系的该工程的设计单位进行监理。 ( )

19.《国务院关于坚持科学发展安全发展促进安全生产形势持续稳定好转的意见》(国发〔2011〕第40号)第九条规定:企业用工要严格依照劳动合同法与职工签订劳动合同,职工必须全部经培训合格后上岗。 ( )

第三章　部门规章

一、单选题

1.《公路水运工程安全生产监督管理办法》(交通运输部令〔2016〕第9号)第八条规定:(　　)是指由企业法定代表人授权,负责公路水运工程项目施工管理的负责人,包括项目经理、项目副经理和项目总工。

A. 企业主要负责人

B. 项目负责人

C. 企业安全生产管理机构专职安全员

D. 施工现场专职安全员

2.《公路水运工程安全生产监督管理办法》(交通运输部令〔2016〕第9号)第十二条规定:施工单位使用承租的机械设备和施工机具及配件的,在进行验收时,可不参加的是(　　)。

A. 承租单位　　B. 安装单位

C. 机械制造商　　D. 出租单位

3.《公路水运工程安全生产监督管理办法》(交通运输部令〔2016〕第9号)第二十一条规定:施工单位应当设立安全生产管理机构,配备专职安全生产管理人员。施工现场应当按照每(　　)万元施工合同额配备一名的比例配备专职安全生产管理人员,不足的至少配备一名。

A. 3 000　　B. 4 000　　C. 5 000　　D. 6 000

4.《公路水运工程安全生产监督管理办法》(交通运输部令〔2016〕第9号)第十四条规定:(　　)在编制工程招标文件时,应当明确公路水运工程项目安全作业环境及安全施工措施所需的安全生产专项费用。

A. 主管单位　　B. 建设单位

C. 监理单位　　D. 施工单位

5.《中华人民共和国海事行政许可条件规定》(交通运输部令〔2015〕第7号)第七条规定:向活动所在地的海事管理机构申请办理(　　)。

A. 建设工程许可证　　B. 施工许可证

C. 水上水下活动许可证　　D. 工程船舶施工许可证

6.《企业安全生产应急管理九条规定》(安监总局令〔2015〕第74号)第三条规定:危险作业必须是(　　)。

A. 报政府部门备案　　B. 专人监护

C. 监理旁站　　D. 经业主同意

7.《企业安全生产应急管理九条规定》(安监总局令〔2015〕第74号)第四条规定:每年至少组织(　　)次应急演练。

A. 1　　B. 2　　C. 3　　D. 4

8.《企业安全生产风险公告六条规定》(安监总局令〔2014〕第70号)第四条规定:必须在工作岗位标明(　　)。

A. 卫生健康告知　　B. 安全管理制度

C. 事故预防措施　　D. 安全操作要点

9.《企业安全生产风险公告六条规定》(安监总局令〔2014〕第70号)第六条规定:必须及时更新(　　)公告内容,建立档案。

A. 安全生产报告　　B. 安全生产风险

C. 安全检查　　D. 隐患整改结果

10.《公路水运工程施工企业项目负责人施工现场带班安全制度(暂行)》(交质监发〔2012〕第576号)第八条规定:公路水运工程施工企业应建立本企业项目负责人施工现场带班生产的责任考核制度,每(　　)至少组织1次对所承揽项目经理部的定期检查考核,检查考核结果应报备项目监理和建设单位。

A. 月　　B. 季度　　C. 半年　　D. 年

11.《公路水运工程施工企业项目负责人施工现场带班生产制度(暂行)》(交质监发〔2012〕第576号)第二条规定:项目负责人原则上不得同时承担(　　)个及以上施工合同段安全生产管理工作,确需兼任的,应当征得项目建设单位的书面同意。

A. 2　　B. 3　　C. 4　　D. 5

12.《公路水运工程施工企业项目负责人施工现场带班生产制度(暂行)》(交质监发〔2012〕第576号)第四条规定:施工企业项目负责人施工现场带班生产制度和月度带班生产计划应报(　　)审查确认并报(　　)备案。(　　)

A. 项目经理部,项目监理单位　　B. 项目经理部,施工单位

C. 施工单位,监理单位　　D. 项目监理单位,建设单位

13.《公路水运工程施工企业项目负责人施工现场带班生产制度(暂行)》(交质监发〔2012〕第576号)第三条规定:对于有专业(或劳务)分包的合同段,分包单位应制订月度带班生产计划,并报(　　)项目经理部备案。

A. 承包单位　　B. 建设单位

C. 设计单位　　D. 监理单位

14.《企业安全生产费用提取和使用管理办法》(财企〔2012〕第16号)第七条规定:建设工程施工企业的安全费用以建筑安装工程造价为计提依据,其中港口与航道工程、公路工程的提取标准为(　　)。

A. 1.0%　　B. 1.5%　　C. 2.0%　　D. 2.5%

15.《企业安全生产费用提取和使用管理办法》(财企〔2012〕第16号)第十九条规定:下列(　　)支出不属于施工企业安全费用列支的范围。

A. 用于生产的安全帽　　B. 安全检查、事故隐患排查、整改

C. 工伤保险、意外伤害险　　D. 应急培训及演练

16.《企业安全生产费用提取和使用管理办法》(财企〔2012〕第16号)第七条规定:水利水电工程安全费用提取标准为(　　),港口与航道工程安全费用提取标准为(　　)。(　　)

A. 1.5%;2.0%　　B. 2.0%;1.5%　　C. 1.5%;1.5%　　D. 2.0%;2.0%

17.《企业安全生产费用提取和使用管理办法》(财企〔2012〕第16号)第十八条规定:下列费用中,不属于安全生产费用支出范围的是(　　)。

A. 配备应急器材费用　　B. 职业技能竞赛费用

C. 安全生产宣传费用　　D. 重大事故隐患整改费用

18.《建筑及市政工程施工现场企业负责人及项目负责人现场带班暂行办法》(建质〔2011〕第111号)第六条规定:要求企业负责人每月定期带班检查时限≥本月工作日的(　　)。

A. 10%　　B. 15%　　C. 20%　　D. 25%

19.《建筑及市政工程施工现场企业负责人及项目负责人现场带班暂行办法》(建质〔2011〕第111号)第十一条规定:要求施工现场项目部负责人每月定期带班检查时限≥本月施工时间的(　　)。

A. 35%　　B. 45%　　C. 60%　　D. 80%

20.《关于开展公路桥梁和隧道工程施工安全风险评估试行工作的通知》(交质监发〔2011〕第217号)第二节规定:列入国家和地方基本建设计划的新建、改建、扩建以及拆除、加固等高等级公路桥梁和隧道工程项目,在施工阶段,应按本通知要求,进行施工(　　)。

A. 安全风险评估　　B. 技术交底

C. 人员资格认定　　D. 施工资格评定

21.《公路水运工程生产安全事故应急预案》(交质监发〔2011〕第6号)附件三规定:安全生产应急管理中,工程参建单位应建立应急救援组织或者设(配)备应急救援人员。原则上,合同价不大于5 000万元的,人数应不少于(　　)。

A. 5人　　B. 10人　　C. 15人　　D. 20人

22.《特种作业人员安全技术培训考核管理规定》(安监总局令〔2010〕第30号)第三条规定:下列不属于特种作业人员的是(　　)。

A. 电工作业人员　　B. 锅炉作业人员

C. 爆破作业人员　　D. 一般的汽车驾驶员

23.《公路水运工程施工企业安全生产管理人员考核管理办法》(交质监发〔2009〕第757号)第五条规定:安全生产三类人员中企业主要负责人、项目负责人不得兼任(　　)。

A. 财务负责人　　B. 廉政负责人

C. 质检负责人　　D. 专职安全生产管理人员

24.《公路水运工程施工企业安全生产管理人员考核管理办法》(交质监发〔2009〕第757号)第二十条规定:在安全生产三类人员考核证书有效期内,企业主要负责人和企业专职安全员所在企业发生1起及以上重大、特大等级生产安全责任事故或(　　)起及以上较大生产安全责任事故,且本人负有责任的,不予延期,必须重新考核。

A. 1　　B. 2　　C. 3　　D. 4

25.《公路水运工程施工企业安全生产管理人员考核管理办法》(交质监发〔2009〕第757号)第十九条规定:三类人员考核证书有效期每次延期期限为(　　)年。

A. 2　　B. 3　　C. 4　　D. 5

26.《生产安全事故应急预案管理办法》(安监总局令〔2009〕第17号)第二十九条规定:生产经营单位制订的应急预案应当至少每(　　)年修订一次,预案修订情况应有记录并归档。

A. 1　　B. 2　　C. 3　　D. 4

27.《生产安全事故档案管理办法》(安监总办〔2008〕第202号)第六条规定:事故调查组成员应在所承担的工作结束后(　　)日内,将工作中形成的事故调查文件材料收集齐全,移交指定人员。

A. 5　　B. 10　　C. 15　　D. 20

28.《生产安全事故档案管理办法》(安监总办〔2008〕第202号)第十一条规定:凡是造成人员死亡或重伤,或(　　)万元以上直接经济损失的事故档案,将永久保管。

A. 100　　B. 500　　C. 1 000　　D. 1 500

29.《建筑施工企业安全生产管理机构设置及专职安全生产管理人员配备办法》(建质〔2008〕第91号)第十二条规定:(　　)不属于项目专职安全员生产管理人员的职责。

A. 负责施工现场安全生产日常检查并做好检查记录

B. 建立、健全工程资金档案,定期进行统计分析

C. 对作业人员违规违章行为有权予以纠正或查处

D. 对于发现的重大安全隐患,有权向企业安全生产管理机构报告

30.《建筑施工企业安全生产管理机构设置及专职安全生产管理人员配备办法》(建质〔2008〕第91号)第八条规定:建筑施工专业承包资质序列企业的安全生产组织的建立及设置要求:一级资质不少于3人;二级和三级以下资质企业不少于(　　)人。

A. 2　　B. 3　　C. 4　　D. 5

31.《建筑施工企业安全生产管理机构设置及专职安全生产管理人员配备办法》(建质〔2008〕第91号)第八条规定:总承包二级及以下资质企业安全生产管理机构专职安全生产管理人员不得少于(　　)人。

A. 2　　B. 3　　C. 4　　D. 5

32.《安全生产事故隐患排查治理暂行规定》(安监总局令〔2008〕第16号)第四条规定:(　　)应当建立健全事故隐患排查治理制度。

A. 设计单位　　B. 建设单位

C. 主管单位　　D. 生产经营单位

33.《中华人民共和国内河交通事故调查处理规定》(交通部令〔2006〕第12号)第八条规定:船舶、浮动设施发生内河交通事故,必须在事故发生后(　　)小时内向事故发生地的海事管理机构提交《内河交通事故报告书》和必要的证书、文书资料。

A. 12　　B. 24　　C. 48　　D. 72

34.《生产经营单位安全培训规定》(安监总局令〔2006〕第3号)第十五条规定:生产经营单位新上岗的从业人员,岗前培训时间不得少于(　　)学时。

A. 12　　B. 24　　C. 32　　D. 48

35.《生产经营单位安全培训规定》(安监总局令〔2006〕第3号)第十九条规定:从业人员

在本生产经营单位内调整工作岗位或离岗(　　)个月以上重新上岗时,应当重新接受车间(工段、区、队)和班组级的安全培训。

A.6　　B.12　　C.18　　D.24

36.《建筑施工企业安全生产许可证管理规定》(建设部令〔2004〕第128号)第十五条规定:建筑施工企业取得安全生产许可证后,应当加强日常安全生产管理,不得降低安全生产条件,并接受(　　)的监督检查。

A.国家安全生产监督管理总局

B.地方政府

C.县级以上人民政府建设(建筑)行政主管部门

D.指挥部

二、多选题

1.《公路水运工程安全生产监督管理办法》(交通运输部令〔2016〕第9号)第三十六条规定:公路水运工程安全生产监督管理部门应当对下列(　　)施工现场的安全生产情况进行监督检查。

A.现场驻地　　B.施工作业点(面)

C.公司办公楼　　D.危险品存放地

E.预制厂、半成品加工厂

2.《公路水运工程安全生产监督管理办法》(交通运输部令〔2016〕第9号)第十一条规定:施工单位的垂直运输机械作业人员、施工船舶作业人员、(　　)等国家规定的特种作业人员,必须按照国家规定经过专门的安全作业培训,并取得特种作业操作资格证书后,方可上岗作业。

A.爆破作业人员　　B.安装拆卸工

C.起重信号工　　D.电工

E.焊工

3.《公路水运工程安全生产监督管理办法》(交通运输部令〔2016〕第9号)第二十一条规定:配备专职安全生产管理人员要求正确的有(　　)。

A.1 000万元以下施工合同可以不用配备

B.视不同工程类型配备不同数量的安全员

C.不足5 000万元的至少配备1名

D.5 000万～1亿元的施工合同至少配备2名

E.1亿元以上的配备3名

4.《企业安全生产应急管理九条规定》(安监总局令〔2015〕第74号)第五条规定:必须开展从业人员(　　),并定期组织考核。

A.岗位操作技能培训　　B.自救互救技能培训

C.劳动立功竞赛　　D.避险逃生技能培训

E.岗位应急知识

5.《企业安全生产风险公告六条规定》(安监总局令〔2014〕第70号)第二条规定:必须在企业醒目位置设置公告栏,在存在安全生产风险的岗位设置告知卡,分别标明本企业、岗位(　　)内容。

A. 主要危险危害因素　　B. 可能导致的事故
C. 事故预防及应急措施　　D. 施工工艺流程
E. 主管领导电话

6.《建筑工程施工许可管理办法》(建设部令〔2014〕第18号)第四条规定:建设单位申请领取施工许可证,应当具备下列条件(　　)。

A. 已经办理建筑工程用地审批(批准)手续
B. 在城市规划区的建筑工程,已经取得规划许可证
C. 有保证工程质量和安全的具体措施
D. 有满足施工需要的施工图纸及技术资料
E. 法律、行政法规规定的其他条件

7. 交通运输部办公厅《关于开展高速公路和大型水运工程"防坍塌、防坠落、反三违"专项整治活动的通知》(厅质监字〔2013〕第129号)第三章第三条规定:为推进施工安全防护标准化,增强高空作业安全保障能力,施工安全防护设施应做到(　　)。

A. 工具化　　B. 定性化
C. 自动化　　D. 标准化
E. 科技化

8.《关于进一步加强安全生产工作的意见》(交质监发〔2013〕第1号)第十三条规定:对(　　)应开展岗前培训和安全教育。

A. 新录用人员　　B. 转岗人员
C. 项目经理　　D. 项目总工
E. 项目专职安全员

9.《关于组织公路水运建设项目平安工程冠名工作的通知》(交质监发〔2012〕第639号)第一章规定:存在(　　)情况的工程项目,不予以受理冠名申请"平安工地"。

A. 工程项目建设违反国家基本建设程序规定的
B. 工程项目发生生产安全责任事故的
C. 施工中使用的特种设备数量超过额定配置的
D. 施工企业项目负责人未按规定取得相关证书的
E. 施工时存在重大安全隐患被省级以上有关部门等通报批评、行政处罚或挂牌督办的

10.《公路水运工程生产安全重大事故隐患挂牌督办制度(暂行)》(交质监发〔2012〕第577号)第十章规定:下列属于重大隐患治理方案应包括的有(　　)。

A. 治理的目标和任务　　B. 采取的方法和措施
C. 医疗人员的落实　　D. 治理时限
E. 安全措施和应急预案

11.《公路水运工程施工企业项目负责人施工现场带班生产制度(暂行)》(交质监发

〔2012〕第576号)第六条规定:项目负责人带班生产方式主要有( )。

A. 现场巡视检查
B. 召开安全生产会议
C. 蹲点带班生产
D. 组织安全教育培训
E. 参加安全技术交底

12.《关于进一步加强夜间施工质量安全管理工作的通知》(厅质监字〔2012〕第183号)第一章第三条规定:因夜间施工组织不当导致安全生产责任事故的,各地交通运输主管部门应向( )问责。

A. 施工单位
B. 监理单位
C. 建设单位
D. 设计单位
E. 检测单位

13.《关于进一步加强夜间施工质量安全管理工作的通知》(厅质监字〔2012〕第183号)第四章规定:夜间施工中,夜间当班的( )必须自始至终在岗。

A. 材料员
B. 质量员
C. 安全员
D. 监理员
E. 资料员

14.《建设项目职业卫生"三同时"监督管理暂行办法》(安监总局令〔2012〕第51号)第十五条、第十九条、第二十一条、第三十三条规定:关于建设项目职业卫生"三同时"的说法,正确的是( )。

A. 建设单位未提交建设项目职业病危害预评价报告或者建设项目职业病危害预评价报告未经安全生产监督管理部门备案、审核同意的,有关部门不得批准该建设项目
B. 职业病危害较重的建设项目,其职业病防护设施设计未经审查同意的,建设单位不得进行施工,应当进行整改后重新申请审查
C. 对职业病危害一般和职业病危害较重的建设项目,建设单位应当在完成职业病防护设施设计专篇评审后,按照有关规定组织职业病防护设施的施工
D. 建设项目职业病防护设施竣工后未经安全生产监督管理部门备案同意或者验收合格的,不得投入生产或者使用
E. 建设单位可自行根据项目职业病危害制订相应预防措施,无需上报备案

15.《企业安全生产费用提取和使用管理办法》(财企〔2012〕第16号)第三章规定:下列属于安全生产费用使用范围的是( )。

A. 完善、改造和维护安全防护设施设备支出(包含"三同时"初期投入的安全设施)
B. 开展重大危险源和事故隐患评估、监控和整改支出
C. 安全生产检查、评价(包括新建、改建、扩建项目)、咨询和标准化建设支出
D. 配备和更新现场作业人员安全防护用品支出
E. 安全生产宣传、教育与培训支出

16.《企业安全生产费用提取和使用管理办法》(财企〔2012〕第16号)第十七条规定:安全生产投入主要用于( )方面。

A. 建设安全技术措施工程、防火工程、通风工程等

B. 增设新安全设备、器材、装备、仪器、仪表等以及这些安全设备的日常维护

C. 奖励安全生产先进集体和个人

D. 职工的安全生产教育和培训

E. 安全员待遇提高

17.《中华人民共和国水上水下活动通航安全管理规定》(交通运输部令〔2011〕第5号)第十二条规定:有以下(　　)情形的,申请者应当及时向原发证的海事管理机构报告,办理《中华人民共和国水上水下活动许可证》注销手续。

A. 涉水工程及其设施中止的

B. 一周内未开工的

C. 提前完工的

D. 因许可事项变更而重新办理了新的许可证的

E. 因不可抗力导致批准的水上水下活动无法实施的

18.《中华人民共和国水上水下活动通航安全管理规定》(交通运输部令〔2011〕第5号)第二十一条规定:涉水工程施工单位应当(　　)。

A. 落实国家安全作业和防火、防爆、防污染等有关法律法规

B. 制订施工安全防范措施,制订水上应急预案,保障涉水工程的水域通航安全

C. 采取有效安全防范措施,制订水上应急预案,保障涉水工程的水域通航安全

D. 提高意外伤害保险保额

E. 申请进行通航安全评估

19.《特种作业人员安全技术培训考核管理规定》(安监总局令〔2010〕第30号)第四条规定:对从事特种设备操作的工作人员,应符合下列哪些条件(　　)。

A. 年满18岁,且不超过国家法定退休年龄

B. 经社区或者县级以上医疗机构体检健康合格

C. 具有高中及以上文化程度

D. 具备必要的安全技术知识与技能

E. 岗位工作5年以上

20.《公路水运工程施工企业安全生产管理人员考核管理办法》(交质监发〔2009〕第757号)第十条规定:安全生产三类人员考核申请应当具备下列哪些条件(　　)。

A. 具有完全民事行为能力

B. 与申报企业有正式劳动关系

C. 申请项目负责人考核的,年龄不超过65周岁

D. 申请专职安全生产管理人员考核的,年龄不超过60周岁

E. 具有一年以上的工作经验

21.《生产安全事故应急预案管理办法》(安监总局令〔2009〕第17号)第三十条规定:下列(　　)情形,应急预案应当及时修订。

A. 生产经营单位因兼并、重组、转制等导致隶属关系、经营方式、法人代表发生变化的

B. 生产经营单位生产工艺和技术发生变化的

C. 周围环境发生变化,形成新的重大危险源的

D. 应急组织指挥体系或者职责已经调整的

E. 应急预案管理部门要求修订的

22.《建筑施工企业安全生产管理机构设置及专职安全生产管理人员配备办法》(建质〔2008〕第91号)第十一条规定:下列属于安全生产管理机构的主要职责的有(　　)。

A. 落实国家有关安全生产法律法规和标准

B. 编制并适时更新安全生产管理制度

C. 组织开展全员安全教育培训

D. 组织开展安全检查

E. 组织召开安全生产委员会会议

23.《安全生产事故隐患排查治理暂行规定》(安监总局令〔2008〕第16号)第十四条规定:重大事故隐患报告的内容应当包括(　　)。

A. 隐患的现状及其产生原因

B. 隐患的危害程度和整改难易程度分析

C. 隐患的治理资金

D. 隐患的课题研究

E. 隐患的治理方案

24.《生产经营单位安全培训规定》(安监总局令〔2006〕第3号)第八条规定:下列属于生产经营单位安全生产管理人员安全培训内容的是(　　)。

A. 国家安全生产方针、政策和有关安全生产的法律、法规、规章及标准

B. 安全生产管理、安全生产技术等知识

C. 医疗物资调配

D. 应急管理、应急预案编制的内容和要求

E. 国内外先进的安全生产管理经验

25.《建筑施工企业安全生产许可证管理规定》(建设部〔2004〕第128号)第六条规定:建筑施工企业申请安全生产许可证时,应当向建设行政主管部门提供下列材料(　　)。

A. 企业法人营业执照

B. 建筑施工企业安全生产许可证申请表

C. 工程业绩证明

D. 申请安全许可证应当具备的相关文件

E. 在建项目相关协作单位资质证明

26.《关于加强安全工作的紧急通知》(国办发明电〔2004〕第7号)第四点规定:对责任不落实,发生重特大事故的,要严格按照(　　)的“四不放过”原则。

A. 主管领导未接受不放过

B. 事故原因未查清不放过

C. 责任人未处理不放过

D. 防止责任事故发生的措施不落实不放过

E. 事故责任人和周围群众没有受到教育不放过

27.《机关、团体、企业、事业单位消防安全管理规定》(公安部〔2001〕第61号)第二十五条规定:消防安全重点单位进行每日防火巡查,巡查的内容应当包括(　　)。

A. 用火、用电有无违章情况

B. 安全出口、疏散通道是否畅通,安全疏散指示标志、应急照明是否完好

C. 消防设施、器材和消防安全标志是否在位、完整

D. 消防安全重点部位的人员在岗情况

E. 消防资金落实情况

三、判断题

1.《关于进一步加强隧道工程质量和安全监管工作的若干意见》(交质监发〔2013〕第549号)第五条规定:洞口段混凝土洒水养护时间应不小于10天。(　　)

2.《关于开展高速公路和大型水运工程"防坍塌、防坠落、反三违"专项整治活动的通知》(厅质监字〔2013〕第129号)第三章第三条规定:涉及夜间施工的,各作业区的接合部位不需要专人看护,但要有明显的发光标志。(　　)

3.《关于进一步加强安全生产工作的意见》(交安监发〔2013〕第1号)第十七条规定:企业需要督促客运、危险品运输驾驶人员、特种作业人员等关键岗位签订安全责任承诺书,确保责任落实。(　　)

4.《关于开展公路水运工程"平安工地"考核评价工作的通知》(交质监发〔2012〕第679号)规定:工程项目实施期间,考核期内发生1起一般生产安全责任事故,负有事故责任的施工合同段不能评为示范等级。(　　)

5.《关于进一步加强安全培训工作决定》(安委〔2012〕第10号)规定:矿山井下、危险化学品生产单位从业人员要具有高中及以上文化程度。(　　)

6.《关于进一步加强安全培训工作决定》(安委〔2012〕第10号)规定:取得注册安全工程师资格证并经注册的,可以直接申领矿山、危险物品行业主要负责人和安全管理人员安全资格证。(　　)

7.《关于组织公路水运建设项目平安工程冠名工作的通知》(交质监发〔2012〕第639号)第二章规定:交通运输部与国家安全生产监督管理总局联合组织"平安工程"冠名工作。(　　)

8.《公路水运工程生产安全重大事故隐患挂牌督办制度(暂行)》(交质监发〔2012〕第577号)第三条规定:公路水运工程重大隐患挂牌督办按照属地管理的原则进行。(　　)

9.《公路水运工程生产安全重大事故隐患挂牌督办制度(暂行)》(交质监发〔2012〕第577号)第六条规定:对确认存在重大隐患的,在施工现场应设立风险告知牌,并对一线作业人员进行风险告知。(　　)

10.《公路水运工程生产安全重大事故隐患挂牌督办制度(暂行)》(交质监发〔2012〕第577号)第十三条规定:整改报告经项目监理单位确认,由项目建设单位统一向督办单位提出摘牌销号的书面申请。实行项目总承包或代建制的,由项目总承包单位或项目代建单位提出。(　　)

11.《公路水运工程施工企业项目负责人施工现场带班生产制度(暂行)》(交质监发〔2012〕第576号)第三条规定:公路水运工程施工合同段项目经理部,应根据项目施工特点,建立项目负责人施工现场轮流带班生产制度。 (　　)

12.《公路水运工程施工企业项目负责人施工现场带班生产制度(暂行)》(交质监发〔2012〕第576号)第八条规定:公路水运工程施工企业应建立本企业项目负责人施工现场带班生产的责任考核制度,每半年至少组织2次对所承揽工程项目经理部的定期检查考核。 (　　)

13.《公路水运工程施工企业项目负责人施工现场带班生产制度(暂行)》(交质监发〔2012〕第576号)第十条规定:对未执行带班生产制度的项目责任人,作为个人不良信用予以记录,不予办理其安全生产考核合格证书的延期考核。 (　　)

14.《关于进一步加强夜间施工质量安全管理工作的通知》(厅质监字〔2012〕第183号)第一条规定:严禁极端恶劣天气情况下进行夜间施工。 (　　)

15.《关于进一步加强夜间施工质量安全管理工作的通知》(厅质监字〔2012〕第183号)第二章规定:未经监理工程师批准,不得安排夜间施工。 (　　)

16.《关于进一步加强夜间施工质量安全管理工作的通知》(厅质监字〔2012〕第183号)第六章规定:夜间施工时,应保证施工场地照明充足,施工用电设备有专人看护。 (　　)

17.《关于进一步加强夜间施工质量安全管理工作的通知》(厅质监字〔2012〕第183号)第七章规定:临空、临边和临水作业应按规定设置防护栏杆和防护网。 (　　)

18.《关于进一步加强夜间施工质量安全管理工作的通知》(厅质监字〔2012〕第183号)第七章规定:夜间施工人员需穿戴反光工作服。 (　　)

19.《关于进一步加强夜间施工质量安全管理工作的通知》(厅质监字〔2012〕第183号)第七章规定:施工便道转弯处、基坑、沟槽四周设置施工围挡后,可不悬挂红色警示灯。 (　　)

20.《企业安全生产费用提取和使用管理办法》(财企〔2012〕第16号)第二章第七条规定:总包单位应当将安全费用按比例直接支付分包单位并监督使用,分包单位不再重复提取。 (　　)

21.《企业安全生产费用提取和使用管理办法》(财企〔2012〕第16号)第十五条规定:根据安全生产实际需要,可适当降低安全费用提取标准。 (　　)

22.《关于开展公路桥梁和隧道工程施工安全风险评估试行工作的通知》(交质监发〔2011〕第217号)第二章第一条规定:多跨或跨径大于40m的石拱桥,跨径大于或等于150m的钢筋混凝土拱桥要开展安全风险评估。 (　　)

23.《关于开展公路桥梁和隧道工程施工安全风险评估试行工作的通知》(交质监发〔2011〕第217号)第二章第一条规定:特殊桥型或特殊结构桥梁的拆除或加固工程要开展安全风险评估。 (　　)

24.《关于开展公路桥梁和隧道工程施工安全风险评估试行工作的通知》(交质监发〔2011〕第217号)第二章第一条规定:施工环境简单、施工工艺复杂的其他桥梁工程要开展安全风险评估。 (　　)

25.《交通运输部办公厅关于进一步加强交通运输行业建设工程生产安全事故报告统计

工作的通知》(厅质监字〔2010〕第231号)附件1.4规定:发生1人以上(含1人)死亡的生产安全事故,事故单位应在2小时内按照《交通运输行业建设工程生产安全事故快报表》的要求向建设单位、项目的安全监管机构报告。 ( )

26.《交通运输部办公厅关于进一步加强交通运输行业建设工程生产安全事故报告统计工作的通知》(厅质监字〔2010〕第231号)附件1.6规定:《交通运输行业建设工程生产安全事故统计月报表》报送超过28日零时,应说明情况,无故超过24小时后,视为迟报。 ( )

27.《特种作业人员安全技术培训考核管理规定》(安监总局令〔2010〕第30号)第四条规定:年满18周岁才能从事特种作业工作。 ( )

28.《特种作业人员安全技术培训考核管理规定》(安监总局令〔2010〕第30号)第九条规定:特种作业人员的培训内容,主要是安全技术理论培训考核。 ( )

29.《特种作业人员安全技术培训考核管理规定》(安监总局令〔2010〕第30号)第二十一条规定:取得"特种作业人员操作证"的特种作业人员,每年要进行一次复审。 ( )

30.《关于开展公路水运工程平安工地建设活动的通知》(交质监发〔2010〕第132号)第五章第四条规定:对确定为省级示范工程和示范工地的参建单位,各地可根据实际情况,制订相应的奖励政策。 ( )

31.《关于加强重大工程安全质量保障措施的通知》(发改投资〔2009〕第3183号)第五章规定:政府与单位要进一步建立健全快速有效的应急救援体系,确保在发生重大工程安全事故时能够及时有效地开展应急救援工作,最大限度减少人员伤亡和财产损失,防止安全质量事故扩大蔓延,保障项目建设秩序尽快恢复。 ( )

32.《公路水运工程施工企业安全生产管理人员考核管理办法》(交质监发〔2009〕第757号)第七条规定:安全生产三类人员考核申请由施工企业统一组织申报,不接受个人申请。 ( )

33.《公路水运工程施工企业安全生产管理人员考核管理办法》(交质监发〔2009〕第757号)第十一条规定:一级企业申请人的能力考核中,在申请考核之日前1年内,申请人在较大及以上等级安全责任事故中负有责任的情形可以继续申请。 ( )

34.《危险性较大的分部分项工程安全管理办法》(建质〔2009〕第87号)第三条规定:对危险性较大的分部分项工程安全专项施工方案是指施工单位在编制施工组织(总)设计的基础上,针对危险性较大的分部分项工程单独编制的安全技术措施文件。 ( )

35.《危险性较大的分部分项工程安全管理办法》(建质〔2009〕第87号)第十条规定:本项目参建各方的人员可以以专家身份参加专家论证会。 ( )

36.《危险性较大的分部分项工程安全管理办法》(建质〔2009〕第87号)第十五条规定:编制人员或项目技术负责人应当向作业人员进行安全技术交底。 ( )

37.《危险性较大的分部分项工程安全管理办法》(建质〔2009〕第87号)附件一规定:危险性较大土方开挖工程是指开挖深度超过5m(含5m)的基坑(槽)的土方开挖工程。 ( )

38.《危险性较大的分部分项工程安全管理办法》(建质〔2009〕第87号)附件一规定:超过一定规模的危险性较大的分部分项混凝土模板支撑工程是指:搭设高度8m及以上;搭设跨度18m及以上;施工总荷载15kN/m^2及以上;集中线荷载20kN/m及以上。 ( )

39.《生产安全事故应急预案管理办法》(安监总局令〔2016〕第 88 号)第六条规定:生产经营单位的应急预案按照针对情况的不同,分为综合应急预案、专项应急预案和现场处置方案。
(　　)

40.《生产安全事故档案管理办法》(安监总办〔2008〕第 202 号)第五条规定:参加事故调查处理的有关单位及个人都有维护事故档案完整、准确、系统、安全的义务,不可拒绝事故档案归档。(　　)

41.《建筑施工企业安全生产管理机构设置及专职安全生产管理人员配备办法》(建质〔2008〕第 91 号)第八条规定:建筑施工专业承包资质序列企业:一级资质不少于 5 人;二级和二级以下资质企业不少于 2 人。(　　)

42.《建筑施工企业安全生产管理机构设置及专职安全生产管理人员配备办法》(建质〔2008〕第 91 号)第十条规定:建筑施工企业应当设立安全生产管理机构,在建设工程项目中可以不设立安全生产管理机构。(　　)

43.《安全生产事故隐患排查治理暂行规定》(安监总局令〔2008〕第 16 号)第六条规定:任何单位和个人发现事故隐患,均有权向安全监管监察部门和有关部门报告。(　　)

44.《生产经营单位安全培训规定》(安监总局令〔2006〕第 3 号)第二章第九条规定:生产经营单位主要负责人和安全生产管理人员初次安全培训时间不得少于 24 学时。(　　)

第二篇　安全管理篇

第一章　安全基础理论

一、单选题

1. 海因里希在早期研究中经过对大量事故数据的统计与分析，事故的直接损失与间接损失的比例大约为(　　)。

A. 1∶3　　B. 1∶4　　C. 1∶5　　D. 1∶6

2. 海因里希的“安全金字塔”揭示了一个十分重要的事故预防原理：要预防死亡、重伤事故，最重要的基础工作是必须(　　)。

A. 查找死亡重伤事故发生的原因　　B. 预防轻伤事故

C. 预防险肇事故　　D. 消除日常安全隐患

3. 海因里希提出的多米诺骨牌原理中的五因素分别为：遗传及社会环境、人的缺点、(　　)、意外、伤害。

A. 人的不安全行为　　B. 人的不安全行为和物的不安全状态

C. 物的不安全状态　　D. 人的不安全行为或物的不安全状态

4. 在危险源辨识的步骤中，首要的步骤是(　　)。

A. 危险源辨识　　B. 风险评价

C. 划分作业活动　　D. 制订风险控制措施计划

5. 在危险源识别中，正确的行动顺序是(　　)。

①规划作业活动；②危险源辨识；③风险评估；④判断风险是否容许；⑤制订风险控制措施计划

A. ④③②⑤①　　B. ①②③④⑤　　C. ①⑤④②③　　D. ②①⑤④③

6. 在危险源识别过程中，“在计划中，但不是例行的作业”是属于三种状态中的(　　)。

A. 正常状态　　B. 异常状态　　C. 紧急状态　　D. 危险状态

7. 第一类危险源的控制方法与防止事故发生的方法：消除危险源、(　　)、隔离。

A. 限制能量或危险物质　　B. 引爆危险物品

C. 意外释放能量　　D. 随意摆放危险源

8. 重大危险源，是指长期的或者临时的生产、搬运、使用或者储存的危险物品，且危险物品的数量等于或大于(　　)的单元。

A. 临界量　　B. 单元量　　C. 1 吨　　D. 单位量

9. 从安全生产角度，危险源是指可能造成人员伤害、疾病、财产损失、作业环境破坏或其他损失的(　　)。

A. 条件　　B. 环境　　C. 原因　　D. 根源或状态

10. 轨迹交叉理论认为,防止事故发生的侧重点在于(　　)。

A. 使人—物运动轨迹消失　　B. 砍断人的事件链

C. 砍断物的事件链　　D. 杜绝违章

11. 作为一种事故致因理论,强调人的因素和物的因素在事故致因中占有同样重要地位的是(　　)。

A. 系统安全理论　　B. 事故致因理论

C. 轨迹交叉理论　　D. 安全生产风险管理理论

12. 事故发生机理的意外释放论,认为事故是一种不正常的或不希望的(　　)。

A. 连锁反应　　B. 能量释放

C. 相互作用　　D. 能量控制

13. 职业健康安全管理体系遵循了 PDCA 管理模式,以下选项中理解错误的一项是(　　)。

A. Plan 策划　　B. Do 实施

C. Check 检查　　D. Abolition 废除

14. 职业健康安全管理体系应该遵循 PDCA 管理模式,PDCA 是指(　　)。

A. 策划—实施　　B. 策划—实施—改进

C. 策划—实施—改进—检查　　D. 策划—实施—检查—改进

15. 施工现场三违行为是指(　　)。

A. 违章指挥、违章作业、违反劳动纪律

B. 违章指挥、违章停车、违反操作规程

C. 违章作业、违反职业道德、违反劳动纪律

D. 违章指挥、违反操作规程、违反道德风尚

16. 存在“危险有害物质、能量”与“危险有害物质、能量失去控制”是危险、有害因素转换为事故的(　　)。

A. 根本原因　　B. 次要原因

C. 间接原因　　D. 潜在原因

17. 安全生产“五要素”内容为安全文化、安全法制、安全责任、安全投入、安全科技,安全工作的灵魂是(　　)。

A. 安全文化　　B. 安全投入

C. 安全责任　　D. 安全科技

18. 危险是指系统中存在导致发生不期望后果的可能性超过了人们的(　　)。

A. 预计范围　　B. 认知能力

C. 实践水平　　D. 承受程度

19. 建设工程施工事故中,所占比例最高的是(　　)。

A. 物体打击事故　　B. 各类坍塌事故

C. 高处坠落事故　　D. 起重伤害事故

20. 根据系统安全工程观点，在生产过程中，不发生人员伤亡、职业病或设备、设施损害或环境危害的条件是（　　）。

A. 安全条件　　B. 不安全状况

C. 失误安全功能　　D. 故障安全功能

21. 安全组织管理是指（　　）。

A. 制订有效的安全管理政策

B. 设立安全管理的机构

C. 设计并建立一种责任和权力机制以形成安全的工作环境的过程

D. 把安全管理作为组织目标的一部分

22. 以下不属于安全管理基本原则的五个要素的是（　　）。

A. 调查　　B. 组织

C. 政策　　D. 业绩测量

23. 安全计划的目的是（　　）。

A. 风险辨识

B. 建立组织机构

C. 共享安全知识和经验

D. 明确进行有效的风险控制所必需的资源

24. 生产系统中可导致事故发生的人的不安全行为、物的不安全状态和管理上的缺陷泛指（　　）。

A. 事故　　B. 事故隐患

C. 故障　　D. 伤害

25. 事故隐患泛指生产系统导致事故发生的（　　）。

A. 隐藏着的隐患

B. 人的不安全行为、物的不安全状态和管理上的缺陷

C. 各种危险物品以及管理上的缺陷

D. 人、机、环境的危险性

26. 根据安全生产理论进行系统科学的分析，事故的直接原因是（　　）。

A. 人的不安全行为，物的不安全状态

B. 情绪不佳，技术不好

C. 生产效益不好，无章可循

D. 不良作业环境

27. 风险量的大小取决于（　　）。

A. 风险造成的损失　　B. 风险发生的概率

C. 风险造成的损失和发生的概率　　D. 风险评估的方法

28. 在生产安全事故中直接导致伤害发生的物体，称为（　　）。

A. 致害物　　B. 毒害物

C. 起因物　　D. 易燃物

29. 可燃固体根据(　　)分类。

A. 自燃点　　B. 着火点　　C. 闪点　　D. 爆炸下限

30. (　　)是我们还未掌握的事故必然性的反映。

A. 主观性　　B. 必然性　　C. 偶然性　　D. 客观性

31. (　　)是建筑工地防火的重点时期。

A. 雨季　　B. 冬季　　C. 高温季　　D. 夏季

32. 应急预案包括生产经营单位的危险性分析、机构及职责、预防与预警、应急响应、信息发布、后期处置、保障措施等内容,其核心内容是(　　)。

A. 预防与预警　　B. 应急响应　　C. 信息发布　　D. 后期处置

33. 心肺复苏术简称 CPR,指当呼吸终止及心跳停顿时,使用人工呼吸及胸外按压来进行急救的一种技术。胸外按压与人工呼吸的频数比例是(　　)。

A. 30 : 1　　B. 30 : 2　　C. 30 : 3　　D. 30 : 4

34. 止血是急救的重要措施之一,止血带的绑扎时间不宜过长,冬天应每隔(　　)分钟左右放松一次,每次放松 3 ~4 分钟。

A. 10　　B. 30　　C. 60　　D. 100

35. 在高温场所,为了防止中暑,应多饮(　　)最好。

A. 纯净水　　B. 汽水　　C. 含盐清凉饮料　　D. 茶

36. 我国现行的五位一体的安全生产体制中,安全生产工作的实施主体是(　　)。

A. 企业　　B. 项目经理　　C. 工作人员　　D. 项目专职安全员

37. (　　)对项目部安全生产全面负责。

A. 项目经理　　B. 项目总工　　C. 现场施工员　　D. 安全员

38. 施工企业的(　　)对本企业的安全生产负总责。

A. 分管安全副总　　B. 安全部长

C. 专职安全生产管理人员　　D. 法定代表人

39. 根据《公路桥梁和隧道工程施工安全风险评估指南》(交质监发〔2011〕第 217 号)第 1.0.4 条规定:专项风险评估是指将总体风险评估等级为(　　)及以上桥梁或隧道工程中的施工作业活动(或施工区段)作为评估对象,根据其作业风险特点以及类似工程事故情况,进行风险源普查,并针对其中的重大风险源进行量化估测,提出相应的风险控制措施。

A. Ⅰ级　　B. Ⅱ级　　C. Ⅲ级　　D. Ⅳ级

40.《关于开展 2002 年"全国安全生产月"活动的通知》(安监管政法字〔2002〕第 4 号)规定:我国将每年的(　　)定为安全生产月。

A. 3 月　　B. 4 月　　C. 5 月　　D. 6 月

41. 在风险等级划分中,把发生危险可能产生后果的严重程度分为(　　)三个等级。

A. 很大、很小、极小　　B. 可忽略伤害、中度伤害、重大伤害

C. 轻微伤害、伤害、严重伤害　　D. 一般伤害、较大伤害、重大伤害

42. 建立安全风险评估制度就一定要牢固树立"任何风险都可以控制"的理念,坚

持(　　)的基本原则,按照“分专业、分层次、理流程”的工作思路,密切结合企业安全生产实际和安全管理基础,稳步推进企业安全风险管理。

A. 以人为本、安全发展

B. 以人为本、安全发展、实事求是

C. 以人为本、安全发展、实事求是、注重实效

D. 以人为本、安全发展、实事求是、注重实效、稳步推进

43. 在建筑工程中,工程勘察、设计、施工的标准、规范、规程中,以黑体字表示的条文都属于(　　)性标准,此规定在工程建设中不得违反。

A. 行政　　B. 强制　　C. 推荐　　D. 严格

44. 安全生产标准化建设的核心是(　　)。

A. 设备　　B. 人　　C. 环境　　D. 材料

45. 风险管理的五个过程,正确的顺序是(　　)。

①实施抉择;②检查;③风险分析和评估;④风险控制对策的规划;⑤风险的预测与识别

A. ⑤③④②①　　B. ⑤④③①②

C. ⑤①③④②　　D. ⑤③④①②

46. 本质安全包括的功能:失误安全功能、(　　)。

A. 人身安全功能　　B. 故障安全功能

C. 设施安全功能　　D. 工程安全功能

47. 在前道工序中留下隐患而未消除或未转告下道工序作业者的行为属于(　　)。

A. 缺乏安全意识,不注意自我保护和保护他人的行为

B. 违反道德规定

C. 违章指挥

D. 不按规定使用安全防护用品

48. 本质安全是安全生产管理(　　)的根本体现,也是安全生产管理的最高境界。

A. 实事求是　　B. 预防为主　　C. 综合治理　　D. 以上都是

49. 安全责任事故调查处理,应当遵循(　　)的原则。

A. 实事求是、尊重科学　　B. 科教兴国、与时俱进

C. 唯物主义、经验主义　　D. 唯心主义、机会主义

50. 三级安全教育是指(　　)。

A. 企业法定代表人、项目负责人、班组长

B. 公司、项目、班组

C. 公司、总包单位、分包单位

D. 建设单位、施工单位、监理单位

51. 安全隐患应按照“三定一落实”的原则组织缺陷整改,并做到认真考核,严格验收,整改到位。其中的“三定”是指(　　)。

A. 定人、定时、定位　　B. 定时、定位、定计划

C. 定人、定位、定措施　　D. 定人、定时、定措施

52. 公路施工企业保证安全生产的最基础、最本质、最直接的方法是(　　)。

A. 完善应急预案管理体系　　B. 加强人员管理

C. 提升施工人员的安全技术　　D. 建立资金管理体系

53. 生产经营单位各项安全生产规章制度的核心是(　　)。

A. 安全生产的“五同时”　　B. 安全生产责任制

C. 安全生产，人人有责　　D. 安全第一，预防为主

54. 安全生产责任制度分为9个方面的内容，以下选项中正确的是(　　)。

①物质保障责任；②资金保障责任；③机构设置和人员匹配责任；④安全生产规章制度制定责任；⑤教育培训责任；⑥安全管理责任；⑦事故报告和应急救援责任；⑧法律、法规、规章规定的其他安全生产责任；⑨部分安全生产责任制的内容

A. ①②③⑤⑥⑨　B. ②④⑤⑥⑦⑧　C. ①③④⑥⑧⑨　D. 以上均是

55. 下列关于安全标志含义的叙述，不正确的是(　　)。

A. 禁止标志，含义是不准或制止人们某种行为

B. 警告标志，含义是警告人们当心、小心、注意

C. 指令标志，含义是必须遵守

D. 提示标志，含义是提示人们不能去做

56. 综合性应急演练的过程可以划分为演练准备、演练实施和(　　)三个阶段。

A. 演练讲解　　B. 演练通报

C. 演练总结　　D. 演练评价

二、多选题

1. 危险源辨识的方法大致可分为(　　)三类。

A. 经验分析法　　B. 材料性质和生产条件分析法

C. 作业条件危险性评价法　　D. 环境评价法

E. 领导决策法

2. 危险源辨识方法大致可分三类，下列选项中正确的是(　　)。

A. 经验分析法　　B. 资金流量分析法

C. 材料性质和生产条件分析法　　D. 作业条件危险性评价法

E. PEST分析法

3.《公路工程施工安全技术规范》(JTG F90—2015)规定：安全技术交底主要包括(　　)内容。

A. 安全技术要求　　B. 风险状况

C. 应急处置措施　　D. 安全文化

E. 安全警示标志

4.《公路工程施工安全技术规范》(JTG F90—2015)规定：应急预案分为(　　)。

A. 综合应急预案　　B. 专项应急预案

C. 现场处置方案　　D. 危险源清单

E. 机构与职责

5.《公路工程施工安全技术规范》(JTG F90—2015)规定:以下属于特种设备的是(　　)。

A. 锅炉、压力容器(含气瓶)　　B. 混凝土振捣器

C. 电梯　　D. 场内专用机动车辆

E. 起重机械

6.《生产经营单位生产安全事故应急预案编制导则》(GB/T 29639—2013)规定:专项应急预案是生产经营单位为应对某一类型或某几种类型事故,或者针对重要生产设施、重大危险源、重大活动等内容而制订的应急预案。专项应急预案主要包括(　　)。

A. 事故风险分析　　B. 应急指挥机构及职责

C. 处置程序　　D. 领导批示

E. 处置措施

7. 项目施工安全生产中必须把好安全生产"六关"是指(　　)、防护关和检查关。

A. 措施关　　B. 交底关

C. 技术关　　D. 改进关

E. 养护关

8. 企业安全生产资金保障制度的目的是(　　)。

A. 加强企业安全生产费用的统一管理

B. 保证安全生产资金的有效投入

C. 改善从业人员工作条件和工作环境

D. 进一步实现安全生产、文明施工和安全生产标准化管理

E. 减少和防止生产安全事故的发生

9. 从业人员接受安全生产教育和培训的目的是(　　)。

A. 提高安全生产技能　　B. 服从管理

C. 增强事故预防能力　　D. 掌握安全生产知识

E. 增强事故应急处理能力

10. 下列属于从业人员在安全生产中的权利的是(　　)。

A. 控告权　　B. 检举权

C. 紧急避险权　　D. 请求赔偿权

E. 知情权

11. 公路施工企业的从业人员在安全生产方面应享有的权利包括(　　)。

A. 应急措施的知情权　　B. 安全生产管理中问题的控告权

C. 违章指挥的拒绝权　　D. 紧急避险权

E. 担心当班工作可能有危险的旷工权

12. 危险性包括(　　)两方面的问题。

A. 事故发生可能性　　B. 故障发生概率

C. 危险源控制　　D. 事故后果严重程度

E. 失误率

13. 在人因事故心理指数中,事故心理要素包括(　　)。

A. 侥幸、好奇　　B. 麻痹、偷懒

C. 逞能、莽撞　　D. 心急、烦躁

E. 粗心、大意

14. 施工过程中,(　　)是项目职业健康安全控制的重点,必须采取有针对性的控制措施。

A. 人的不安全行为　　B. 物的不安全状态

C. 作业环境的不安全因素　　D. 管理缺陷

E. 电源保障

15. 安全检查的类型包括(　　)和专项安全检查等。

A. 定期性检查　　B. 经常性检查

C. 季节性检查　　D. 显著性检查

E. 综合性检查

16. 安全生产教育与培训制度的主要内容应包括(　　)。

A. 安全意识　　B. 安全知识

C. 企业文化　　D. 安全技能教育

E. 工艺流程

17. 安全教育和培养对象,下列选项中正确的是(　　)。

A. 企业法定代表人

B. 项目经理

C. 企业其他生产管理人员和技术人员

D. 企业专职安全管理人员

E. 重新上岗的待岗、转岗、换岗、复工人员

18. 下列属于施工安全保证措施的有(　　)。

A. 组织保障　　B. 技术措施

C. 应急预案　　D. 监测监控

E. 工艺流程

19. 以下属于现场救护原则是(　　)。

A. 确保自身和病人安全　　B. 先救命后治伤

C. 先重伤后轻伤　　D. 操作迅速、平稳、轻柔

E. 做好自我保护

20. 下列属于应急预案保障措施的有(　　)。

A. 通信与信息保障　　B. 领导批示保障

C. 物资保障　　D. 资金保障

E. 应急队伍保障

21. 劳动保护是要消除生产过程中的(　　)。

A. 危及人身安全和健康的不良环境

B. 不安全设备和设施
C. 不安全环境、不安全场所
D. 不安全行为
E. 设备故障

22. 工程保险的特点为(　　)。
A. 保险期限与建设期限的一致性
B. 工程保险承保的是综合风险
C. 被保险人的多方性
D. 保险费率的个别性
E. 保险标的的不完整性和保险金额的渐增性

23. 工程建设最常见的安全隐患有(　　)。
A. 作业环境和条件缺陷隐患
B. 施工安全措施缺陷隐患
C. 现场安全监控管理工作不到位隐患
D. 安全岗位责任不落实隐患
E. 安全工作制度缺陷隐患

24. 建立好的安全态度可以从(　　)等方面进行。
A. 好的班组,建立集体安全愿望
B. 好的示范,通过观察熟练操作人员的行为来校正自己的操作行为
C. 发现违章行为立即教育
D. 适当的"恐吓",如组织观看"事故片",可使其深受教育,增强安全意识
E. 建立安全奖惩机制

25. 作业人员对工程项目应了解的安全要点有(　　)。
A. 工程项目的施工作业特点和危险源、危险点
B. 对危险源、危险点的具体预防措施
C. 相应的安全操作规程和标准
D. 本项目应该注意的安全事项
E. 发生事故后应该采取的避难和紧急救援措施

26. 公路工程施工安全技术管理的主要措施包括(　　)。
A. 检查验收　　B. 技术交底
C. 培训考核　　D. 调查研究
E. 外出询问

27. 建筑施工中的"四口"是指(　　)。
A. 预留洞口　　B. 楼梯口
C. 电梯井口　　D. 通道口
E. 混凝土浇筑口

28. 职业健康监护档案应当包括劳动者的(　　)等有关个人健康资料。

A. 职业史　　　　　　　　　　B. 职业病危害接触史
C. 职业健康检查结果　　　　　D. 职业病诊疗
E. 安全教育相关资料

29. 振动器操作人员应掌握一般安全用电知识,作业时应当穿戴(　　)。
A. 绝缘鞋　　　　　　　　　　B. 防护服
C. 绝缘手套　　　　　　　　　D. 工作服
E. 凉鞋

30. 金属切削过程中最有可能发生(　　)。
A. 中毒　　　　　　　　　　　B. 触电事故
C. 灼烫　　　　　　　　　　　D. 机械伤害
E. 物体打击

31. 可能发生尘肺的工种有(　　)。
A. 石工　　　　　　　　　　　B. 水泥工
C. 电工　　　　　　　　　　　D. 塔吊工
E. 电焊工

32. 下列关于伤亡事故的说法,正确的是(　　)。
A. 指职工在劳动过程中发生的人身伤害、急性中毒事故
B. 指职工在本岗位劳动所发生的人身伤害(即轻伤、重伤、死亡)事故
C. 指职工不在本岗位劳动,但由于企业的设备和设施不安全、劳动条件和作业环境不良、管理不善所发生的人身伤害(即轻伤、重伤、死亡)和急性中毒事故
D. 指职工不在本岗位劳动,但由于企业领导指派到企业外从事本企业活动,所发生的人身伤害(即轻伤、重伤、死亡)和急性中毒事故
E. 职工在本岗位劳动所发生的急性中毒事故

33. 安全检查中发现的各类问题和安全隐患、事故苗头要采取(　　)原则,及时解决问题,清除事故隐患。
A. 定人员　　　　　　　　　　B. 定时间
C. 定经费　　　　　　　　　　D. 定设备
E. 定措施

34. 建筑施工企业专职安全生产管理人员,是指在企业专职从事安全生产管理工作的人员,包括(　　)。
A. 经理
B. 企业法定代表人
C. 企业分管安全生产工作的副经理
D. 企业安全生产管理机构的负责人及其工作人员
E. 施工现场专职安全生产管理人员

35. 交通系统"三防"是指(　　)。
A. 防汛　　　　　　　　　　　B. 防洪

C. 防台　　　　　　　　　　　　　　　　D. 防旱

E. 防高温

36. 项目负责人的安全生产职责有(　　)。

A. 认真贯彻企业制定的各项安全生产管理制度,把安全生产责任目标分解到岗,落实到人

B. 严格执行安全生产考核指标和安全生产考核奖惩办法

C. 严格执行专项施工方案和安全技术措施,并在工程施工作业前向有关管理人员及施工作业班组进行安全技术交底

D. 定期或不定期组织安全生产检查,及时发现和消除事故隐患

E. 及时如实按规定程序上报生产安全事故

37. 下列属于专职安全生产管理人员安全生产职责的有(　　)。

A. 认真执行安全生产的有关法律、法规、标准和企业制定的安全生产管理制度

B. 参与制订、修改有关安全生产管理制度和操作规程

C. 组织制定本单位安全生产规章制度和操作规程

D. 建立、健全安全生产管理档案,定期进行统计分析

E. 参与企业职工三级安全教育的培训和考试

38. 生产经营单位负责人接到事故现场有关人员的事故报告后,应当(　　)。

A. 立即展开事故调查

B. 立即采取有效措施组织抢救

C. 立即对事故责任人作出处理

D. 立即赶到事故现场

E. 先查明事故原因,再上报有关部门

39. 安全生产管理机构指的是生产经营单位内设的专门负责安全生产监督管理的机构,其作用有(　　)。

A. 及时报告生产经营情况

B. 落实国家有关安全生产的法律法规

C. 及时整改各种事故隐患

D. 监督安全生产责任制的落实

E. 组织生产经营单位内部各种安全检查活动

40. 施工单位在职业卫生方面的责任有(　　)。

A. 对劳动场所进行职业病危害检测评价

B. 建立、健全劳动安全卫生制度,严格执行国家劳动安全卫生规程和标准,对劳动者进行劳动安全卫生教育

C. 为劳动者提供符合国家规定的劳动安全卫生条件和必要的劳动防护用品

D. 劳动安全卫生设施必须符合国家规定的标准

E. 对从事有职业危害作业的劳动者应当定期进行健康检查

41. 安全生产管理的目标是(　　)。

A. 减少和控制危害
B. 尽量避免生产过程中由于事故所造成的人身伤害、财产损失、环境污染及其他损失
C. 无死亡事故
D. 减少和控制事故
E. 无财产损失

42. 保障安全生产的“五要素”是(　　)。
A. 安全文化　B. 安全法制
C. 安全责任　D. 安全科技
E. 安全投入

43. 风险管理的内容指的是(　　)。
A. 风险辨识　B. 风险分析
C. 风险控制　D. 风险转移
E. 事故处理

44. 全面风险管理的四大含义包括(　　)。
A. 项目全过程的风险管理　B. 全部风险的管理
C. 全方位的管理　D. 全面的组织措施
E. 事故后续措施的管理

45. 风险识别的方法有(　　)。
A. 文件审查　B. 信息收集技术
C. 图解技术　D. 假设分析
E. 核对表

46. 危险源识别方法有(　　)。
A. 现场调查方法　B. 工作任务分析
C. 安全检查表　D. 危险与可操作性研究
E. 安全类型及致命度分析

47. 引发生产安全事故的“事故五要素”是指(　　)。
A. 不安全状况　B. 不安全行为
C. 起因物　D. 致害物
E. 伤害方式

48. (　　)为强制险种。
A. 意外事故保险金　B. 建筑意外伤害保险
C. 意外残疾保险金　D. 第三者责任险
E. 工伤保险

49. 在生产施工过程中，为保证安全生产、减少人为事故而采取的“三不伤害”原则是指：(　　)。
A. 不伤害自己　B. 不伤害集体利益
C. 不被机械伤害　D. 不伤害他人

E. 不被他人伤害

50. 公路水运工程安全生产监督管理部门对从业单位安全生产监督检查的内容主要有:(　　)。

A. 从业单位安全生产条件的符合情况

B. 施工单位安全生产三类人员和特种作业人员具备上岗资格情况

C. 从业单位执行安全生产法律、法规、规章和工程建设强制性标准的情况

D. 从业单位对安全生产管理制度、安全责任制度和各项应急预案的建立和落实情况

E. 安全生产管理机构或者专职安全生产管理人员的设置和履行职责情况

51. 冬季施工防止对工程进度、工程质量和施工安全产生影响,必须做好(　　)"五防工作"。

A. 防火防爆　　B. 防交通事故

C. 防中毒　　D. 防滑

E. 防冻

52. 安全生产工作格局包括(　　)等方面。

A. 政府统一领导　　B. 部门依法监管

C. 企业全面负责　　D. 群众参与监督

E. 全社会广泛支持

53. 施工交叉作业时应注意(　　)等事项。

A. 错开作业时间或工序　　B. 制订安全措施

C. 搭设防护隔离棚　　D. 工具随意放置

E. 不可雨天作业

54. 安全技术措施按其功能可分为(　　)。

A. 直接安全技术措施　　B. 间接安全技术措施

C. 提示性安全技术措施　　D. 个体防护措施

E. 安全管理措施

55. 班前活动的安全交底主要内容是(　　)。

A. 当天的作业环境　　B. 气候情况

C. 主要工作内容　　D. 各个环节的操作安全要求

E. 与特殊工种的配合

56. "火三角"是指(　　)。

A. 重大危险源　　B. 可燃物质

C. 助燃物质(空气、强氧化剂)　　D. 灭火器

E. 引火源(如明火、撞击、炽热物体、化学反应热等)

57. 防止安全事故的有效方法包括(　　)。

A. 对工程技术方案进行审查与改进,强化安全防护技术

B. 对作业工人进行安全教育,强化安全防护意识

C. 采用安全新材料、新设备

D. 对不适宜从事某种作业的人员进行调整

E. 必要的惩戒

58. 火灾包括( )等基本类型。

A. 固体物质火灾
B. 气体火灾
C. 金属火灾
D. 带电火灾
E. 液体火灾和可熔化的固体物质火灾

59. ( )等物品引起的火灾不能用水扑救。

A. 碱金属
B. 高压电气装置
C. 硫酸
D. 油毡
E. 熔化的钢水

60. 防火"五不走"的内容是( )。

A. 交接班不交代不走
B. 用火设备火源不熄灭不走
C. 可燃物不清不净不走
D. 用电设备不拉闸不走
E. 发现险情不报告不处理好不走

61. 属于安全生产"五同时"原则的是( )。

A. 计划
B. 检查
C. 上报
D. 总结
E. 评比

62. 伤亡事故报告的主要内容包括( )。

A. 事故发生时间
B. 事故原因
C. 事故状况
D. 重伤害人员的家庭情况
E. 企业处理意见

63. 安全生产责任制的目的是( )。

A. 明确岗位责任
B. 预防工伤事故的发生
C. 保障人民生命财产安全
D. 降低施工成本
E. 杜绝事故的发生

64. 下列属于施工企业安全生产管理制度的有( )。

A. 安全生产责任制度
B. 物质保障责任制度
C. 资金使用责任制度
D. 安全生产技术管理制度
E. 安全生产事故和应急管理制度

65. 安全生产责任制度的主要内容包括( )。

A. 从事建筑活动主体的负责人制度
B. 岗位人员的安全生产责任制度
C. 建设行政主管部门的安全责任制度
D. 县级以上人民政府的安全生产责任制度
E. 从事建筑活动主体的职能机构的安全生产责任制度

66. 安全生产管理人员考核制度的主要内容包括( )。

A. 施工单位负责的考核依据

B. 企业主要负责人的考核要点

C. 项目负责人的考核要点

D. 施工单位资金使用责任的考核依据

E. 公路水运施工企业专职安全生产管理人员

67. 安全技术措施的处置方法包括(　　)。

A. 连锁法
B. 代替隔离方法
C. 错位布局法
D. 警告法
E. 资金管理方法

68. 重大隐患排查与治理制度的实施主要包括(　　)等。

A. 责任落实
B. 隐患排查
C. 治理方案
D. 组织机构
E. 隐患治理和报告
F. 工程预算

69.《安全生产事故应急管理制度》规定:安全事故应急管理的基本原则是(　　)。

A. 坚持“防止事故扩大,减少人员伤亡”

B. 坚持“以人为本,时间就是生命”

C. 坚持环境保护应坚持可持续发展

D. 坚持“分工合作,落实责任”

E. 坚持依法开展职业卫生技术服务

70. 安全生产管理制度包括(　　)五大方面。

A. 安全生产责任制度
B. 安全生产管理制度
C. 岗位安全操作规程和规定
D. 市场安全管理制度
E. 安全生产技术管理制度
F. 安全生产事故和应急管理制度

71. 施工单位主要负责人依法对本单位的安全生产工作全面负责,应该(　　)。

A. 建立、健全安全生产责任制度

B. 担任材料进出管理机构的负责人

C. 保证本单位安全生产条件所需资金的投入

D. 对所承担的建设工程进行定期和专项安全检查

E. 应当建立健全安全生产教育培训制度

72. 生产经营单位的负责人接到单位发生生产安全事故的报告后,应当(　　)。

A. 第一时间调查设备损失情况

B. 迅速采取有效措施,组织抢救

C. 防止事故扩大,减少人员伤亡和财产损失

D. 按国家有关规定立即向有关部门报告

E. 组织清理事故现场,尽快恢复生产

73. 安全管理对策措施是通过一系列管理手段将(　　)等涉及安全生产工作的各个环节有机地结合起来,进行整合、完善、优化,以保证企业在生产经营活动全过程的职业安全和健

康,使已经采取的安全技术对策措施得到制度上、组织上、管理上的保证。

A. 人　　B. 机械
C. 材料　　D. 制度
E. 环境

74. 关于施工单位职工安全生产培训,下列说法正确的是(　　)。

A. 施工单位自主决定培训
B. 培训制度无硬性规定
C. 施工单位应当加强对职工的教育培训
D. 施工单位应当建立、健全教育培训制度
E. 未经教育培训或者考核不合格的人员,不得上岗作业

75. 交通企业的从业人员在安全生产方面,应履行的义务包括(　　)。

A. 遵守有关安全生产的法律法规　　B. 自觉接受安全教育和培训
C. 正确使用劳动保护用品　　D. 自觉自费购买保险
E. 不用接受安全教育,按照师傅说的来

76. 安全生产专项费用管理应坚持(　　)的原则,并按照有关规定、行业标准以及合同约定确定提取标准。

A. 规范计取　　B. 合理计划
C. 计量支付　　D. 节约为主
E. 确保投入

77. 应急保障措施包括(　　)。

A. 通信与信息保障　　B. 工程进度保障
C. 应急物资装备保障　　D. 经费保障
E. 应急队伍保障

78. 施工作业前,如何查看作业面安全防护设施?(　　)。

A. 作业前应认真查看施工洞口是否安全
B. 临边安全防护和脚手架护栏、挡脚板、立网是否齐全、牢固
C. 脚手板是否按要求间距放正、绑牢,有无探头板和空隙
D. 用工具拧动螺栓来检查连接是否牢固
E. 前一作业组在作业前若已检查安全防护设施并没发现问题,后一作业组可省检查程序,继续进行作业

79. 安全发展必须做到“三个不能”,即(　　)。

A. 不能以牺牲人的生命为代价
B. 不能损害劳动者的安全
C. 不能损害健康权益
D. 不能影响经济发展
E. 不能违反劳动纪律

80. 下列对安全技术交底具体要求的叙述,正确的是(　　)。

A. 各工种的安全技术交底一般与分部分项安全技术交底同步进行
B. 交底应采用简短的、口号式的形式
C. 交底应当双方签字确认
D. 交底必须具体、明确、针对性强
E. 交底应当采用口头形式

81. 施工企业主要负责人安全知识考核要点包括:政策方针、法律法规、规范文件、相关专业知识,以及(　　)。

A. 防范措施,事故处理办法
B. 企业规章,制定办法
C. 安全技术管理经验
D. 典型案例分析
E. 工作业绩

三、判断题

1. 建立《职业健康安全和劳动防护用品管理制度》是国家法律法规的要求,是构建和谐社会、贯彻"预防为主,常备不懈"安全生产理念的必要措施。(　　)

2. 建立《特种设备及作业人员安全管理制度》的目的是为了保证特种设备的品质和安全,加强设备的检验检测。(　　)

3. 生产经营单位的主要负责人和安全生产管理人员,必须具备与本单位所从事的生产经营活动相应的安全生产知识和管理能力。(　　)

4. 建筑施工企业专职安全生产管理人员,是指在企业专职从事安全生产管理工作的人员,包括企业安全生产管理机构的负责人及其工作人员。(　　)

5. 第二类危险源的控制方法有减少故障、增加安全系数、提高可靠性以及设置安全监控系统。(　　)

6. 在危险源识别的方法中,危险性和可操作性研究是安全管理人员采取的主要方法。(　　)

7. 前期预防任务"四消除一防护"指的是消除不安全状态、消除不安全行为、消除起因物、消除致害物的存在、针对伤害方式进行保护。(　　)

8. "预防为主"主要体现为"六先":安全意识在先、安全投入在先、安全责任在先、建章立制在先、隐患整改在先、监督执法在先。(　　)

9. 安全目标管理是施工项目重要的安全管理措施之一。(　　)

10. 在水运公路施工管理中,工程保险制度是强化安全长效机制的重要手段。(　　)

11. 按照风险评价结果的量化程度,评价方法可分为定性风险评价法和定量风险评价法。(　　)

12. 公路水运施工中发生的生产安全事故,包括造成人员伤亡的和未造成人员伤亡的事故。(　　)

13. 不安全状态有四个属性,包括事故属性、场所属性、状态属性、作业属性。(　　)

14. 在不安全行为分类中,其中"其他主动性不安全行为"包括违反上岗身体条件、违反上岗规定和不按规定使用安全防护品三种行为。(　　)

15. 在作业条件未达到规范、设计和施工要求的情况下，组织和指挥工作不属于违章作业。（　　）

16. 在同一生产安全事故中，起因物和致害物只能是不同的物体（品）。（　　）

17. 起因物是失控掉落的梯笼和其他载人设备，其致害物是设备对人的致命伤害。（　　）

18. 起因物是软弱和受力不均匀的地基、支垫物，其致害物是失稳、倾翻的起重机。（　　）

19. 不安全状态或不安全行为的存在（或二者同时存在）是事故的"起因"。（　　）

20. 只有及时发现和消除在施工各个阶段、各个部位和各个环节上存在的安全隐患，才能完全避免生产安全事故的发生。（　　）

21. 防止事故发生的安全措施就是在事故发生的内在规律中产生，其中前期预防的任务是"四消除一保护"。（　　）

22. 安全生产目标管理的基本内容包括目标体系的建立、目标的实施以及目标成果的检查与考核。（　　）

23. 使得事故要素得以存在、孕育、发展、启动和作用的条件与因素很多，可归纳为认识因素、技术因素、条件因素三个方面。（　　）

24. 事故发生的必然性直接暴露了安全生产工作中三期防范的缺陷与相应施管人员的责任。（　　）

25. 组织应针对其内部各有关职能和层次，建立并保持形成文件的职业健康安全目标。（　　）

26. 安全生产长效机制的基本内涵：是以政府安全生产监督与指导体系为中心的、是以企业自主活动为保障的、以研究与服务机构体系为科技支撑的、以社会参与体系为公众监督与指导方体系有机结合并融入社会经济过程的国家安全生产可持续性发展过程与方式。（　　）

27. 建立技术交底制度目的是为了规范项目安全技术交底工作，提高从业人员的安全意识、安全知识和安全技能，是减少伤亡事故发生的必要手段和根本途径。（　　）

28. 从面向被检查的对象来说，安全检查的内容，主要是查意识、查制度、查隐患、查整改落实、查岗位责任。（　　）

29. 安全技术交底应优先交底采用新的安全技术方法和技术措施。（　　）

30. 安全管理制度执行情况的监督检查要按照"谁检查、谁签字、谁落实、谁负责、谁整改"的"五谁"要求。（　　）

31. 安全目标管理体系由目标体系和措施体系组成。（　　）

32. 所谓"安全第一"，就是在生产经营活动中，在处理保证安全与生产经营活动的关系上，要始终把安全放在首要位置，优先考虑从业人员和其他人员的人身安全，实行"安全优先"的原则。（　　）

33. 安全生产工作的主体是企业，因此安全生产工作必须坚持"法人负责制"和"管生产必须管安全"的原则。（　　）

34. 人的不安全行为和物的不安全状态的产生和发展，是受多重因素作用的结果，同时人

与物两因素又互为因果。（ ）

35. 安全管理是一种超前预测、预报、预防的工作方式，而不是事后的事故整改和隐患整改。（ ）

36. 工程保险是一种财产保险和责任保险的综合保险。（ ）

37. 第三者责任险所相对的第一方和第二方是指建设单位和施工单位。（ ）

38. 常用的安全检查方法有一般检查法和安全检查评分表法。（ ）

39. 一个完整的应急体系应由组织体制、运作体制、监察制度、法制基础和应急保障系统五部分组成。（ ）

40. 安全生产目标实施的管理是指在落实保证措施计划时，促使目标实现的过程中所进行的管理活动。（ ）

41. 伤害的性质可分为轻微伤害、伤害、严重伤害，严重伤害包括截肢、严重骨折、中毒、复合伤害、致命伤害、职业癌症、其他导致寿命严重缩短的疾病、急性不治之症。（ ）

42. 起重作用中发生的挤压、坠落、物体打击属于机械伤害。（ ）

43. 淹溺包括高处坠落淹溺，不包括矿山、井下透水淹溺。（ ）

44. 不安全状态的 4 个属性指的是事故属性、场所属性、状态属性和作业属性。（ ）

45. 在施工生产过程中，造成人员死亡、伤害、职业病、财产损失或其他损失的意外事件，称为生产安全事故。（ ）

46. 生产安全事故大多都是由于违章指挥、违章作业、违反劳动纪律造成的，应用制度来约束人的不安全行为和物的不安全状态。（ ）

47. 事故的特性有必然性、突发性、多发性、可防性、难控性。（ ）

48. 事故的直接原因是指机械、物质或环境的不安全状态。（ ）

49. 对事故的原因进行分析，技术和设计上有缺陷属于造成事故的直接原因。（ ）

50. 危险是指系统中存在导致发生不期望后果的可能性超过了人们的承受程度。（ ）

51. 全面安全管理的内容是“四全”安全管理，即全员、全面、全过程、全天候安全管理，做到“横向到边，纵向到底”的安全管理。（ ）

52.《公路桥梁和隧道工程施工安全风险评估指南（试行）》规定：风险评估分为总体风险评估和专项风险评估两个层次。（ ）

53. 专项方案应当由总承包单位技术负责人及相关专业承包单位技术负责人审核。（ ）

54. 公路工程安全事故、职业疾病是完全能够避免的。（ ）

55. 行为安全理论是生产安全实践发展的结果。（ ）

56. 安全投入是安全生产的保障，但不是安全生产的物质及非物质保障。（ ）

57. 根据风险的概念，用某一特定危险情况发生的可能性和它可能导致后果的严重程度的乘积来表示风险的大小，可以用公式表达：$R = pf$（p、f 为三个等级，R 为五个等级）。（ ）

58. 无论是事故的多发性，还是事故的偶发性，反映的都是事故的难控性。（ ）

59. 在事故发生的偶然性和难控性中，客观上的“少见”和主观上的“想不到”是事故发生的偶然性的主观表现。（ ）

60. 安全问题是伴随着社会生产的产生而产生和发展的，只要有生产，就会有不安全的因素，就会有杜绝伤害、保障劳动者健康与安全的要求。（　）

61. 危险危害因素应从以下几方面进行分析：①物的不安全状态；②人的不安全因素；③可能造成职业病、中毒的劳动环境和条件；④管理缺陷；⑤自然灾害。（　）

62. 一般安全检查方法：看、听、闻、问、查、测、析。（　）

63. 企业安全管理制度的落实，领导是关键，因此需做到：①齐抓共管；②领导要率先垂范，做执行制度的模范；③坚持“管生产必须管安全”和“全员参加”的原则。（　）

64. 企业安全管理过程中，责任制的落实永远是第二位。（　）

65. 检查安全隐患就是为了及时发现和消除它的存在，以避免其发展为生产安全事故。（　）

66. 企业应当将安全费用优先用于满足安全生产监督管理部门对企业安全生产提出的整改措施或达到安全生产标准所需支出。（　）

67. 直接责任者指与事故有必然因果关系的人为直接责任者（如：违章作业，冒险蛮干，无故拆除安全设施和安全装置的人）。（　）

68. 公路施工企业完成安全生产总任务必须有专业人才。（　）

69. 公路工程新从业人员进场的三级安全教育中，公司一级的安全教育可以由公司派专职安全管理人员到施工现场进行。（　）

70. 国家对严重危及生产安全的工艺、设备实行改进制度。生产经营单位不得使用应当淘汰的危及生产安全的工艺、设备。（　）

71. 重伤事故发生后，可由公路施工等生产经营单位负责人组织本单位有关人员组成事故调查组对事故进行调查。（　）

72. 公路工程有效的安全管理应该建立在对风险和如何控制风险的理解的基础上。（　）

73. 爆破领导人的职责：主持制订爆破工程的全面工作计划，并负责实施；组织领导爆破工作的设计施工和总结工作。（　）

74. 当安全投入量为零时，无安全可言或完全出于自然状态。投入量越小，安全度越高。（　）

75. 建立安全生产例会制度的目的在于，通过有计划地召开安全生产会议，可以全面了解和掌握安全生产工作动态，全面布置和安排安全生产工作，认真落实各项预防、预控和预警措施，达到减少违章、避免安全生产事故发生的目的。（　）

76. 建立技术交底制度的目的是为了规范项目安全技术交底工作，提高从业人员的安全意识、安全知识和安全操作技能，是减少伤亡事故发生的必要手段和根本途径。（　）

77. 企业建立应急管理制度的目的是为了规范企业安全生产事故的应急救援行为，从容有效地应对重大生产安全事故，最大限度地减少事故中人员伤亡、财产损失、环境损害和社会影响。（　）

78. 风险评估的目的：一是给出安全生产风险的高低；二是要给出安全生产风险的级别，为安全生产风险管理提供依据。（　）

79. 应急体系是开展应急救援管理工作的基础，一个完整的应急措施体系应由组织体系、运作机制、法制基础和应急保障系统四部分构成。 ( )

80. 生产经营单位的从业人员有权了解其作业场所和工作岗位存在的危险因素、防范措施及事故应急措施，有权对本单位的安全生产工作提出建议。 ( )

81. 生产班组在接受生产任务时必须遵循的主要事项：必须接受安全技术交底及讲解，并掌握交底内容，凡没有进行交底和交底讲解的，有权拒绝接受任务，并提出意见。 ( )

82. 建设工程招标的，应当按照招标文件规定的评标标准和程序对标书进行评价比较，在具备相应资质条件的投标者中，按报价最低原则选定中标者。 ( )

83. 项目部成立安全生产领导小组，项目副经理任组长，安全员任副组长，有关部门领导组成小组成员。 ( )

84. 建筑施工安全检查中“四口”是指通道口、楼梯口、电梯井口、预留洞口。 ( )

85. 火灾初起阶段是扑救火灾较不利阶段。 ( )

86. 发生火灾时，基本的正确应变措施是：发出警报，疏散，在安全情况下设法扑救。 ( )

87. 为防止易燃气体积聚而发生爆炸和火灾，储存和使用易燃液体的区域要有良好的空气流通。 ( )

88. 为防止发生火灾，在厂内显眼的地方要设有“严禁逗留”的标志。 ( )

89. 火灾逃生的四个要点：①防烟熏；②果断迅速逃离火场；③寻找逃生之路；④等待他救。 ( )

90. 施工现场噪声限值是指与敏感区域相应的建筑施工现场噪声源旁边的测量限值。 ( )

91. 安全距离是指高压线放电距离之外、施工坠落半径以内。 ( )

92. 建筑业颁发“五大伤害”是：高处坠落、物体打击、触电、机械伤害、坍塌。 ( )

93. 总承包单位可将工程分包给具备相应资质条件的单位，分包单位可将其承包的工程再分包。 ( )

94. 安全色中的蓝色表示提示、安全状态及通行的规定。 ( )

95. 重大事故隐患，是指生产经营作业场所、设备、设施的不安全状态，人的不安全行为和管理上的缺陷，可以导致重大事故发生或者重大经济损失的隐患。 ( )

96. 有效的安全管理应该建立在对风险和如何控制风险的理解的基础上。 ( )

97. 全面损失管理强调通过对事故和事件总结经验以获得有效的控制方法。 ( )

98. 施工前，应逐级进行安全技术教育及交底，落实所有安全技术措施和人身防护用品，未经落实时不得进行施工。 ( )

99. 安全技术措施，系指为防止工伤事故和职业病的危害面从技术上采取的措施。 ( )

100. 坚持“科学发展、安全发展”是对安全生产实践经验的科学总结。 ( )

101. 指挥人员手势或旗语信号必须和音响信号配合使用，不能单独使用一种信号指挥作业。 ( )

102. 对特殊情况的紧急停机信号,不论何人发出都应立即执行。（　）
103. 班组早会应总结讲评安全工作,表扬好人好事,批评忽视安全、违章作业等不良现象。（　）
104. 事故处理的目的就是为了处理事故的责任者。（　）
105. 用电安全要求:在操作闸刀开关、磁力开关时,必须将盖盖好。（　）
106. 全员安全教育的目的之一是强化员工的安全意识。（　）
107. 在工作现场动用明火,须报主管部门批准,并做好安全防范工作。（　）
108. 事故调查的主要目的是分析事故原因和分清事故的责任。（　）
109. 攀登梯子时,可以一手持物体一手扶着上下。（　）
110. 安全生产主要是为了预防伤亡事故,没有任何经济效益。（　）
111. 安全工作是衡量企业经营管理工作好坏的一项基本内容,安全生产指标具有一票否决的作用。（　）
112. 人的安全行为不仅受生理的影响,还受心理、文化背景和环境的影响,因此要进行安全文化建设。（　）
113. 开展安全事故调查的主要目的是分析事故原因和分清事故的责任。（　）
114. 禁止、警告和报警原则是指以人为目标,对危险部位给人以文字、声音、颜色、光等信息,提醒人们注意安全。（　）
115. 事故直接经济损失指直接用于事故善后处理的费用。（　）
116. 公路施工项目部消防工作贯彻“预防为主,防消结合”的消防工作方针。（　）
117. 国家实行生产安全事故责任追究制度。（　）
118. 静电的危害有:引起爆炸和火灾、静电电击、妨碍生产。（　）
119. 班组是工业企业的基层组织,是加强企业管理,搞好安全生产的基础。（　）
120. 运转中的机械设备对人的伤害方式主要有撞伤、压伤、轧伤、卷缠等。（　）
121. 施工生产过程中的有害因素包括:化学因素、物理因素和生物因素三大类。（　）
122. 噪声对人体中枢神经系统的影响是使人心跳加快、血管痉挛。（　）
123. 在施工区可以火焚烧有毒、有恶臭物体。（　）
124. 施工单位不得转包或者违法分包工程。（　）
125. 工伤保险与商业保险公司的人身意外伤害保险有根本的区别。（　）
126. 安全管理的中心问题是保护生产活动中人的安全与健康。（　）

第二章　安全管理制度

一、单选题

1.《建筑工程冬期施工规程》(JGJ 104—2011)规定:当室外日平均气温连续5天稳定低于(　　)即进入冬期施工。

A. -5℃　　B. 0℃　　C. 3℃　　D. 5℃

2.《危险化学品重大危险源辨识》(GB 18218—2009)规定:辨识重大危险源的依据是(　　)。

A. 物质的临界特性及数量　　B. 物质的比重及数量

C. 物质的密度及数量　　D. 物质的危险特性及数量

3.《特种设备作业人员监督管理办法》(质监总局令〔2011〕第140号)规定:特种作业人员必须持有(　　)方可上岗。

A. 专科以上学历证书

B. 技术等级证书

C. 身份证

D. 有关部门核发的有效的特殊工种操作证

4.《企业职工伤亡事故分类》(GB 6441—1986)规定:综合考虑起因物、引起事故的诱导性原因、致害物、伤害方式等,将事故类别分为(　　)类。

A. 10　　B. 15　　C. 20　　D. 25

5.《企业职工伤亡事故分类》(GB 6441—1986)规定:将人的不安全行为分为操作失误、造成安全装置失效、使用不安全设备等(　　)大类。

A. 15　　B. 10　　C. 24　　D. 13

6.《生产过程危险和有害因素分类与代码》(GB/T 13861—2009)规定:生产过程中的危险、有害因素分为(　　)类。

A. 4　　B. 5　　C. 6　　D. 3

7.《公路交通安全设施设计细则》(JTG/T D81—2006)规定:二级公路的车辆驶出桥外有可能造成的单车特大事故或二次重大事故等级是(　　)。

A. SB　　B. SBm　　C. A　　D. Am

8.《公路交通安全设施设计细则》(JTG/T D81—2006)规定:从工程心理学的角度来看,交通标志应当满足醒目度、公认度和(　　)等要求才能发挥作用。

A. 易读性　　B. 广泛性　　C. 简单性　　D. 观赏性

9. 参照《企业职工伤亡事故分类》(GB 6441—1986),灼烫类应不包括(　　)。

A. 火焰烧伤　　B. 物理灼伤　　C. 化学灼伤　　D. 电灼伤

10.《生产过程危险和有害因素分类和代码》(GB/T 13861—2009)规定:指挥错误和操作错误属于(　　)。

A. 物理性危险、有害因素　　B. 生物性危害危险、有害因素
C. 心理、生理性危险、有害因素　　D. 行为性危险、有害因素

11. 根据《生产安全事故报告和调查处理条例》(国务院令〔2007〕第493号)第九条规定，下列说法不正确的是(　　)。

A. 造成3人以上(含3人)10人以下(不含10人)死亡的事故，属于较大事故
B. 单位负责人接到建筑施工安全事故报告后，应当于1小时内向事故发生地县级以上人民政府建设行政主管部门报告
C. 较大事故由事故发生地省级人民政府负责调查
D. 事故调查组应当自事故发生之日起60日内提交事故调查报告

12. 项目分管安全副经理的职责，错误的一项选项为(　　)。

A. 协助工程项目经理开展安全生产工作
B. 对安全生产总负责
C. 行使工程项目副经理的相关职责
D. 组织并参加各类安全生产检查活动

13. 安全生产最高权力机构是(　　)。

A. 安委会　　B. 董事会　　C. 安全部　　D. 项目部

14. 2008年11月15日杭州萧山湘湖站地铁坍塌死亡21人，属于(　　)等级生产安全事故。

A. 特别重大　　B. 重大事故　　C. 较大事故　　D. 一般事故

15. 从业人员经过安全教育培训，了解岗位操作规程，但未遵守而造成事故的，行为人应负(　　)责任，有关负责人应负管理责任。

A. 领导　　B. 管理　　C. 直接　　D. 间接

16. 安全生产教育和培训范围是(　　)。

A. 总包单位的职工　　B. 分包单位的职工
C. 本企业的职工与分包单位的职工　　D. 有违章作业记录的职工

17. 易燃物品露天仓库四周内应有不小于(　　)的平坦空地作为消防通道。

A. 2m　　B. 4m　　C. 6m　　D. 8m

18. 某单位在编制应急预案工作中，下列做法正确的是(　　)。

A. 由本单位工会领导组织成立应急预案编制工作组
B. 应急预案的评审均由上级主管部门或地方政府安全监管部门组织
C. 预案评审后，经主要负责人签署发布并上报有关部门备案
D. 除评估本单位应急能力外，还评估相邻单位应急能力

19. 实施公路工程安全技术管理的主要依据是(　　)。

A. 公司文件　　B. 规程标准　　C. 操作程序　　D. 工作指导书

20. 特种作业证书在(　　)。

A. 全国通用　　B. 所在省、自治区、直辖市通用
C. 所在地区通用　　D. 本市范围内使用

21. 被列入重点监督名单的工程项目,该工程项目部每月至少应开展(　　)次全面的安全生产自查。

A. 1　　B. 2　　C. 3　　D. 4

22. 施工过程中每次召开的技术交底会,项目部领导都要把(　　)作为交底的重要议程。

A. 资金数额　　B. 安全生产

C. 人员与分工　　D. 操作规程

23. 地方各级人民政府应当(　　)至少召开一次防范特大安全事故工作会议,由政府主要领导人或者委托政府分管领导人召集有关部门的正职负责人参加。

A. 每个月　　B. 每个季度

C. 每半年　　D. 每年

24. 负责施工现场安全监督检查,巡查隐患,制止"三违作业"的专职安全员应持(　　)证书。

A. A 类　　B. B 类　　C. C 类　　D. D 类

25. 在施工便道中,水上便桥护栏应每(　　)m 布置一个救生圈。

A. 25　　B. 50　　C. 75　　D. 100

26. 在安全生产管理人员考核制度的考核要点中,不属于项目负责人的考核要点是(　　)。

A. 能独立制订本单位生产安全事故应急救援预案

B. 知道国家有关安全生产的方针政策、法律法规等相关文件

C. 工程项目安全生产管理的基本知识和相关专业知识

D. 能有效开展安全检查,及时消除安全生产事故隐患

27. 安全生产资金保障制度建立后,关键在于落实。各施工企业在落实安全生产资金管理工作中,必须做到"三到位"。下列选项中不属于"三到位"的是(　　)。

A. 责任到位　　B. 措施到位

C. 资金到位　　D. 设备到位

28. 安全生产风险抵押金可以作为(　　)使用。

A. 工伤赔偿

B. 事故发生时产生的抢险、救灾费用以及事故善后时直接发生的费用

C. 购买安全生产设施设备的费用

D. 职业健康检查费用

29. 专项施工方案编制中,以下流程正确的是(　　)。

①收集相关资料;②危险因素辨识;③确定重大危险因素;④编制专项方案;⑤审查审核批准;⑥安全技术交底;⑦执行

A. ⑤④⑥⑦②①③　　B. ①②③④⑤⑥⑦

C. ③②①⑦⑤④⑥　　D. ①⑥④⑤⑦②③

30. 安全检查制度中定期性检查周期为:一般中型及以上的公路水运工程施工单位,每(　　)组织一次检查。

A. 年　　B. 半年　　C. 季度　　D. 月

31. 在安全技术交底制度实施与运行步骤中,正确的行动顺序是(　　)。

①依据相关法律法规制定安全技术交底制度;②问题落实整改;③安全技术交底制度的宣贯与落实;④监督检查;⑤效果评价

A. ④③②⑤①　　B. ①④②⑤③

C. ①③④⑤②　　D. ②①⑤④③

32. 项目主管生产的副经理,要坚持"管生产必须管安全"的原则,对安全生产负(　　)责任。

A. 全面领导　　B. 具体领导

C. 现场监督　　D. 技术措施审查

33. 在安全监督检查时,(　　)被检查生产经营单位各项活动的正常进行。

A. 可以要求暂停　　B. 责令要求停止

C. 可以影响　　D. 不得影响

34. (　　)上岗前必须进行专业培训和安全教育,考试合格并持有有关部门核发的有效的特殊工种操作证书后方可上岗。

A. 班组长　　B. 所有人员

C. 技术人员　　D. 特种作业人员

35. 应急救援的培训中,二级应急组织项目经理部的培训频率为(　　)。

A. 每年一次　　B. 每半年一次

C. 每月一次　　D. 开工前或每半年一次

36. 生产安全事故的(　　)是保证生产安全事故应急救援工作顺利实施的组织保障。

A. 应急救援体系　　B. 应急救援信息系统

C. 应急救援组织　　D. 应急救援制度

37. 施工现场堆放大宗材料、成品、半成品和机具设备必须规范、整齐,不得侵占场内道路及(　　)等设施。

A. 仓库　　B. 安全防护

C. 办公室　　D. 食堂

38. 建筑施工企业安全生产的第一责任人是(　　)。

A. 专职安全员　　B. 项目经理

C. 主管领导　　D. 企业法人代表

39. 在施工现场,(　　)是该项目施工安全生产的第一责任人。

A. 项目负责人　　B. 项目技术负责人

C. 专职安全员　　D. 企业法人代表

40. 拆除工程的建设单位与施工单位在签订施工合同时,应签订(　　),明确双方的安全管理责任。

A. 劳动协议　　B. 经济合同协议

C. 施工进度协议　　D. 安全生产管理协议

41. 施工过程中,(　　)应对拆除工程的安全技术管理负直接责任。

A. 设计单位　　B. 施工单位

C. 监理单位　　D. 建设单位

42. 交通施工单位应对从事拆除作业的人员依法办理(　　)保险。

A. 失业　　B. 失窃

C. 意外伤害　　D. 医疗

43. 公路施工企业安全生产委员会的主任,可以由公司的(　　)担任。

A. 总经理　　B. 总工程师

C. 工会主席　　D. 临时人员

44. 公路施工企业等从业人员依法享有工伤保险和伤亡补偿的权利,这项权利(　　)。

A. 双方口头表述按行规执行　　B. 双方以劳动合同必要条款确认

C. 由仲裁机构确认　　D. 由法院确认

45. 下列(　　)情况下,用人单位不得解除劳动合同。

A. 劳动者不能胜任工作的　　B. 职工患职业病

C. 用人单位经营困难期间　　D. 劳动者违反劳动纪律

46. 施工中保证工程管理安全要求,施工前严格按照(　　)要求,编制具体的安全保通方案,并上报监理、交通、高速交警等部门审批,建设单位审核批准后方可开工。

A. 建设单位　　B. 监理单位

C. 总监　　D. 政府监督管理部门

47. 公路水运工程施工企业发生有人员死亡的事故后,报告的程序是(　　)。

A. 报当地建设主管部门

B. 2 人以上需要报告,不超过 1 人的,不需报送政府部门,单位内部处理

C. 报送建设单位、当地政府交通管理部门、安全监管部门;发生重特大事故的,可以越级报告上级有关部门

D. 当地政府建设主管部门和安全监管部门

48. 下列事故,不属于一般安全事故的是(　　)。

A. 死亡 3 人　　B. 死亡 2 人

C. 死亡 1 人　　D. 重伤 3 人

49. 施工现场动火证由(　　)审批。

A. 公司安全科　　B. 项目技术负责人

C. 项目负责人　　D. 安全员

50. 拆除工程施工,实行(　　)制度。拆除工程的单位,应在动工前向工程所在地县级以上的地方行政主管部门办理手续,取得拆除许可证明。

A. 全区管理　　B. 许可证

C. 专人管理　　D. 三级管理

51. 一般而言,夜间施工是指(　　)期间的施工。

A. 10 时至次日 6 时　　B. 22 时至次日 6 时

C. 22 时至次日 5 时　　D. 21 时至次日 6 时

52. 负有安全生产监督管理职责的部门实施监督管理，除了主动进入生产经营单位进行检查外，建立(　　)也是一种有效的监督方式。

A. 防范措施　　B. 监督制度

C. 控告制度　　D. 举报制度

53. "破窗理论"启示我们(　　)和提前采取防范措施是确保安全的关键所在。

A. 调动工作积极性　　B. 严格落实制度

C. 加强其财务灵活性　　D. 加强其对外界反应的灵活性

54. (　　)是实行安全生产许可制度的目的之一。

A. 严格规范安全生产条件　　B. 建立健全安全生产规章制度

C. 保障安全生产经费投入　　D. 严格执行安全生产责任制

55. 企业要想实现安全生产的总目标，就必须建立完善的(　　)，建立相应的约束机制，这是企业安全生产管理组织工作实际的需要。

A. 安全生产组织保障体系　　B. 财务管理体系

C. 质量监督管理机制　　D. 进度管理体系

二、多选题

1. 重大事故隐患是指(　　)的事故隐患。

A. 危害和整改难度较大　　B. 一次死亡 10 人以上

C. 应当全部或者局部停产停业　　D. 直接经济损失 500 万元以上

E. 因外部因素影响致使生产经营单位自身难以排除的隐患

2. 以下是有关施工单位采取的防止环境污染的措施，正确的是(　　)。

A. 妥善处理泥浆水，未经处理不得直接排入城市排水设施和河流

B. 将未经处理的污水排入地底深处

C. 控制施工过程中的扬尘可用洒水的方法

D. 将固体垃圾打包后就地掩埋

E. 使用密闭式的圈筒处理高空废弃物

3. 隐患排查治理中查制度措施制定与落实情况具体包括(　　)。

A. 安全生产责任制建立及落实情况

B. 安全生产费用提取、安全生产风险抵押金等政策的执行情况

C. 隐患排查治理的制度制定及落实情况

D. 设计文件中防范生产安全事故的技术措施的制订及落实情况

E. 施工设备、机具检测检验情况

4. 分管生产安全负责人，主要履行的职责有(　　)。

A. 负责本单位落实关于安全生产的法律法规

B. 负责落实企业安全生产责任制

C. 定期组织召开安全生产专门会议

D. 组织制订应急救援方案

E. 负责安全费用管理

5. 在建筑工程施工中存在的不安全状态，是指在施工场所和作业项目之中存有事故的(　　)，或者能使其起作用(造成事故和伤害)的状态。

A. 起因物　　B. 致害物

C. 诱发物　　D. 危险物

E. 不明物

6. 夜间施工要制订并严格执行下列安全防护措施，其正确的有(　　)。

A. 夜间作业可以一人单独行动

B. 作业现场的预留孔洞、上下道口等危险部位应设置夜间警示标志

C. 夜间施工用电设备必须有专人看护，确保用电设备及人身安全

D. 施工中的小桥涵两侧及穿越路基的管线等临时工程，应设置围栏

E. 大型桥梁攀登扶梯处应设有照明灯具

7. 建筑物内(　　)不能堆放物料。

A. 楼梯间　　B. 阳台临边

C. 休息平台　　D. 逃生通道

E. 消防通道

8. 物的不安全状态防护措施有(　　)。

A. 采用新工艺、新技术、新设备、新材料等改善条件

B. 采取安全工作面防护措施

C. 采取安全个人防护措施

D. 检查和隐患整改

E. 对工程技术方案进行审查与改进，强化安全防护技术

9. 进入施工现场应注意的穿着要求有(　　)。

A. 严禁穿高跟鞋或光脚　　B. 严禁穿拖鞋

C. 衣裤无破损残缺　　D. 可以穿短裤

E. 西装革履

10. 下列行为属于人的不安全行为的是(　　)。

A. 进入施工现场不戴安全帽、不穿安全鞋

B. 高空作业不佩挂安全带或挂置不可靠

C. 有电作业使用绝缘护品

D. 有毒气环境作业不使用防毒用具

E. 电气焊作业不使用电焊帽、电焊手套、防护镜

11. 重大事故书面报告应当包括(　　)。

A. 事故发生的时间、地点、工程项目、企业名称

B. 事故发生的简要经过、伤亡人员和直接经济损失的初步估计

C. 事故发生原因的初步判断

D. 事故发生后采取的措施及事故控制情况

E. 事故报告单位

12. 职工有下列(　　)之一的,应当认定为工伤。

A. 在工作时间和工作场所内,因工作原因受到事故伤害的

B. 在工作时间和工作场所内,和同事发生争执被殴打受到伤害的

C. 工作时间前后在工作场所内,从事与工作有关的预备性或者收尾性工作受到事故伤害的

D. 因工外出期间,由于工作原因受到伤害或者发生事故下落不明的

E. 因义务献血被感染病菌而受到伤害的

13. 企业取得安全生产许可证,应当具备下列(　　)安全生产条件。

A. 未发生过安全生产责任事故

B. 主要负责人和安全生产管理人员经考核合格

C. 安全投入符合安全生产要求

D. 设置安全生产管理机构,配备专职安全生产管理人员

E. 从业人员经安全生产教育和培训合格

14. 作业中出现危险征兆时,作业人员应采取(　　)措施。

A. 必须立即停止作业　　B. 从安全通道处撤离到安全区域

C. 及时向主管领导汇报　　D. 留在原处等待

E. 可在作业处继续查找分析原因

15. 安全生产费用,可以用于下列各项支出(　　)。

A. 安全生产检查、咨询、标准化建设支出

B. 配备和更新现场作业人员安全防护用品支出

C. 安全生产条件的改善

D. 安全施工措施的落实

E. 安全检查招待费用

16. 建筑施工企业转让、出借资质证书或者以其他方式允许他人以本企业的名义承揽工程的(　　)。

A. 直接吊销营业执照

B. 没收违法所得,并处罚款

C. 可以责令停业整顿,降低资质等级

D. 情节严重的,吊销资质证书

E. 直接追究单位的刑事责任

17. 因抢救人员、防止事故扩大以及疏导交通等原因,需要移动现场物件的应当(　　)。

A. 做出标志

B. 绘制现场简图

C. 写出书面记录

D. 妥善保存现场重要痕迹、物证

E. 将物件擦拭好并放置安全处

18. 工程建设重大事故发生后，事故发生单位必须以最快方式，将事故的简要情况向（　　）。

A. 上级主管部门报告

B. 事故发生地的市、县级建设行政主管部门报告

C. 检察、劳动（如有人身伤亡）部门报告

D. 公安机关报告

E. 事故发生地的质量监督部门报告

19. 特种设备在下列（　　）的情况下，特种设备的使用单位应当及时予以报废，并应当向原特种设备安全监督管理部门办理注销。

A. 存在严重事故隐患

B. 经过多次维修

C. 无改造维修价值

D. 超过安全技术规范规定的使用年限

E. 使用单位购买了新的特种设备

20. 生产经营单位主要负责人对本单位安全生产负有（　　）的责任。

A. 建立、健全并组织落实安全生产责任制

B. 组织制定并督促落实安全生产规章制度和安全操作规程

C. 保证安全生产投入的有效实施和安全生产费用的提取使用

D. 组织检查安全生产工作，及时消除生产安全事故隐患

E. 组织制订并实施生产安全事故应急救援预案

21. 班组长是生产经营作业的直接执行者，负责一线安全生产管理，其安全生产责任包括（　　）。

A. 检查、督促班组人员遵守安全生产规章制度和操作规程

B. 负责日常安全管理工作

C. 不违章指挥

D. 不强令工人冒险作业

E. 负责施工进度安排

22. 有下列（　　）情况之一时，应由肇事者或有关人员负直接责任或主要责任。

A. 违章指挥造成事故

B. 违章作业、冒险作业造成事故

C. 违反安全生产责任制和操作规程，造成伤亡事故

D. 由于安全生产责任制、安全生产规章和操作规程不健全造成事故

E. 违反劳动纪律、擅自开动机械设备或擅自更改、拆除、毁坏、挪用安全装置和设备，造成事故

23. 特种作业人员具备的条件是（　　）。

A. 年龄满 18 周岁

B. 身体健康、无妨碍从事相应工种作业的疾病和生理缺陷
C. 初中以上文化程度，具备相应工种的安全技术知识
D. 符合相应工种作业特点需要的其他条件
E. 未婚

24. 安全生产组织管理制度的主要内容包括（　　）。
A. 安全生产委员会或安全生产领导小组的建立
B. 安全生产组织机构的建立及设置要求
C. 企业安全生产组织机构的主要工作内容
D. 企业内部安全组织管理的重点
E. 工程进度计划的制订

25. 企业安全生产资金管理必须坚持（　　）的原则进行管理。
A. 企业提取　　　　B. 政府监管
C. 确保需要　　　　D. 规范使用
E. 工资提取

26. 建立安全生产例会制度的目的在于（　　）。
A. 可以全面了解和掌握安全生产工作动态
B. 全面布置和安排安全生产工作
C. 认真落实各项预防、预控和预警措施
D. 减少违章、避免安全生产事故发生
E. 提高从业人员待遇

27. 企业建立安全生产管理人员考核制度是为了（　　）。
A. 规范企业主要负责人、项目负责人和专职安全生产管理人员的行为
B. 提高安全生产管理人员的责任感和使命感
C. 建立健全养老机构
D. 增强安全管理人员的整体素质
E. 做好事故伤亡统计工作

三、判断题

1. 根据《国家突发公共事件总体应急预案》规定，安全生产事故应急管理过程分为预防、准备、响应、恢复。（　　）

2. 根据《职业健康安全管理体系　要求》（GB/T 28001—2011）规定，组织的管理者代表应有明确的作用、职责和权限，以便确保按本标准建立、实施和保持职业健康安全管理体系要求；确保向最高管理者提交职业健康安全管理体系绩效报告，以供评审，并为改进职业健康安全管理体系提供依据。（　　）

3. 根据《建筑施工企业安全生产管理机构设置及专职安全生产管理人员配备办法》（建质〔2008〕91 号）第七条规定，安全管理机构专职安全员，在安全生产职责方面，只承担本单位安全生产委员会以及安全生产各项目日常工作。（　　）

4. 根据《公路工程施工安全技术规范》(JTG F90—2015)规定,所有特种人员必须持合格有效证件上岗作业,如电工、电气焊工、信号工、架子工、机械操作手等。 ( )

5. 企业应当按照《劳动防护用品选用规则》和国家颁发的劳动防护用品配备标准以及有关规定,为从业人员配备劳动防护用品。 ( )

6. 根据《生产安全事故报告和调查处理条例》(国务院令〔2007〕第493号)第三十七条规定,事故发生单位对事故发生负有责任的,发生特别重大事故的,处200万元以上500万元以下的罚款。 ( )

7. 根据《生产经营单位生产安全事故应急预案编制导则》(GB/T 29639—2013)规定,应急预案应经生产经营单位主要负责人批准方可发布,分管负责人不能批准发布。 ( )

8. 根据《施工现场临时用电安全技术规范》(JGJ 46—2005)规定,开关箱的电源进线端严禁采用插头和插座作活动连接。 ( )

9. 根据《公路桥梁和隧道工程施工安全风险评估指南(试行)》规定,总体风险等级在Ⅱ级(高度风险)及以上的桥梁工程,应纳入专项风险评估范围。 ( )

10. 根据《建筑施工安全检查标准》(JGJ 59—2011)规定,某施工现场按《建筑施工安全检查标准》评分,其中施工机具分表未得分,汇总表得分值为78分,则该施工现场评判为合格。 ( )

11. 根据《特大安全事故行政责任追究的规定》,特大安全事故发生后,按照国家有关规定组织调查组对事故进行调查。事故调查工作应当自事故发生之日起30日内完成,并由调查组提出调查报告。 ( )

12. 按《企业职工伤亡事故分类》(GB 6441—1986)进行分类,事故类别有25种。( )

13. 根据《建设工程安全生产管理条例》(国务院〔2003〕第393号)第三十条规定,建设单位对因建设工程施工可能造成损害的毗邻建筑物、构筑物和地下管线等,应当采取专项防护措施。 ( )

14. 利用保险机制保障,劳动人员因职业原因遭遇工伤事故伤害后可及时获得经济补偿,这是发达国家专用的方法。 ( )

15. 在安全生产管理人员考核制度的实施流程中,宣贯安全生产管理人员考核制度的下一流程是安全生产管理人员考核制度的实施。 ( )

16. 建设单位不得以任何理由要求设计、施工和监理单位违反有关建设工程安全生产的法律法规、规章和标准、操作规程的规定进行设计、施工及监理。 ( )

17. 加工的成品、半成品木材应堆放整齐,不得任意存放,码放高度不得超过1.5m。 ( )

18. 乙炔瓶表面温度不得超过40℃,冬季对瓶阀解冻加温时,应使用40℃以下温水。 ( )

19. 施工员只喝了一瓶啤酒,照样可以指挥吊车。 ( )

20. 信号工属于起重类的作业岗位。 ( )

21. 加热熔化沥青材料的地点与建筑物的距离不得小于10m。 ( )

22. 混凝土浇水养护时不能倒行拉胶管。 ( )

23. 覆盖物养护材料使用完毕后,应及时清理并存放到指定地点、码放整齐。（　）

24. 定期进行安全生产教育,重点对专职安全员和从事特种作业的起重工、电工、焊接工、机动车辆驾驶员进行培训和考核。（　）

25. 土方开挖必须自上而下顺序进行,严禁采用挖空底脚的操作方法(即"挖神仙土")。（　）

26. 在公路水运施工中,咨询单位或设计单位要对工程实施过程和投入运营后的安全风险进行评估。（　）

27. 企业应每年对事故隐患排查治理情况进行统计分析,写出隐患排查治理报表,并不定期向有关部门报送隐患排查治理情况。（　）

28. 重大事故隐患整改结束后,整改单位应向督办的责任部门和责任人提出验收申请,督办的责任部门和责任人在接受申请后,应当在15日内组织有关人员进行现场核查。（　）

29. 施工单位专职安全生产管理人员依法对本单位的安全生产工作全面负责。（　）

30. 强令工人冒险作业是犯罪行为,施工人员有权拒绝在危险区域内作业。（　）

31. 建设单位在申请领取施工许可证时,应当提供建设工程有关安全施工措施的资料。（　）

32. 施工作业人员入场前,必须经过项目部、施工队、班组三级安全教育培训,考试合格后方可上岗作业。（　）

33. 在宿舍内严禁卧床吸烟,严禁随意乱扔带火的烟蒂。（　）

34. 施工现场明火作业必须开具动火证,准备防火措施和设定看火人员。（　）

35. 施工作业完成后应做到"活完料净脚下清"。（　）

36. 施工现场应节约能源,杜绝长流水、长明灯现象。（　）

37. 拆墙时严禁挖、掏墙根,不能用人工晃动的方法推倒墙体。（　）

38. 作业中出现危险征兆时,作业人员应该暂停作业,撤至安全区域并立即向上级报告。（　）

39. 不能在脚手架底部、构筑物近旁进行影响基础稳定性的开挖。（　）

40. 开启氧气瓶时,当压力表指针达到最高值后,阀门必须完全打开以防氧气沿阀杆泄漏。（　）

41. 在锅炉、容器、箱体等封闭空间内进行焊接或切割时应采取特殊的安全措施。（　）

42. 信号工要持证上岗。（　）

43. 吊机作业时,吊物上不可以站人。（　）

44. 锚杆干法作业成孔后,应清理附于孔壁的松散泥土,以免降低锚杆的抗拔力。（　）

45. 在有社会车辆通行的地段作业时,不必设置专人疏导交通。（　）

46. 建设行政主管部门或者其他有关部门不得将施工现场的监督检查委托给建设工程安全监督机构具体实施。（　）

47. 生产经营单位必须依法参加工伤社会保险,为从业人员缴纳保险费。（　）

48. 涉及建筑主体和承重结构变动的装修工程,建设单位应当在施工前委托原设计单位或者具有相应资质等级的设计单位提出设计方案;没有设计方案的,不得施工。（　）

49. 施工单位不得在尚未竣工的建筑物内设置员工集体宿舍。（ ）

50. 事故发生后，事故发生的单位和事故发生地的建设行政主管部门，应当严格保护事故现场，采取有效措施抢救人员和财产，防止事故扩大。（ ）

51. 施工总承包的，建筑工程主体结构的施工必须由总承包单位自行完成。（ ）

52. 公路施工过程中，当发生重大险情或生产安全事故时，应及时排除险情、组织抢救、保护事故现场，并向有关部门报告。（ ）

53. 用人单位对未进行离岗时职业健康检查的劳动者不得解除或终止与其订立的劳动合同。（ ）

54. 塔机驾驶员对任何人发出的紧急停止信号，均应服从。（ ）

55. 公路工程在拆除工程作业中，发现不明物体，应立即停止施工，采取相应的应急措施，保护现场并应及时向有关部门报告。（ ）

56. 施工单位应当制订本单位生产安全事故应急救援预案，建立应急救援组织或者配备应急救援人员，配备必要的应急救援器材、设备，并定期组织演练。（ ）

57. 施工总承包的工程，建筑工程主体结构的施工必须由总承包单位自行完成。（ ）

58. 强令工人冒险作业，发生重大伤亡事故，造成严重后果，这是违法行为。（ ）

59. 风力 6 级以上时应停止露天的起重、打桩、高处作业。（ ）

60. 蒸汽养护、操作和冬施测温人员，不得在混凝土养护坑（池）和边沿站立。（ ）

61. 装卸乙炔瓶时不得抛、碰、滑、滚等剧烈震动，应轻拿轻放。（ ）

62. 施工单位使用的起重机械和整体提升脚手架、挂篮和架桥机等自升式设施达到国家规定的检验期限后，必须经具有专业资质的检验检测机构检测。（ ）

63. 生产经营单位可以以货币形式或其他物品代替应提供的劳动防护用品。（ ）

64. 正确佩戴和使用个人安全防护用品、用具，是保证劳动者安全与健康的一种防护措施。（ ）

65. 防护用品必须严格保证质量，安全可靠，可以不舒适和方便。（ ）

66. 生产经营单位对负有安全生产监督管理职责的部门的监督检查人员（以下统称安全生产监督检查人员）依法履行监督检查职责，应当予以配合，不得拒绝、阻挠。（ ）

67. 从业人员必须无条件服从管理，听从指挥。（ ）

68. 建设单位不得明示或者暗示施工单位购买、租赁、使用不符合安全施工要求的安全防护用具、机械设备、施工机具及配件、消防设施和器材。（ ）

69. 班组长要贯彻执行公司、厂、工段对安全生产的规定和要求，全面负责本班组的安全生产。（ ）

70. 建筑施工企业安全生产责任制的考核范围包括各级管理人员、工程项目管理人员和作业人员，以及施工单位各职能部门。（ ）

71. 专职安全生产管理人员对违章指挥、违章操作的，应当立即报告，但无权制止。（ ）

72. 各工种的安全技术交底一般与分部分项安全技术交底同步进行。对施工工艺复杂、施工难度较大或作业条件危险的，应当单独进行各工种的安全技术交底。（ ）

73. 从事工程建设活动的专业技术人员，应当依法取得相应的执业资格证书，取得证书后可以从事任何工程建设活动。（　）

74. 安全技术措施方案必须经过企业法人签字审批。（　）

75. 分部分项的安全技术交底由安全员负责编制交底。（　）

76. 职工在生产过程中因违反安全操作规程发生伤亡事故，不属工伤事故。（　）

77. 专职安全生产管理人员对违章指挥、违章操作的，应当立即报告，但无权制止施工单位的行为。（　）

78. 实行多班作业的机械必须执行交接班制度。（　）

79. 施工单位应当在施工现场建立消防安全责任制度，确定消防安全责任人，制定用火、用电、使用易燃易爆材料等各项消防安全管理制度和操作规程，设置消防通道、消防水源，配备消防设施和灭火器材，并在施工现场入口处设置明显标志。（　）

80. 存放水泥时，垫板应平稳、牢固，高度不得超过10袋。（　）

81. 对生产中由于违章作业造成的人员伤亡事故后果由违章作业者自负。（　）

82. 工会对生产经营单位违反安全生产法律、法规，侵犯从业人员合法权益的行为，有权要求纠正。（　）

83. 在夜间或光线不足的地方进行高处作业，必须设足够的照明设施。（　）

84. 劳动者对用人单位管理人员违章指挥、强令冒险作业，有权拒绝执行；对危害生命安全和身体健康的行为，有权提出批评、检举和控告。（　）

85. 任何单位和个人不得生产、经营、进口和使用国家明令禁止使用的可能产生职业病危害的设备或者材料。（　）

86. 企业各职能部门应在各自主管工作范围内对安全健康与环境工作负责，并接受安全监督部门的监督。（　）

87. 公司各职能部门只在各自主管业务范围内对安全施工负责，无须接受安监部门的监督和指导。（　）

88. 生产经营单位按规定委托工程技术人员提供安全生产管理服务的，保证安全生产的责任就由受委托的工程技术人员负责。（　）

89. 企业生产现场带班人员、班组长和调度人员在遇到险情时，要按照预案规定，立即向上级请示能否停产撤人。（　）

90. 交通建设工程安全生产监督期为：监管部门接收交通建设工程安全生产监督申请材料之日起至工程交工验收合格之日止。（　）

91. 企业法定代表人是安全生产的第一责任人，企业法定代表人和项目经理必须经过职业安全卫生管理资格认证，做到持证上岗。（　）

92. 建设行政主管部门在审核发放施工许可证时，应当对建设工程是否有安全施工措施进行审查，对没有安全施工措施的，不得颁发施工许可证。（　）

93. 作业人员进入新的岗位或者新的施工现场前，应当接受安全生产教育培训。未经教育培训或者教育培训考核不合格的人员，不得上岗作业。（　）

94. 涉及构造物承重结构变更的工程，建设单位应当在施工前委托原设计单位或有相应资

质条件的设计单位提供变更设计图纸,无需按照有关规定进行审批手续。 ( )

95. 安全生产责任制是一项最基本的安全生产管理制度。 ( )

96. 建设工程实行施工总承包的,分包单位应当服从总承包单位的安全生产管理,分包单位不服从管理导致生产安全事故的,由分包单位承担主要责任。 ( )

97. 工人操作风车锯,当割锯物体长度小于 30cm 时,应当用手仔细操作。 ( )

98. 生产经营单位与从业人员订立的劳动合同,应当载明有关保障从业人员劳动安全、防止职业病危害的事项。 ( )

99. 施工单位应当在危险性较大分部分项工程施工前编制专项方案;对于超过一定规模的危险性较大分部分项工程,施工单位应当组织专家对专项方案进行论证,专家组应当由不少于7 名具有相关专业资格及相关经验的专家组成。 ( )

100. 企业职工的安全教育培训费用应该由员工个人承担。 ( )

第三章　安全标准化考评

一、单选题

1.《交通运输企业安全生产标准化考评管理办法》(交安监发〔2012〕175 号)第三条规定:评为一级达标企业的考评分数不低于(　　)分且完全满足一、二、三级达标企业必备条件。

A.700　　B.800　　C.900　　D.1000

2.《交通运输企业安全生产标准化考评管理办法》(交安监发〔2012〕175 号)第三条规定:评为二级达标企业的考评分数不低于(　　)分且完全满足二、三级达标企业必备条件。

A.600　　B.700　　C.800　　D.900

3.《交通运输企业安全生产标准化考评管理办法》(交安监发〔2012〕175 号)第三条规定:评为三级达标企业的考评分数不低于(　　)分且完全满足三级达标企业必备条件。

A.600　　B.700　　C.800　　D.900

4.《交通运输企业安全生产标准化考评管理办法》(交安监发〔2012〕175 号)第十九条规定:未通过考评的或经主管机关审核不合格的,企业应采取纠正措施并可在(　　)个月后重新申请考评。

A.2　　B.3　　C.4　　D.5

5.《交通运输企业安全生产标准化考评管理办法》(交安监发〔2012〕175 号)第二十条规定:企业安全生产标准化达标证书有效期为(　　)年。

A.1　　B.2　　C.3　　D.4

6.《交通运输企业安全生产标准化考评管理办法》(交安监发〔2012〕175 号)第二十三条规定:新组建企业应于正式运营(　　)个月内提出初次考评申请。

A.6　　B.7　　C.8　　D.9

7.《交通运输企业安全生产标准化考评员管理实施办法》(厅安监字〔2012〕134 号)第七条规定:报考考评员的资格条件为:具有大学专科以上学历,相关专业技术职称,且从事交通运输相关工作(　　)年以上。

A.1　　B.3　　C.5　　D.10

8.《交通运输企业安全生产标准化考评员管理实施办法》(厅安监字〔2012〕134 号)第十八条规定:考评员资格证有效期为(　　)年。

A.2　　B.3　　C.5　　D.10

9.《交通运输企业安全生产标准化考评员管理实施办法》(厅安监字〔2012〕134 号)第十八条规定:资质证书有效期满需要换证的,应于期满前(　　)个月内向主管机关提出换证申请,经主管机关审查合格的可以换发证书。

A.1　　B.2　　C.3　　D.4

10.《交通运输企业安全生产标准化考评机构管理实施办法》(厅安监字〔2012〕134 号)第

九条规定:一级考评机构从事专职管理和取得相应类别考评资格且未在其他考评机构从事考评工作的人员不少于(　　)名。

A.5　　B.6　　C.7　　D.8

11.《交通运输企业安全生产标准化考评机构管理实施办法》(厅安监字〔2012〕134号)第十九条规定:考评机构应进行年度考评工作总结,并于次年(　　)月底前报主管机关。

A.1　　B.2　　C.3　　D.4

12.《交通运输企业安全生产标准化考评机构管理实施办法》(厅安监字〔2012〕134号)第十四条规定:档案存档时间不得低于(　　)年。

A.3　　B.4　　C.5　　D.6

13.《交通运输企业安全生产标准化考评发证实施办法》(厅安监字〔2012〕134号)第六条规定:交通运输企业应根据经营(　　)分别申请达标等级。

A.项目　　B.类别　　C.成分　　D.含义

14.《交通运输企业安全生产标准化考评发证实施办法》(厅安监字〔2012〕134号)第九条规定:考评机构应在(　　)个工作日内完成对企业申请材料的真实性和符合性的核查。

A.3　　B.4　　C.5　　D.6

15.《交通运输企业安全生产标准化考评发证实施办法》(厅安监字〔2012〕134号)第十条规定:考评机构应组织(　　)名及以上具有相应资质的考评人员成立考评组,制订具体考评计划,告知企业后实施。

A.2　　B.3　　C.4　　D.5

16.《交通运输企业安全生产标准化考评发证实施办法》(厅安监字〔2012〕134号)第十条规定:考评机构应在接到申请后(　　)个工作日内完成对企业的考评。

A.15　　B.20　　C.25　　D.30

17.《交通运输企业安全生产标准化考评发证实施办法》(厅安监字〔2012〕134号)第一章规定:考评组在企业从事考评活动的程序是(　　)。

①提交考评报告;②考评启动;③提交整改意见;④实施考评;⑤考评组内部评议;⑥交换意见;⑦考评组颁发证书;⑧提交考评结论及达标等级意见

A.②④⑥①⑧⑤③⑦　　B.②④⑥⑤③①⑧⑦

C.②⑥①⑧④⑤③⑦　　D.②④⑤①⑧③⑥⑦

18.《交通行业中央企业安全工作考核管理办法》(交海发〔2006〕第82号)第十三条规定:事故控制指标中,工伤事故死亡率控制在(　　)以内。

A.0.1%　　B.0.2%　　C.0.3%　　D.0.4%

19.《公路水运工程安全生产监督管理办法》(交通部令〔2007〕第1号)第二十条规定:施工单位应当建立(　　)和安全生产教育培训制度及安全生产技术交底制度。

A.安全生产责任制　　B.安全生产检查评价制度

C.安全生产会议制度　　D.安全生产教育培训制度

20.《特种设备作业人员监督管理办法》(国家质量监督检验检疫总局令〔2010〕第140号)第二十二条规定:《特种设备作业人员证》每(　　)年复审一次。

A. 2　　B. 3　　C. 4　　D. 5

21. 从业人员在本单位内调整工作岗位或离岗(　　)年以上,重新上岗时,应当重新接受车间和班组级的安全培训并考核合格后方可上岗作业。

A. 1　　B. 2　　C. 3　　D. 4

22.《生产安全事故档案管理办法》(安监总办〔2008〕第 202 号)第十一条规定:事故档案的保管期限分为(　　)两种。

A. 50 年、100 年　　B. 永久、50 年

C. 30 年、50 年　　D. 永久、30 年

23. 企业安全生产管理信息网络平台 ISO9001 是(　　)体系。

A. 环境管理　　B. 质量管理

C. 职业健康安全管理　　C. 技术管理

24. 安全生产委员会(或安全生产领导小组)是企业安全管理的最高决策机构,应由(　　)、分管领导与各有关部门人员组成。

A. 企业安全生产第一责任人　　B. 项目经理

C. 企业总工程师　　D. 企业副总

25. 各公司(　　)至少开展一次安全自查自纠工作,及时发现安全管理缺陷和漏洞,消除安全隐患。检查及处理情况应当记录在案。

A. 每季度　　B. 每月　　C. 每年　　D. 每天

26. 事故隐患是指生产经营单位违反安全生产法律、法规、规章、标准、规程和安全生产管理制度的规定,或者因其他因素在生产经营活动中存在可能导致事故发生的物的危险状态、人的不安全行为和管理上的缺陷。事故隐患分为(　　)。

A. 轻微事故隐患和特大事故隐患　　B. 轻微事故隐患和重大事故隐患

C. 一般事故隐患和重大事故隐患　　D. 一般事故隐患和特大事故隐患

27. 应急救援人员日常训练时间原则上不少于(　　)个学时。

A. 24　　B. 35　　C. 36　　D. 72

28. 企业每年至少组织(　　)次综合应急预案演练或者专项应急预案演练。

A. 一　　B. 二　　C. 三　　D. 四

29. 生产经营单位主要负责人和安全生产管理人员初次培训不少于(　　)学时,每年接受再培训的时间不少于(　　)学时。

A. 32、12　　B. 32、8　　C. 12、32　　D. 8、32

30.《公路水运工程安全生产监督管理办法》(交通部令〔2007〕第1 号)第三十条规定:施工单位应当对管理人员和作业人员进行每年不少于(　　)次的安全生产教育培训,其教育培训情况记入个人工作档案。

A. 一　　B. 两　　C. 三　　D. 四

31. 设立安全文化廊、安全角、黑板报、宣传栏等员工安全文化阵地,每月至少更换(　　)次内容。

A. 一　　B. 两　　C. 三　　D. 四

32. 根据《企业安全生产费用提取和使用管理办法》(财企〔2012〕16号)第七条规定:关于各建设工程类别安全费用提取标准,下列不正确的一项是(　　)。

A. 矿山工程为2.5%　　B. 城市轨道交通工程为2.0%

C. 市政公用工程为2.0%　　D. 通信工程为1.5%

33. 根据《危险化学品重大危险源辨识》(GB 18218—2009)和申报登记的要求,属于重大危险源的,应填写(　　),并按规定报告当地安全监管部门备案。

A.《重大危险源申报表》　　B.《重大危险源登记表》

C.《重大危险源记录表》　　C.《重大危险源情况登记表》

34.《关于开展重大危险源监督管理工作的指导意见》(安监管协调字〔2004〕56号)第四条规定:生产经营单位应当(　　)至少对本单位的重大危险源进行一次安全评估,并出具安全评估报告。

A. 每半年　　B. 每一年　　C. 每两年　　D. 每三年

35. 企业在选择风险控制措施时应考虑(　　)。

A. 可行性　　B. 安全性　　C. 可靠性　　D. 以上都是

36. 按照中长期规划目标和要求,企业要逐年推进安全生产工作的进步。特别是要针对某些突出的安全问题和隐患,通过制订(　　),进一步细化工作,使其更具有针对性和操作性。

A. 年度计划和专项活动方案　　B. 年度计划和思想指导

C. 源计划和思想指导　　D. 滚动规划

37.《关于开展重大危险源监督管理工作的指导意见》(安监管协调字〔2004〕56号)第四条规定:安全评估工作由(　　)主持进行,或者委托具备安全评估资格的评估机构进行。

A. 注册安全评估人员

B. 注册安全工程师

C. 注册安全评估人员或注册安全工程师

D. 安全员

二、多选题

1.《交通运输企业安全生产标准化考评管理办法》(交安监发〔2012〕175号)第二条规定:该办法适用于交通运输企业安全生产标准化考评发证过程中的(　　)和监督管理。

A. 自评　　B. 申请

C. 受理　　D. 考评

E. 发证

2.《交通运输企业安全生产标准化考评管理办法》(交安监发〔2012〕175号)第三条规定:交通运输企业安全生产标准化达标等级分为(　　)。

A. 特级　　B. 一级

C. 二级　　D. 三级

E. 四级

3.《交通运输企业安全生产标准化考评管理办法》(交安监发〔2012〕175号)第五条规定:

交通运输企业安全生产标准化考评包括(　　)等形式。

A. 初次考评　　B. 换证考评
C. 附加考评　　D. 最终考评
E. 额外考评

4.《交通运输企业安全生产标准化考评管理办法》(交安监发〔2012〕175 号)第六条规定：交通运输企业安全生产标准化考评工作应坚持(　　)的原则。

A. 客观　　B. 公正
C. 公开　　D. 透明
E. 免费

5.《交通运输企业安全生产标准化考评管理办法》(交安监发〔2012〕175 号)第十六条规定：初次考评应提交申请报告，并附以下材料(　　)。

A. 企业法人营业执照、经营许可证等
B. 企业基本情况和安全生产组织架构
C. 企业安全生产基本情况
D. 企业安全生产标准化建设自评报告
E. 企业法人安全承诺书

6.《交通运输企业安全生产标准化考评发证实施办法》(厅安监字〔2012〕134 号)第十一条规定：考评组实施考评可采取(　　)、现场检查与抽查等方式。

A. 提问　　B. 交谈
C. 查阅文件　　D. 记录
E. 审问

7.《交通运输企业安全生产标准化考评发证实施办法》(厅安监字〔2012〕134 号)第十四条规定：考评组考评工作结束后，应向考评机构提交考评报告，考评报告应包含的内容有(　　)。

A. 考评组人员组成　　B. 考评综述
C. 考评材料　　D. 考评结论
E. 对企业的相关整改建议

8.《交通运输企业安全生产标准化考评机构管理实施办法》(厅安监字〔2012〕134 号)第五条规定：考评机构资质类型分为(　　)。

A. 道路运输　　B. 水路运输
C. 港口营运　　D. 城市客运
E. 交通运输工程建设

9.《交通运输企业安全生产标准化考评机构管理实施办法》(厅安监字〔2012〕134 号)第十三条规定：考评机构应当建立考评员档案，并将下列(　　)材料汇总后报主管机关。

A. 考评员汇总表、登记表　　B. 专职考评员聘用证明
C. 考评员培训合格证明　　D. 考评员婚姻情况
E. 其他相关材料

10.《交通运输企业安全生产标准化考评机构管理实施办法》(厅安监字〔2012〕134 号)第十四条规定:考评机构应对企业考评(　　)及时归档,妥善保管,不得泄露被考评企业的技术和商业秘密。

A. 工作资料　　B. 现场审查记录

C. 音像资料　　D. 行政车辆数量

E. 相关证明材料

11. 根据《交通运输企业安全生产标准化考评员管理实施办法》(厅安监字〔2012〕134 号)第二十一条规定:安全生产标准化考评员应当遵守(　　)。

A. 严格执行国家有关法律法规,客观公正,实事求是,保证考评工作质量和真实性

B. 遵守考评纪律,恪守职业道德,保守考评企业技术和商业秘密

C. 与申请考评的企业存在利害关系的,应当主动回避

D. 对考评工作负责

E. 自觉接受主管机关、考评机构的监督管理

12.《交通运输企业安全生产标准化考评员管理实施办法》(厅安监字〔2012〕134 号)第二十五条规定:考评员有下列(　　)行为之一的,主管机关应当撤销考评员资格。

A. 隐瞒企业重大安全问题的　　B. 考评工作中弄虚作假的

C. 泄露企业技术和商业秘密的　　D. 不服从主管机关监督管理的

E. 资格证逾期不申请换证的

13.《交通运输企业安全生产标准化考评机构管理实施办法》(厅安监字〔2012〕134 号)第九条规定:一级考评机构应当具备(　　)条件。

A. 具有相适应的固定办公场所、设施和必要的技术条件

B. 从事考评工作的人员不少于 7 名(其中具有高级技术职称的不少于 3 名)

C. 从事相关业务领域管理、咨询、服务工作

D. 从事交通运输业务的事业单位或经批准注册的交通运输社团组织

E. 制定了完善的考评管理制度

14.《交通运输企业安全生产标准化考评机构管理实施办法》(厅安监字〔2012〕134 号)第十条规定:二级考评机构应当具备(　　)条件。

A. 具有相适应的固定办公场所、设施和必要的技术条件

B. 从事考评工作的人员,二级不少于 5 名(其中具有高级技术职称的不少于 2 名)

C. 从事相关业务领域管理、咨询、服务工作

D. 从事交通运输业务的事业单位或经批准注册的交通运输社团组织

E. 制定了完善的考评管理制度

15.《交通运输企业安全生产标准化考评机构管理实施办法》(厅安监字〔2012〕134 号)第十条规定:三级考评机构应当具备(　　)条件。

A. 具有相适应的固定办公场所、设施和必要的技术条件

B. 从事考评工作的人员,三级不少于 3 名(其中具有高级技术职称的不少于 1 名)

C. 从事相关业务领域管理、咨询、服务工作

D. 从事交通运输业务的事业单位或经批准注册的交通运输社团组织

E. 制定了完善的考评管理制度

16. 企业财务部门应及时对安全资金的使用进行统计汇总，并（　　）是否足额提取和使用。

A. 核定　　B. 审查

C. 跟踪　　D. 监督

E. 记录

17. 施工现场临时用电必须建立安全技术档案，包括（　　）内容。

A. 用电组织设计的全部资料

B. 进行负荷计算

C. 用电技术交底资料

D. 制订安全用电措施和电气防火措施

E. 电工安装、巡检、维修、拆除工作记录

18. 当施工现场临时用电设备在5台及以上或设备总容量在50kW及以上者，查阅施工现场临时用电组织设计文件，包括（　　）内容。

A. 现场勘测

B. 进行负荷计算

C. 设计防雷装置

D. 确定防护措施

E. 接地电阻、绝缘电阻和漏电保护器漏电动作参数测定

19. 国务院《生产安全事故报告和调查处理条例》（主席令〔2007〕第493号）第九条规定：事故发生后，现场有关人员应当立即向（　　）报告。

A. 单位负责人　　B. 建设单位

C. 监理单位　　D. 事故发生地的行业主管部门

E. 地方安全监察部门

20. 根据《关于进一步加强企业安全生产工作的通知》（国发〔2010〕第23号）第四条规定：企业要经常性开展安全隐患排查，并切实做到整改措施、（　　）、资金和时限"五到位"。

A. 责任　　B. 制度

C. 标准　　D. 预案

E. 设备

三、判断题

1. 根据《交通运输企业安全生产标准化考评管理办法》（交安监发〔2012〕175号）第三条规定：评为三级达标企业的考评分数不低于600分且完全满足三级达标企业必备条件。

（　　）

2. 根据《交通运输企业安全生产标准化考评管理办法》（交安监发〔2012〕175号）第三条

规定:评为二级达标企业的考评分数不低于600分且完全满足二、三级达标企业必备条件。( )

3. 根据《交通运输企业安全生产标准化考评管理办法》(交安监发〔2012〕175号)第十一条规定:考评员应具有交通运输相关学历和工作经历,并经专业培训、考试合格取得资格。( )

4. 根据《交通运输企业安全生产标准化考评管理办法》(交安监发〔2012〕175号)第十三条规定:申请考评的企业应向主管机关提交申请。( )

5. 根据《关于印发交通运输企业安全生产标准化建设实施方案的通知》(交安监法〔2011〕322号)第四条规定:一级安全生产标准化企业的评审单位由交通运输部确定。( )

6. 根据《关于印发交通运输企业安全生产标准化建设实施方案的通知》(交安监发〔2011〕322号)第五条规定:凡在规定的时间内仍不能达标的企业,一律依法停业整顿直至吊扣或注销经营许可证,并在媒体公开曝光。( )

7. 根据《交通运输企业安全生产标准化考评发证实施办法》(厅安监字〔2012〕134号)第八条规定:主管机关收到企业申请后确定考评机构受理考评。( )

8. 根据《交通运输企业安全生产标准化考评发证实施办法》(厅安监字〔2012〕134号)第十三条规定:企业对考评结论存有异议的,可向同级主管机关直至上级主管机关提出复核申请,主管机关应及时组织复核。( )

9. 根据《交通运输企业安全生产标准化考评发证实施办法》(厅安监字〔2012〕134号)第十条规定:考评机构应在接到申请后24个工作日内完成对企业的考评。( )

10. 根据《交通运输企业安全生产标准化考评发证实施办法》(厅安监字〔2012〕134号)第十二条规定:企业对考评机构提出的整改意见,2个月内能按要求整改到位的,经考评机构核实后,可视为达到考评要求。( )

11. 根据《交通运输企业安全生产标准化考评机构管理实施办法》(厅安监字〔2012〕134号)第八条规定:资质证书有效期满需要换证的,应于期满前3个月内向主管机关提出换证申请,经主管机关审查合格的可以换发证书。( )

12. 根据《交通运输企业安全生产标准化考评机构管理实施办法》(厅安监字〔2012〕134号)第二十三条规定:任何单位和个人有权向主管机关实名举报考评机构。( )

13. 根据《交通运输企业安全生产标准化考评机构管理实施办法》(厅安监字〔2012〕134号)第二十二条规定:主管机关发现考评机构存在问题的,应向考评机构下达整改通知书,要求考评机构及时整改。整改结束后,考评机构应向主管机关提交整改报告。( )

14. 根据《交通运输企业安全生产标准化考评员管理实施办法》(厅安监字〔2012〕134号)第十三条规定:从事交通运输企业安全生产标准化考评工作的考评员应受聘于考评机构开展考评活动。( )

15. 根据其他负责人和全体员工实行“一岗双责”,对业务范围内的安全生产工作负责。( )

16. 未经安全生产培训合格的从业人员,暂时可以上岗作业。( )

第三篇　工程施工作业通用安全技术篇

第一章　施工现场布设与防护

一、单选题

1.《公路工程施工安全技术规范》（JTG F90—2015）规定：施工现场生产区、生活区、办公区应分开设置，距离集中爆破区应不小于（　　）m。

A. 500　　B. 400　　C. 300　　D. 200

2. 根据《公路工程施工安全技术规范》（JTG F90—2015）规定：关于预制场、拌和场，下列说法错误的是（　　）。

A. 应合理分区、硬化场地，并应设置排水设施

B. 拌和及起重设备基础的地基承载力应满足要求，材料及成品存放区地基应稳定

C. 料仓墙体强度和稳定性应满足要求，料仓墙体外围应设警戒区，距离宜不小于墙高

D. 拌和及起重设备应设置防倾覆和防雷设施

3.《公路工程施工安全技术规范》（JTG F90—2015）规定：储油罐与在建工程的防火间距应不小于（　　）m，并应远离明火作业区、人员密集区、建（构）筑物集中区。

A. 5　　B. 10　　C. 15　　D. 20

4. 根据《公路工程施工安全技术规范》（JTG F90—2015）规定：安全带正确挂扣的要求应该是（　　）。

A. 平挂平用　　B. 低挂高用　　C. 高挂低用　　D. 高挂高用

5. 根据《安全标志及其使用导则》（GB 2894—2008）规定：安全标志分为四类，它们分别是（　　）。

A. 说明标志、禁止标志、提示标志和警告标志

B. 禁止标志、警告标志、指令标志和提示标志

C. 禁止标志、警告标志、通行标志和提示标志

D. 禁止标志、警告标志、命令标志和通行标志

6. 根据《安全标志及其使用导则》（GB 2894—2008）规定：施工现场悬挂警告标志的目的是（　　）。

A. 为了装饰

B. 上级要求

C. 为了引起人们注意，预防事故发生

D. 管理科学化的要求

7.《建筑设计防火规范》(GB 50016—2014)规定:施工现场必须设立消防车道,车道净宽度不小于(　　)m。

A. 2.5　　B. 3　　C. 3.5　　D. 4

8. 使用消防灭火器灭火时,人的站立位置应是(　　)。

A. 上风处　　B. 下风处　　C. 迎风方向　　D. 侧风方向

9. 存放爆炸物的仓库内,应该采用(　　)照明设备。

A. 白炽灯　　B. 日光灯　　C. 防爆型灯具　　D. 节能灯

10. 对于储存易燃物品的仓库,应有醒目的(　　)标志。

A. 禁止烟火　　B. 严禁喧哗　　C. 禁止噪音　　D. 禁止入内

11. 照明灯具与易燃堆垛间至少保持(　　)m 距离。

A. 0.5　　B. 1　　C. 1.5　　D. 2

12.《施工现场临时用电安全技术规范》(JGJ 46—2005)规定:聚光灯和碘钨灯等高热灯具距易燃物的防护距离不应小于(　　)mm。

A. 200　　B. 300　　C. 400　　D. 500

13. 在空气不流通的狭小地方使用二氧化碳灭火器可能造成的危险是(　　)。

A. 中毒　　B. 缺氧　　C. 爆炸　　D. 引燃

14. 灭火基本原则是(　　),才能为更快地扑灭火灾创造条件。

A. 先控制、后消灭　　B. 先消灭、再控制　　C. 先报警、后控制　　D. 先灭火、后报警

15.《建筑灭火器配置验收及检查规范》(GB 50444—2008)规定:灭火器的配置、外观等应(　　)检查一次。

A. 每月　　B. 每季度　　C. 每半年　　D. 每年

16. 火灾使人致命最主要的原因是(　　)。

A. 践踏　　B. 窒息　　C. 烧伤　　D. 烫伤

17. 为防止有害物质在室内扩散,应优先采取的处理措施是(　　)。

A. 全面通风　　B. 局部通风　　C. 屋顶通风　　D. 个体防护

18. 以下几种火灾逃生方法不正确的是(　　)。

A. 用湿毛巾捂着嘴巴和鼻子

B. 弯着身子快速跑到安全地点

C. 躲在床底下,等待消防人员救援

D. 马上从最近的消防通道跑到安全地点

19.《建设工程施工现场消防安全技术规范》(GB 50720—2011)规定:可燃材料堆场及其加工场、固定动火作业场与在建工程的防火间距不应小于(　　)m。

A. 5　　B. 10　　C. 15　　D. 20

20. 电工在接近 10kV 以下的高压线时,其安全距离为不得小于(　　)m,否则必须停电后方可操作。

A. 0.5　　B. 0.7　　C. 1.0　　D. 1.2

21. 在建工程(含脚手架具)周边与 10kV 外电架空线路边线之间的最小安全操作距离应

是(　　)m。

A.4　　B.6　　C.8　　D.10

22.开关箱中的闸刀开关可用于控制不频繁操作的电动机,电动机的最大容量是(　　)kW。

A.2.2　　B.3.0　　C.4.0　　D.5.5

23.混凝土搅拌工主要的职业危害为(　　)。

A.水泥尘　　B.辐射　　C.木屑尘　　D.噪声

24.《职业病防治法》(主席令〔2011〕第52号)规定:(　　)依法享有职业卫生保护的权利。

A.劳动者　　B.用人单位　　C.地方政府　　D.法人单位

25.钢筋弯曲机弯钢筋时,机身固定销应安放在(　　)一侧。

A.挡住钢筋　　B.压住钢筋　　C.固定钢筋　　D.活动钢筋

26.生产生活房屋应按防火规定保持必需的安全净距,一般情况下临时的锅炉房、发电机房、变电室、铁工房、厨房等与其他房屋的间距不小于(　　)m。

A.10　　B.15　　C.50　　D.150

27.安全带的使用寿命一般不能超过5年。使用(　　)年后,按批量抽检。

A.2　　B.3　　C.4　　D.5

28.安全带的使用年限为(　　)年。

A.1~2　　B.2~3　　C.3~5　　D.4~5

29.安全"三宝"指的是(　　)、安全网、安全帽。

A.安全带　　B.绝缘服　　C.防护罩　　D.防滑鞋

30.《安全带》(GB 6095—2009)规定:使用安全带时要高挂低用,使用(　　)m以上的长绳要加缓冲器。

A.1　　B.2　　C.3　　D.4

31.《安全帽》(GB 2811—2007)规定:安全帽耐冲击试验,传递到头模上的力不应超过(　　)N,帽壳不得有碎片脱落。

A.4 000　　B.4 900　　C.6 000　　D.6 500

32.《安全帽》(GB 2811—2007)规定:人的头顶和安全帽体内顶部的空间垂直距离一般不小于(　　)mm。

A.5　　B.10　　C.25　　D.50

33.《安全带测试方法》(GB/T 6096—2009)规定:合格安全带的性能检测,指经100kg重的模拟人自(　　)m高冲击,不得出现部件有破裂、裂纹和脱钩等情况。

A.1.0　　B.2.0　　C.3.0　　D.4.0

34.《安全网》(GB 5725—2009)规定:平网性能检测是用100kg模拟人形沙包从冲击高度(　　)m落入试验网中心且功能良好即为合格。

A.2　　B.5　　C.7　　D.20

35.安全平网安装时,网面不宜绷得过紧,平网安装后应有一定的下陷,网面与下方物体表面的最小距离为(　　)m。

A.1　　B.2　　C.3　　D.4

36. 由于上方施工可能坠落物件或处于起重机把杆回转范围之内的通道,在其受影响的范围内,必须搭设(　　)。

A. 单层防护棚　　B. 顶部能防止穿透的双层防护廊

C. 防雨防护棚　　D. 挡板

37. 根据《安全色》(GB 2893—2008)规定:下列表示安全色的为(　　)。

A. 红黄蓝绿　　B. 红黄蓝黑

C. 白蓝绿红　　D. 蓝黑红白

38.《建筑施工场界环境噪声排放标准》(GB 12523—2011)规定:稳态噪声是在测量时间内,被测声源的声级起伏不大于(　　)dB(A)的噪声。

A.1　　B.2　　C.3　　D.4

39.《建筑施工场界环境噪声排放标准》(GB 12523—2011)规定:建筑施工过程中场界环境噪声的排放限值是(　　)dB(A)。

A. 昼间和夜间分别为 70 和 55　　B. 吊车、升降机等昼间为 80

C. 昼间和夜间分别为 55 和 70　　D. 吊车、升降机等夜间为 80

40.《建筑施工场界环境噪声排放标准》(GB 12523—2011)规定:夜间噪声最大声级超过限值的幅度不得高于(　　)dB(A)。

A.5　　B.10　　C.15　　D.20

41.《中华人民共和国安全生产法》(主席令〔2014〕第 13 号)规定:有关地方人民政府和负有安全生产管理职责的部门的负责人接到重大生产安全事故报告后,应当(　　)赶到事故现场,组织事故抢救。

A.1h　　B.8h　　C.24h　　D. 立即

42.《建筑灭火器配置设计规范》(GB 50140—2005)规定:临时设施办公区和生活区灭火器数量每 $100m^2$ 应不少于(　　)具。

A.1　　B.2　　C.3　　D.4

43. 下列关于建筑工程施工现场的办公室、生活用房等临时设施的选址,其说法不正确的是(　　)。

A. 不能满足安全距离要求的,任何情况下都不能设置

B. 应考虑与作业区相隔离,周边环境必须具有安全性,如不得设置在高压线下

C. 不得设置在沟边、崖边、河流边、强风口处、高墙下

D. 不得设置在滑坡、泥石流等灾害地质带上和山洪可能冲击到的区域

44. 就地浇筑混凝土墩台施工,墩高在(　　)m 以上时,应加设安全网,并作检查,确保其有效可靠性。

A.6　　B.8　　C.10　　D.12

45. 根据《建筑施工高处作业安全技术规范》(JGJ 80—1991)规定:防护栏杆必须自上而下用安全立网封闭,或在栏杆下边设置严密固定的高度不低于(　　)cm 的挡脚板或

40cm 的挡脚笆。

A. 14　　B. 16　　C. 18　　D. 20

46. 施工现场的防护栏杆高度不小于(　　)m,立柱埋置或固定牢固,相邻立柱间距不大于 2m。

A. 1.1　　B. 1.2　　C. 1.3　　D. 1.4

47. 任何场所的防火通道内,都要装置(　　)。

A. 防火标语及海报　　B. 出路指示灯及照明设备

C. 消防头盔和防火服装　　D. 急救包

48. 千斤顶在工作时,应放在平整坚实的地面上,并要在其下垫枕木或钢板,目的是(　　)。

A. 缩小受压面积　　B. 加大千斤顶的顶升高度

C. 扩大受压面积,防止下陷　　D. 加大千斤顶的举升力

49. 被锯木料长度不足(　　)mm 时,禁止使用圆盘锯,以免造成安全事故。

A. 300　　B. 400　　C. 500　　D. 600

50. 为保证机械设备的安全运行,优先采取的安全措施是(　　)。

A. 直接安全技术措施　　B. 间接安全技术措施

C. 指导性安全技术措施　　D. 安全防护装置

51. 保障机械设备的本质安全性的最重要阶段是(　　)。

A. 设计阶段　　B. 制造阶段

C. 安装阶段　　D. 运行阶段

52. 机械设备操作中经常出现的危险有(　　)。

A. 机械伤害、触电、中毒　　B. 机械伤害、触电、噪声、振动

C. 触电、火灾、爆炸、物体打击　　D. 机械伤害、火灾、爆炸、辐射

53. 皮带防护罩与皮带的距离不应小于(　　)mm。

A. 20　　B. 30　　C. 40　　D. 50

54. 张拉挡板应采用钢板等硬质材料制作,面积不小于(　　)。

A. 1m×1m　　B. 1m×1.5m　　C. 1.5m×2m　　D. 2m×2m

55. 安全围栏(挡)高度不小于(　　)m,围栏(挡)立柱埋入深度不小于 50cm,混凝土固定。

A. 1.2　　B. 1.4　　C. 1.6　　D. 1.8

56. 孔洞等处的防护盖板(网)应采用钢板等硬质材料制作,安装牢固。采用钢筋网盖时,网格应不大于(　　),钢筋采用(　　)及以上规格。

A. 6cm×6cm,ϕ14　　B. 5cm×5cm,ϕ14

C. 6cm×6cm,ϕ12　　D. 5cm×5cm,ϕ12

57. 可燃物质的自燃点越低,发生着火燃烧的危险性(　　)。

A. 越小　　B. 越大　　C. 无关　　D. 无规律

58. 下列气体中属于易燃气体的是(　　)。

A. 二氧化碳　　B. 乙炔　　C. 氧气　　D. 氮气

59. 关于施工现场临时用水管理的说法，正确的是(　　)。

A. 高度超过 24m 的建筑工程，严禁把消防竖管兼作施工用水管线

B. 施工降水不可用于临时用水

C. 自行设计消防用水时，消防干管直径最小应为 150mm

D. 消防供水中的消防泵可不使用专用配电线路

60. 在地沟、管道内等狭窄场所使用手持式电动工具时，必须选用(　　)。

A. Ⅰ类工具　　B. 塑料外壳Ⅱ类工具

C. 金属外壳Ⅱ类工具　　D. Ⅲ类工具

61.《施工现场临时用电安全技术规范》(JGJ 46—2005)规定：电缆穿越构筑物、道路、易受机械损伤的场所应埋地(　　)m。

A. 0.7　　B. 1　　C. 1.4　　D. 2

62. 钢筋在工地存放时，应按不同品种、规格，分批堆置整齐，不得混杂，并应设立识别标志，存放的时间不宜超过(　　)个月。

A. 3　　B. 5　　C. 6　　D. 7

63. 用钢筋切断机切短料时，手和切片之间的距离应保持在(　　)mm 以上。

A. 100　　B. 150　　C. 250　　D. 300

64. 施工现场的场地可采用(　　)方式适当硬化。

A. 必须做混凝土地面

B. 有条件的做混凝土地面，无条件的可以采用石屑、焦渣、砂头等方式硬化

C. 不得采用石屑、焦渣、砂头等方式硬化

D. 素土即可

65. 各种垂直运输卸料平台，除两侧设防护栏杆外，平台口还应设置(　　)或活动防护栏杆。

A. 安全围栏　　B. 安全门　　C. 安全立网　　D. 竹笆

66. 下列关于施工场地划分的叙述，不正确的是(　　)。

A. 施工现场的办公区、生活区应当与作业区分开设置

B. 办公生活区应当设置于在建建筑物坠落半径之外，否则，应当采取相应措施

C. 生活区与作业区可以不需要划分隔离

D. 在进行功能区的规划设置时，应考虑交通、水电、消防、卫生和环保等因素

67. 在操作打磨工具时，必须使用(　　)。

A. 围裙　　B. 防潮服　　C. 护眼罩　　D. 防滑鞋

68. 大型机械设备与墙、柱距离应大于等于(　　)m。

A. 0.5　　B. 0.9　　C. 1.2　　D. 1.5

69.《中华人民共和国职业病防治法》(主席令〔2011〕第 52 号)规定：职业病是指企业、事业单位和个体经济组织的劳动者在职业活动中，因接触(　　)和其他有毒、有害因素而引起的疾病。

A. 粉尘、放射性物质　　B. 细菌
C. 有毒液体　　D. 病菌

70. 在生产中，与生产过程有关而产生的粉尘，称为(　　)。
A. 生产性粉尘　　B. 无机性粉尘
C. 有机性粉尘　　D. 混合型粉尘

71. 含游离二氧化硅 10% 以上的粉尘，称为(　　)。
A. 矽尘　　B. 石棉尘　　C. 电焊烟尘　　D. 铸造尘

72. 下列粉尘中，危害最严重的粉尘是(　　)。
A. 煤尘　　B. 石墨尘　　C. 水泥尘　　D. 矽尘

73. 矽尘导致的职业病称为(　　)。
A. 矽肺　　B. 石棉肺　　C. 电焊工尘肺　　D. 其他尘肺

74. 根据《钢管脚手架扣件》(GB 15831—2006)规定：不属于钢管扣件式支架扣件的是(　　)。
A. 焊接扣件　　B. 直角扣件　　C. 旋转扣件　　D. 对接扣件

75. 目前对我国工人健康威胁最大的职业病是(　　)。
A. 尘肺　　B. 铅中毒　　C. 噪声聋　　D. 苯中毒

76.《道路交通标志和标线》(GB 5768.2—2009)规定：正等边三角形用于(　　)标志。
A. 禁令　　B. 警告　　C. 指示　　D. 告知

77.《道路交通标志和标线》(GB 5768.2—2009)规定：圆形用于(　　)标志。
A. 禁令和指示标志　　B. 警告和指示标志
C. 指示和告知标志　　D. 禁令和指路标志

78.《道路交通标志和标线》(GB 5768.2—2009)规定：主动发光标志应确保在夜间具有(　　)m以上的视认距离。
A. 50　　B. 80　　C. 100　　D. 150

79.《公路工程施工安全技术规范》(JTG F90—2015)规定：储油罐与在建工程的防火间距应不小于(　　)m，并应远离明火作业区、人员密集区、建(构)筑物集中区。
A. 1　　B. 5　　C. 15　　D. 50

80.《公路工程施工安全技术规范》(JTG F90—2015)规定：自行搭设人行塔梯应根据施工需要和工况条件设计，踏步高度不宜大于(　　)m，踏步梯应设置防滑设施和安全护栏。
A. 0.2　　B. 0.5　　C. 1　　D. 1.5

81.《建筑灭火器配置设计规范》(GB 50140—2005)规定：手提式灭火器宜设置在灭火器箱内或挂钩、托架上，底部离地面高度不宜小于(　　)m。
A. 0.05　　B. 0.06　　C. 0.07　　D. 0.08

82.《安全帽》(GB 2811—2007)规定：安全帽的系带应采用软质纺织物，宽度不小于(　　)mm 的带或直径不小于(　　)mm 的绳。(　　)
A. 8;4　　B. 8;5　　C. 10;4　　D. 10;5

83.《安全色》(GB 2893—2008)规定：对比色是使安全色更加醒目的反衬色，包括黑、(　　)两种颜色。

A. 红　　B. 白　　C. 蓝　　D. 黄

84. 凡涂有安全色的部位,每(　　)应检查一次,以保证安全色正确、醒目,达到安全警示的目的。

A. 一个月　　B. 季度　　C. 半年　　D. 一年

二、多选题

1. 防止触电的适应性防护措施包括(　　)。

A. 绝缘
B. 屏蔽保护
C. 保证安全距离
D. 采用24V及以下安全特低电压
E. 采用漏电保护器

2.《公路工程施工安全技术规范》(JTG F90—2015)规定:施工单位应当在下列(　　)危险部位,设置明显的安全警示标志和必要的安全防护设施。

A. 施工现场出入口
B. 沿线各交叉口
C. 脚手架
D. 临时用电设施
E. 基坑边沿

3.《施工现场临时用电安全技术规范》(JGJ 46—2005)规定:电箱的安装应满足下列(　　)环境条件。

A. 干燥、通风良好、常温、便于操作和维修的场所
B. 无烟气、蒸气、液体等有害介质的场所
C. 放置高度小于1m
D. 不容易受到撞击、无强烈振动、热源烘烤等场所
E. 电箱周围应有足够二人同时工作的空间和通道,不能在电箱周围堆放杂物和有积水等妨碍操作的场所

4. 装配保险丝应注意(　　)。

A. 更换保险丝时,必须切断电源
B. 保险丝的容量与所保护的线路或设备的容量匹配,禁止将保险丝合股使用
C. 不能在下雨天气,选择晴朗的天气
D. 严禁用其他的金属丝(如电线)替代保险丝
E. 更换保险丝时,必须站在木板上

5.《手持式电动工具管理、使用、检查和维修安全技术规程》(GB 3787—2006)规定:手持式电动工具必须存放在(　　)的场所。

A. 干燥
B. 无有害气体或腐蚀性质
C. 不受振动、潮湿等影响
D. 不受阳光照射
E. 任意存放

6. (　　)是减少和防止高处坠落和物体打击事故发生的重要防护用具。

A. 安全帽
B. 安全带

C. 灭火器　　D. 安全网

E. 防滑鞋

7. 下列（　　）情况违反上岗身体条件规定。

A. 带病作业　　B. 不具备高危作业身体条件

C. 妇女在特殊期　　D. 疲劳作业

E. 情绪异常状态下作业

8. 下列施工现场焊割作业行为正确的是（　　）。

A. 持焊工操作证上岗作业　　B. 执行“用火证”制度

C. 配备灭火器材　　D. 请非专业人员协助作业

E. 正确使用个人防护用品

9. 袋装水泥、散装砂石料码放时应注意（　　）。

A. 成架码放　　B. 高度不超过1.5m

C. 码架不得靠墙　　D. 散料可靠墙堆放

E. 随意码放

10. 电箱内安装的接触器、刀闸、开关等电气设备应（　　）。

A. 符合现行国家标准的规定：应有合格证件，设备应有铭牌

B. 保证完好的工作状态，严禁带故障运行

C. 不得超铭牌运行

D. 实行“一机一闸”制，开关电器的额定值应与用电设备的额定值相适应

E. 视用电场所配置

11. 变配电室应备有合格的（　　）等安全用具，还应备有消防器材、急救箱、手电筒等。

A. 绝缘棒　　B. 绝缘毡

C. 绝缘靴　　D. 绝缘手套

E. 绝缘网

12. 根据《施工现场临时用电安全技术规范》（JGJ 46—2005）规定：正常情况时，下列（　　）设备不带电的外露可导电部分应做保护接零。

A. 电机、变压器、电器、照明器具、手持电动工具的金属外壳

B. 电气设备传动装置的金属部件

C. 室内外配电、控制屏的金属框架及靠近带电部分的金属围栏和金属门

D. 电力线路的金属保护管、敷线的钢索、起重机轨道、滑升模板金属操作平台等

E. 安装在电力线路杆（塔）上的开关、电容器等电气装置的金属外壳及支架

13. 根据《施工现场临时用电安全技术规范》（JGJ 46—2005）规定：施工现场用于架空线的导线截面应满足如下要求（　　）。

A. 通过导线中的计算负荷电流不大于导线允许的载流量

B. 线路末端的允许电压偏移不应大于额定电压值的5%

C. 为满足机械强度要求，架空用的绝缘铝线截面不小于16mm^2，绝缘铜线截面不小于10mm^2

D. 单相线路的零线截面与相线截面相同，三相四线制的工作零线和保护零线截面不小于相线截面的50%

E. 通过导线中的正荷电流不应大于导线允许的载流量

14. 根据《剩余电流动作保护装置安装和运行》（GB 13955—2005）规定：剩余电流保护装置安装后的检验项目有（　　）。

A. 用试验按钮试验1次，应正确动作

B. 用试验按钮试验3次，应正确动作

C. 带额定负荷电流分合1次，均应可靠动作

D. 带额定负荷电流分合3次，均应可靠动作

E. 应带电运转测试3次

15. 根据《施工现场临时用电安全技术规范》（JGJ 46—2005）规定：工程施工现场开关箱中的漏电保护器在正常情况下可用于（　　）。

A. 电源隔离

B. 频繁通、断电路

C. 电路的过载保护

D. 电路的短路保护

E. 电路的漏电保护

16. 根据《施工现场临时用电安全技术规范》（JGJ 46—2005）规定：总配电箱电器设置种类的组合应是（　　）。

A. 刀开关、断路器、漏电保护器

B. 刀开关、熔断器、漏电保护器

C. 刀开关、断路器或熔断器、漏电保护器

D. 刀开关、断路器

E. 断路器、漏电保护器

17. 根据《施工现场临时用电安全技术规范》（JGJ 46—2005）规定：建筑施工现场临时用电工程专用的电源中性点直接接地的220/380V三相四线制低压电力系统，必须符合（　　）等规定。

A. 采用二级配电系统

B. 采用一级漏电保护系统

C. 采用三级配电系统

D. 采用TN-S接零保护系统

E. 采用二级漏电保护系统

18. 根据《建筑灭火器配置设计规范》（GB 50140—2005）规定：发生电火警时，应选用（　　）来灭火。

A. 二氧化碳灭火器

B. 1211灭火器

C. 干粉灭火器

D. 泡沫灭火器

E. 黄沙

19. 根据《公路工程施工安全技术规范》（JTG F90—2015）规定：施工现场（　　）应分开设置，距离集中爆破区应不小于500m。

A. 禁火区

B. 仓库区

C. 办公区

D. 生活区

E. 生产区

20. 库房内严禁使用明火，库房外动火作业必须办理动火证，动火证必须注明（　　）等

内容。

A. 动火地点、时间　　B. 动火人

C. 现场监护人　　D. 批准人

E. 防火措施

21. 常用的灭火方法有(　　)。

A. 隔离灭火法　　B. 冷却灭火法

C. 窒息灭火法　　D. 抑制灭火法

E. 扑打法

22.《施工现场临时用电安全技术规范》(JGJ 46—2005)规定:施工现场起重机严禁越过无防护设施的外电架空线路作业,在外电架空线路附近吊装时,起重机的任何部位或被吊物边缘在最大偏斜时与架空线路边线的最小安全距离符合要求的是(　　)。

A. 电压为 10kV 时,沿垂直方向 3.0m,沿水平方向 2.0m

B. 电压为 35kV 时,沿垂直方向 4.0m,沿水平方向 3.0m

C. 电压为 110kV 时,沿垂直方向 5.0m,沿水平方向 4.0m

D. 电压为 220kV 时,沿垂直方向 6.0m,沿水平方向 5.0m

E. 电压为 280kV 时,沿垂直方向 7.0m,沿水平方向 6.0m

23.《施工现场临时用电安全技术规范》(JGJ 46—2005)规定:施工现场架空线路可以架设在(　　)上。

A. 木杆　　B. 钢筋混凝土杆

C. 竹竿　　D. 脚手架

E. 构筑物

24. 公共消防设施、消防装备不足或者不适应实际需要的,应当(　　)。

A. 撤销　　B. 改建

C. 增建　　D. 配置

E. 技术改造

25. 易燃易爆化学物品出厂时,必须有产品安全说明书。说明书中必须附有该物品的(　　)。

A. 燃点　　B. 闪点

C. 自燃点　　D. 爆炸极限

E. 防火灭火等安全措施

26. 下面属于违章现象的有(　　)。

A. 现场不戴安全帽、不系安全帽带

B. 现场吸烟、高处作业不挂安全带、不穿防滑鞋

C. 高处向下清扫垃圾或渣土、高处向下抛物料

D. 进出外用电梯不关好防护门、无证操作

E. 不在能见度差(如夜晚、大雾天气)的条件下进行人工清扫

27.《安全帽》(GB 2811—2007)规定:安全帽是指对人体头部受坠落物及其他特定因素引

起的伤害起防护作用的帽,由(　　)组成。

A. 帽壳　　B. 帽衬

C. 填充物　　D. 下颏带

E. 附件

28. 安全带的存放应注意(　　)。

A. 密闭　　B. 通风良好

C. 不得接触高温、明火　　D. 干燥

E. 不得接触强酸

29. 正确拆除安全网的要求有(　　)。

A. 安全网在被保护区域的作业停止后经研究方可拆除

B. 特殊部位的安全网拆除,需有措施方案,拆除必须在有经验人员的严密监督下进行

C. 拆除应自下而上,同时要根据现场条件采取防坠落和物体打击措施

D. 作业人员必须戴安全帽、系安全带等

E. 为了避免坠落和物体打击,可站在远处拖拽

30. 佩戴安全帽应注意(　　)。

A. 戴帽前先检查外壳是否破损,帽衬、帽带是否齐全

B. 调整好帽衬间距

C. 调整好帽箍

D. 戴帽后系好帽带,锁好带扣

E. 休息时当板凳坐

31.《建筑施工高处作业安全技术规范》(JGJ 80—1991)规定:下列关于临边防护栏杆的规定,(　　)是正确的。

A. 防护栏杆应由上、下两道横杆及栏杆柱组成

B. 上杆离地高度为 1.5 ~ 1.8m

C. 下杆离地高度为 0.5 ~ 0.6m

D. 上杆离地高度为 1.0 ~ 1.2m

E. 下杆离地高度为 0.6 ~ 0.8m

32. 安全防护设施的验收,主要包括(　　)。

A. 所有临边、洞口等各类技术措施的设置状况

B. 技术措施所用的配件、材料和工具的规格和材质

C. 技术措施的节点构造及其与建筑物的固定情况

D. 扣件和连接件的紧固程度

E. 安全防护设施的用品及设备的性能与质量合格的检验证

33. 公路水运工程施工中常见的职业危害与职业病有(　　)。

A. 中暑　　B. 一氧化碳中毒

C. 矽肺　　D. 电光性眼炎

E. 恐高症

34. 下列选项中，属于职业病的特点的是(　　)。

A. 职业病因明确

B. 所接触的危害因素通常是可以检测的

C. 在接触同样职业病危害因素的工人中，只出现个别病人

D. 越早发现，越容易恢复

E. 病症在某个时期表现明显

35. 下列属于职业病危害告知的是(　　)。

A. 产生职业病危害的用人单位，应当在醒目位置设置公告栏，公布有关职业病防治的规章制度、操作规程、职业病危害事故应急救援措施和工作场所职业病危害因素检测结果

B. 对产生严重职业病危害的作业岗位，应当在其醒目位置，设置警示标识和中文警示说明。警示说明应当载明产生职业病危害的种类、后果、预防以及应急救治措施等内容

C. 用人单位与劳动者订立劳动合同(含聘用合同)时，应当将工作过程中可能产生的职业病危害及其后果、职业病防护措施和待遇等如实告知劳动者，并在劳动合同中写明

D. 对从事接触职业病危害的作业的劳动者，用人单位应当按照国务院安全生产监督管理部门、卫生行政部门的规定组织上岗前、在岗期间和离岗时的职业健康检查，并将检查结果书面告知劳动者

E. 对于得了职业病的劳动者，用人单位负责人应当告知其如何治疗

36. 下列属于施工现场入口处“五牌一图”的是(　　)。

A. 工程概况牌　　B. 消防保卫牌

C. 安全生产牌　　D. 安全廉政牌

E. 文明施工牌

37.《建筑灭火器配置设计规范》(GB 50140—2005)规定：在扑救 A、B、C 类火灾时，可选用的灭火器类型有(　　)。

A. 水型灭火器　　B. 干粉灭火器

C. 二氧化碳灭火器　　D. 卤代烷灭火器

38. 下列关于事故应急管理过程的说法，正确的有(　　)。

A. 重大事故的应急管理只限于事故发生后的应急救援行动

B. 事故的应急管理贯穿事故发生前、中、后的各个过程

C. 事故应急管理是一个动态的过程

D. 应急管理包括准备、响应、行动和恢复四个阶段

E. 应急管理包括预防、准备、响应和恢复四个阶段

39. 施工单位应当在下列(　　)危险部位，设置明显的安全警示标志。

A. 施工现场出入口　　B. 施工起重机械

C. 临时用电设施　　D. 脚手架

E. 基坑边沿

40. 事故应急管理中“预防”的含义是(　　)。

A. 事故的预防工作,即通过安全管理和安全技术等手段,尽可能防止事故的发生,以实现本质安全

B. 假定事故必然发生,通过预先采取预防措施,达到降低或减缓事故的影响或后果严重程度的目的

C. 从人、机、物、环境等方面着手,彻底消除事故隐患

D. 事故后及时处理,并通过 PDCA 持续改进生产中出现的安全问题

E. 事故发生后,尽可能控制并消除事故

41. 根据《建筑施工高处作业安全技术规范》(JGJ 80—1991)规定:钢筋绑扎时的悬空作业,属于不安全行为的是(　　)。

A. 站在钢筋骨架上绑扎

B. 佩戴相关安全防护用品

C. 攀登钢筋骨架

D. 3m 以上的柱钢筋,可站在斜靠的立梯上绑扎

E. 绑扎 3m 以上的柱钢筋,必须搭设操作平台

42. 在施工现场坑、井、沟和(　　)周围,夜间要设红色灯示警。

A. 混凝土搅拌站　　B. 孔洞

C. 钢筋切断机　　D. 变压器

E. 易燃易爆场所

43. 施工单位应当在施工现场建立消防安全责任制度,并采取下列(　　)措施。

A. 确定消防安全责任人

B. 制定用火、用电、使用易燃易爆材料等各项消防安全管理制度和操作规程

C. 设置消防通道

D. 配备消防设施和灭火器材

E. 设置消防水源

44. 施工单位在进入施工现场前,对将要用于施工的机械设备和安全防护用具的(　　)进行查验,不得使用不合格产品。

A. 生产许可证　　B. 产品合格证

C. 产品销售许可证　　D. 施工许可证

E. 制造许可证

45. 建筑施工企业应当遵守有关环境保护和安全生产的规定,采取相应措施控制和处理施工现场的(　　),以防对周围环境造成污染和危害。

A. 粉尘　　B. 废气

C. 固体废物　　D. 废水

E. 噪声、振动

46. 施工临时房屋的布置原则为(　　)。

A. 交通方便

B. 避开高压线

C. 严禁将临时房屋布置在受洪水、泥石流、塌方、滑坡及雪崩等自然灾害威胁的地段

D. 临时房屋的周围应设有排水系统

E. 尽量靠近生产作业区

47. 下列对意外伤害保险的叙述正确的是(　　)。

A. 施工单位必须按照相关规定为施工现场从事危险作业的所有人员办理意外伤害保险

B. 意外伤害保险费由施工单位或者个人支付

C. 实行施工总承包的,由总承包单位支付意外伤害保险费

D. 有分包的,由分包单位自行支付意外伤害保险费

E. 意外伤害保险期限自建设工程开工之日起至竣工验收合格止

48.《建设工程安全生产管理条例》(国务院〔2004〕第 393 号)规定:作业人员有权对存在的安全问题提出(　　),有权拒绝违章指挥和强令冒险作业。

A. 批评　　B. 教育

C. 检举　　D. 报警

E. 控告

49.《建筑灭火器配置设计规范》(GB 50140—2005)规定:A 类火灾场所应选择(　　)或卤代烷灭火器。

A. 二氧化碳灭火器　　B. 水型灭火器

C. 磷酸铵盐干粉灭火器　　D. 泡沫灭火器

E. 碳酸氢钠干粉灭火器

50.《安全帽》(GB 2811—2007)规定:帽衬是帽壳内部部件的总称,由(　　)组成。

A. 帽箍　　B. 帽沿

C. 吸汗带　　D. 缓冲垫

E. 衬带

51.《安全帽》(GB 2811—2007)规定:安全帽的周期检验类别分为(　　)三类。

A. 出厂检验　　B. 型式检验

C. 进货检验　　D. 对比检验

E. 回厂检验

52.《安全色》(GB 2893—2008)规定:安全色是传递安全信息的颜色,包括(　　)四种颜色。

A. 红　　B. 白

C. 蓝　　D. 黄

E. 绿

三、判断题

1.施工现场入口处应设置五牌一图,即工程概况牌、管理人员名单及监督电话牌、消防保卫牌、安全生产牌、文明施工牌、施工总设计图。 ( )

2.《公路工程施工安全技术规范》(JTG F90—2015)规定:双车道施工便道宽度不宜小于6.5m,单车道施工便道宽度不宜小于4.5m,并宜设置错车道。 ( )

3.《公路工程施工安全技术规范》(JTG F90—2015)规定:不中断交通道路上测量,应设置交通安全标志,并应设专人指挥或警戒。测量人员应穿反光标志服。 ( )

4.《公路工程施工安全技术规范》(JTG F90—2015)规定:维修、保养或检查清理搅拌系统、供料系统应封闭下料门、切断电源、锁定安全保护装置、悬挂"严禁合闸"安全警示标志,并派专人看守。 ( )

5.《公路工程施工安全技术规范》(JTG F90—2015)规定:跨既有公路施工,通行区应搭设安全通道,安全通道应满足通行要求,施工作业面底部应悬挂安全网。安全通道应设防撞设施及限高、限宽、减速标志和设施。 ( )

6.《公路工程施工安全技术规范》(JTG F90—2015)规定:在居民点或公共场所附近开挖沟槽时,应设防护设施,夜间应设置照明灯和警示灯。 ( )

7.《公路工程施工安全技术规范》(JTG F90—2015)规定:应根据所拆除建(构)筑物的结构特点及施工环境要求确定拆除施工的段落、层次、顺序和方法。拆除施工应从上至下、逐层、分段实施,不得立体交叉作业。 ( )

8.《施工现场临时用电安全技术规范》(JGJ 46—2005)规定:开关箱中必须装设漏电保护器。 ( )

9.《焊接与切割安全》(GB 9448—1999)规定:施工现场机械操作人员离机或作业中停电时,必须切断电源。 ( )

10.电工作业时,必须穿绝缘鞋、戴绝缘手套,酒后不准操作。 ( )

11.《建设工程施工现场供用电安全规范》(GB 50194—2014)规定:工地电焊机的外壳应有可靠的接零或接地保护。 ( )

12.《焊接与切割安全》(GB 9448—1999)规定:高处施焊时必须使用标准的防火安全带,戴头罩。严禁将焊接电缆缠绕在身上或搭在背上作业。 ( )

13.施焊完成或下班时必须切断电源,将地线和焊把线分开,确定火星已熄灭,方可离开现场。 ( )

14.《焊接与切割安全》(GB 9448—1999)规定:电焊时严禁借用金属管道、金属脚手架、轨道、结构钢筋等金属物搭接代替导线使用。 ( )

15.电焊设备在正常使用条件下施焊时,应无异常的噪声。 ( )

16.《焊接与切割安全》(GB 9448—1999)规定:电焊钳过热后可以浸在水中浸透冷却后使用。 ( )

17.《焊接与切割安全》(GB 9448—1999)规定:操作者只有在规定的安全条件得到满足,并得到现场管理者及监督者准许的前提下,才可实施焊接与切割。 ( )

18.《焊接与切割安全》(GB 9448—1999)规定:不得在电弧焊作业点及存在火花、火焰的地点附近清理气瓶阀。（　）

19.《焊接与切割安全》(GB 9448—1999)规定:临时离开电焊工作场地时,可不切断焊机电源。（　）

20.《焊接与切割安全》(GB 9448—1999)规定:电焊机外露带电部分必须有完好的保护设施。（　）

21.《焊接与切割安全》(GB 9448—1999)规定:进行钢筋闪光对焊时,应采取与钢筋手工电弧焊相同的安全措施。（　）

22.《焊接与切割安全》(GB 9448—1999)规定:所有焊接与切割操作必须在足够的通风条件下进行。（　）

23. 在起重作业中,若卡环出现裂纹,补焊后可以使用。（　）

24.《建筑施工扣件式钢管脚手架安全技术规范》(JGJ 130—2011)规定:扣件在使用前应进行质量检查,有裂缝、变形的不可在主承重结构使用,出现滑丝的螺栓必须更换。（　）

25. 用手推车运料时,装车应先装后面,卸车应先卸后面。（　）

26. 手推车拉车的绊绳不应短于3m。（　）

27. 用手推车运石料时,平道上两车前后间距不得小于2m。（　）

28. 使用手推车运送混凝土时,装运混凝土量应低于车厢5～10cm。（　）

29. 汽车运输石料时,装料不能高出车槽帮。（　）

30. 使用汽车、罐车运送混凝土时,道路应平整坚实,必须由专人指挥。（　）

31. 人工推运混凝土管应设专人指挥,运输道路应平整坚实,推行速度要大于人的行走速度。（　）

32. 安装屋架梁和上下层面作业时,不得使用临时支架和马镫。（　）

33. 用气泵等设备清除混凝土缝内杂物时,作业人员必须戴防护镜和口罩。（　）

34. 浇捣框架结构梁柱混凝土时,可站在模棉线或支撑上操作。（　）

35. 疏通混凝土输送泵管道时,应疏散周围人员。（　）

36. 预制混凝土构件路缘石、大方砖的质量超过25kg时应由两人用夹具抬运。（　）

37. 质量大于40kg的石块应由两人抬运就位,大于80kg的石块应用倒链等吊装工具就位。（　）

38. 在锯木料的过程中,当木料走偏时,应立即切断电源,停机调整正后再锯,不得猛力推进或拉出。（　）

39. 木料加工房应注意防火安全,木料加工房内刨花、木屑和废料应及时清理。（　）

40. 泵送混凝土浇筑作业必须设专人指挥,并分工明确。（　）

41. 结构施工中的伸缩缝和后浇带必须用固定盖板固定牢固保护。（　）

42. 建筑工程施工作业人员在作业前,应检查工具、设备、现场环境等是否存在不安全因素,是否正确穿戴个人防护用品。（　）

43.《建筑施工高处作业安全技术规范》(JGJ 80—1991)规定:防护棚搭设与拆除时,应设警戒区,并应派专人监护,上下同时拆除。（　）

44. 建筑工程施工人员在作业中必须佩戴和使用合格的劳动防护用品,如安全帽、安全带、护目镜、防尘口罩、绝缘手套、绝缘鞋等。 ( )

45.《公路工程施工安全技术规范》(JTG F90—2015)规定:安全带的正确系挂方法是选用检验合格的安全带,高挂低用,禁止打结或接长使用,系挂牢固,2m 以上高度必须系挂安全带。 ( )

46. 在桩孔下作业的人员必须戴安全帽、系安全绳。 ( )

47. 施工现场的钢筋必须严格分类、分级和分牌号堆放。 ( )

48. 堆放钢筋的场地要干燥,一般要用枕垫搁起,离地面高度为 20cm 以上。 ( )

49. 绑扎钢筋一般采用 20 ~ 22 号的铁丝作为绑丝。 ( )

50. 绑扎双层钢筋时,应先绑扎立模板一侧的钢筋。 ( )

51. HPB235 级钢筋采用双面搭接电弧焊连接时,其搭接长度为钢筋直径的 4 倍。 ( )

52. 张拉钢筋时,操作人员的正确位置应在张拉设备的两侧。 ( )

53. 绑扎立柱和墙体钢筋时,为保证安全,不得站在钢筋骨架上。 ( )

54. 切断钢筋时,手与刀口的距离不得小于 15cm。 ( )

55. 浇筑混凝土作业人员不可以直接在钢筋上踩踏、行走。 ( )

56. 切断机切钢筋时,钢筋较短时严禁用手扶,短于 40cm 时应使用钢管套夹具。 ( )

57. 钢筋冷拉作业时,冷拉钢筋机的配重框提起的高度应限制在离地面 30cm 以内。 ( )

58. 运输混凝土小车通过上下沟槽时必须走便桥或马道。 ( )

59. 施工单位应当向作业人员提供必需的安全防护用具和安全防护服装,口头告知危险岗位的操作规程并确保其熟悉和掌握有关内容和违章操作的危害。 ( )

60. 木工房不应堆放混乱,应随时保持清洁、禁止烟火。 ( )

61.《施工现场临时用电安全技术规范》(JGJ 46—2005)规定:临时用电 TN-S 系统要求使用五芯线,而不使用四芯线。 ( )

62.《施工现场临时用电安全技术规范》(JGJ 46—2005)规定:搅拌机开关箱中,应设置漏电保护器。当外壳漏电时,可以防止操作人员触电身亡。 ( )

63. 大型桥梁施工现场、隧道和预制场地,应有自备电源,以免因电网停电造成工程损失和出现事故。自备电源和电网之间,要有联锁保护。 ( )

64. 电缆接头的拆除与装配必须切断电源方可进行作业。 ( )

65.《施工现场临时用电安全技术规范》(JGJ 46—2005)规定:工程施工现场的配电箱应防尘、防雨。 ( )

66.《焊接与切割安全》(GB 9448—1999)规定:可以在乙炔瓶上放置物件、工具或缠绕悬挂橡皮管及焊割炬等。 ( )

67. 施工现场架设或使用的临时用电线路,当发生故障或过载时,就有可能造成电气失火。 ( )

68. 干粉灭火器能迅速覆盖燃烧面,使可燃物与空气隔离。 ( )

69. 制定安全标识的目的是引导人们正确行走途径,提醒人们在作业过程中的正确操作方

法，是对违章行为的一种警告提示。 (　　)

70.《安全色》(GB 2893—2008)规定：常见的安全标志有四种，红、黄、蓝、绿分别指禁止、警告、指令、提示标志。 (　　)

71.《公路工程施工安全技术规范》(JTG F90—2015)规定：使用电热法养护应设警示牌、围栏，无关人员不得进入养护区域。 (　　)

72.《公路工程施工安全技术规范》(JTG F90—2015)规定：使用覆盖养护混凝土时，预留孔洞必须按规定设牢固盖板或围栏，并设置安全标志。 (　　)

73. 换刀片前必须拉闸断电，并挂“有人操作，严禁合闸”的警示牌。 (　　)

74. 喷涂人员作业时，如遇头痛、恶心、胸闷、心悸等情况应停止作业，到通风处呼吸新鲜空气。 (　　)

75.《焊接与切割安全》(GB 9448—1999)规定：焊接与切割区域内的火灾警戒人员，应熟知消防紧急处理程序。 (　　)

76. 安全帽使用年限为 3 年，到期后使用单位必须到有关部门进行抽查测试，合格后方可继续使用。 (　　)

77. 交通工程工地上较高的建(构)筑物、临时设施及重要库房，如炸药库、油库、发(变)电房塔、龙门吊架等，均应加设避雷装置。 (　　)

78.《公路工程施工安全技术规范》(JTG F90—2015)规定：交通工程冬期施工现场不需建立防火组织机构和设置消防器材。 (　　)

79.《施工现场临时用电安全技术规范》(JGJ 46—2005)规定：灯具离地面高度低于 2.5m 场所的照明，电源电压不超过 36V。 (　　)

80.《施工现场临时用电安全技术规范》(JGJ 46—2005)规定：在特别潮湿的场所、导电良好的地面、锅炉或金属容器内的照明，电源电压不超过 12V。 (　　)

81.《施工现场临时用电安全技术规范》(JGJ 46—2005)规定：保护零线除必须在配电室或总配电箱处做重复接地外，还必须在配电线路的中间处和末端处做重复接地。保护零线每一重复接地装置的接地电阻值应不大于 10Ω。 (　　)

82.《施工现场临时用电安全技术规范》(JGJ 46—2005)规定：室内照明灯具使用 220V 电压时，高度不低于 2.5m。 (　　)

83.《施工现场临时用电安全技术规范》(JGJ 46—2005)规定：施工现场使用的手持照明灯(行灯)的电压应采用 36V 以下的安全电压。 (　　)

84. 浇注混凝土作业时，模板仓内照明电压必须使用 12V 低压。 (　　)

85.《施工现场临时用电安全技术规范》(JGJ 46—2005)规定：总配电箱应设在靠近电源的区域，分配电箱应设在用电设备或负荷相对集中的区域，分配电箱与开关箱的距离不得超过 30m，开关箱与其控制的固定式用电设备的水平距离不宜超过 5m。 (　　)

86. 变配电室要求做到的“五防”是防火、防水、防漏、防雪、防小动物。 (　　)

87.《施工现场临时用电安全技术规范》(JGJ 46—2005)规定：开关箱是配电系统的末级，开关箱与所控制的固定式用电设备水平距离不超过 3m，以便操作开关箱的电器时，监护设备启动和停止情况，当用电设备发生故障需紧急断电时，可以及时切断电源。 (　　)

88.《施工现场临时用电安全技术规范》(JGJ 46—2005)规定:对配电箱、开关箱进行检查、维修时,必须将其前一级相应的电源隔离开关分闸断电,并悬挂停电标志牌,严禁带电作业。 ( )

89.《施工现场临时用电安全技术规范》(JGJ 46—2005)规定:为了便于对配电系统作安全技术管理和维护,要求配电箱应作分级设置,即在总配电箱下,设分配电箱,分配电箱以下设开关箱,开关箱以下就是用电设备。 ( )

90.一般施工现场的配电系统以三级配电为宜,当某一用电设备发生故障,在一个分支路内,范围小则便于查找,切断该支路的分配电箱的隔离开关,即可进行维修,不影响其他各分支路用电设备运行。 ( )

91.《施工现场临时用电安全技术规范》(JGJ 46—2005)规定:开关箱与用电设备之间,可实行"一闸多机"和一台漏电保护器同时保护几台设备的做法。 ( )

92.《施工现场临时用电安全技术规范》(JGJ 46—2005)规定:施工现场的临时用电电力系统严禁利用大地作相线或零线。 ( )

93.《施工现场临时用电安全技术规范》(JGJ 46—2005)规定:室内配线必须采用绝缘导线。采用瓷瓶、瓷(塑料)夹等敷设,距地面高度不得小于2.5m。 ( )

94.电动机械和电气照明设备拆除后,不能留有可能带电的电线。如果电线必须保留,应将电源切断,并且将线头包好绝缘。 ( )

95.《施工现场临时用电安全技术规范》(JGJ 46—2005)规定:电缆线路可采用埋地或架空敷设,也可以用铠装电缆在地面上明设,但要防止腐蚀、水泡或机械损伤。 ( )

96.《施工现场临时用电安全技术规范》(JGJ 46—2005)规定:橡套电缆架空敷设时,可采用电杆、支架或沿墙敷设,并用绝缘子固定,不得使用金属裸线作绑扎线,最大弧垂距地面不低于2m。 ( )

97.不允许采用四芯电缆外敷一根导线的方法替代五芯电缆,应保持电缆各导线的匹配。 ( )

98.《手持式电动工具的管理、使用、检查和维修安全技术规程》(GB/T 3787—2006)规定:手持式电动工具的电源线可以接长或拆换。 ( )

99.《施工现场临时用电安全技术规范》(JGJ 46—2005)规定:施工现场临时架空线路必须采用专用电杆架设,严禁在树木和脚手架上架设。 ( )

100.《施工现场临时用电安全技术规范》(JGJ 46—2005)规定:埋地电缆引出地面时,从2m高至地下0.2m处,必须加设电缆防护套管。 ( )

101.在只允许做保护接地的系统中,因条件限制接地有困难时,应设置操作和维修电气装置的绝缘台,并必须使操作人员不致偶然触及外物。 ( )

102.《施工现场临时用电安全技术规范》(JGJ 46—2005)规定:配电屏(盘)或配电线路维修时,应悬挂停电标志牌。停、送电必须由专人负责。 ( )

103.《施工现场临时用电安全技术规范》(JGJ 46—2005)规定:一般施工场所宜选用额定电压为220V的照明灯具。 ( )

104.照明线路严禁在地面上乱拉、乱拖,但可以拴在金属脚手架、龙门架上,只要求距离工

作面高度在3m以上即可，控制刀闸应配有熔断器和防雨措施。（　）

105.《施工现场临时用电安全技术规范》（JGJ 46—2005）规定：在潮湿场所或金属构架上操作时，必须选用Ⅱ类手持式电动工具，并装设防溅式漏电保护器，严禁使用Ⅰ类手持式电动工具。（　）

106.《手持电动工具的管理、使用、检查和维修安全技术规程》（GB/T 3787—2006）规定：Ⅰ类手持式电动工具电源线中的绿、黄双色线在任何情况下只能用作保护接地线。（　）

107.《施工现场临时用电安全技术规范》（JGJ 46—2005）规定：每台用电设备必须有各自专用的开关箱，严禁用同一个开关箱控制2台及2台以上的用电设备（含插座），即"一机、一箱、一闸、一漏"。（　）

108. 凡临电使用超过6个月以上（含）的，应按正式线路架设。（　）

109.《焊接与切割安全》（GB 9448—1999）规定：当身体前部需要对火花和辐射作附加保护时，必须使用经久耐火的皮制或其他材质的围裙。（　）

110.《焊接与切割安全》（GB 9448—1999）规定：利用通风手段无法将焊接作业区内的空气污染降至允许限值时，必须使用呼吸保护装置。（　）

111. 乙炔瓶与电焊在同一工地使用时，乙炔瓶不应绝缘，而应进行接地，防止产生静电发生危险。（　）

112. 点燃焊（割）炬时应先开乙炔阀点火，然后开氧气阀调整火焰。（　）

113. 焊接与切割设备必须处于正常工作状态，存在安全隐患时，必须停止使用并由焊工修理。（　）

114. 交流电焊机空载电压不得超过80V。（　）

115.《公路工程施工安全技术规范》（JTG F90—2015）规定：焊接机械必须装有接地线，接地电阻不应大于10Ω。（　）

116. 按照公路水运工程施工现场防火要求，临建房屋宿舍内（60m^2以下）人数不宜超过15人，宿舍门的宽度不小于1.2m，门向内开。（　）

117.《焊接与切割安全》（GB 9448—1999）规定：焊工和切割工必须佩戴耐火的防护手套。（　）

118.《施工现场临时用电安全技术规范》（JGJ 46—2005）规定：配电室的建筑物和构筑物的耐火等级不低于3级。（　）

119.《施工现场临时用电安全技术规范》（JGJ 46—2005）规定：配电室内应放置泡沫灭火器。（　）

120.《施工现场临时用电安全技术规范》（JGJ 46-—2005）规定：配电箱、开关箱内的电器可安装在木板上。（　）

121. 配电箱电器安装应容量大的在左边、容量小的在右边。（　）

122. 对配电箱内开关送电时，应先合上手动隔离开关，后合上自动开关。（　）

123.《建筑施工高处作业安全技术规范》（JGJ 80—1991）规定：井架与施工用电梯和脚手架等与建筑物通道的两侧边，可以不设防护栏杆。（　）

124.《建筑施工高处作业安全技术规范》（JGJ 80—1991）规定：施工现场内的脚手架、斜

道板、跳板和交通运输道路，如果有雨水、冰雪，要随时采取铺设草垫等防滑措施。（ ）

125.《建筑施工高处作业安全技术规范》(JGJ 80—1991)规定：边长在150cm以上的洞口，四周应设防护栏杆，洞口下张设安全平网。（ ）

126.建筑工程施工作业使用的安全帽和摩托车头盔可以通用。（ ）

127.《安全帽》(GB 2811—2007)规定：安全帽的主要作用是为了防止对人头部受坠落物及其他特定因素引起的伤害。（ ）

128.施工单位在购置安全帽、安全带、安全网等安全防护用品以及漏电保护器等电器元件前，应当按照国家有关规定查验其鉴定证书、产品合格证和产品使用说明书等资料。（ ）

129.《建筑灭火器配置设计规范》(GB 50140—2005)规定：灭火器材设置点附近不能堆放物品，以免影响灭火器的取用。（ ）

130.《建筑灭火器配置设计规范》(GB 5014—2005)规定：禁止在具有火灾、爆炸危险的场所使用明火，因特殊情况需要使用明火作业的，应当按照规定事先办理审批手续。（ ）

131.《建筑灭火器配置设计规范》(GB 50140—2005)规定：所有灭火器必须锁在固定物体上。（ ）

132.《建筑灭火器配置设计规范》(GB 50140—2005)规定：发现因电气故障或漏电引起火灾时，要立即用水或泡沫灭火器灭火。（ ）

133.储存化学品的建筑物或场所的输配电线路、灯具、火灾事故照明等用电都应符合安全要求，可不安装避雷设施。（ ）

134.《建筑灭火器配置设计规范》(GB 50140—2005)规定：各类防雷建筑物应采取防直击雷和防雷电波侵入的措施。（ ）

135.雷雨天可以在车辆中停留，也可以在停车场停留。（ ）

136.打雷时，如果作业人员孤立地处于暴露区，并感到头发竖起时，应该立即双膝下蹲，向前弯曲，双手抱膝。（ ）

137.高度超过24m层次上的交叉作业，应设双层防护。（ ）

138.《施工现场临时用电安全技术规范》(JGJ 46—2005)规定：工地的配电箱应及时上锁，钥匙应各电箱独立专用。（ ）

139.《施工现场临时用电安全技术规范》(JGJ 46—2005)规定：开关箱与其控制的固定式用电设备的水平距离不宜超过3m。（ ）

140.《建筑施工高处作业安全技术规范》(JGJ 80—1991)规定：分层施工的楼梯口和楼梯边，必须安装正式防护栏杆。（ ）

141.机械加工时，员工要穿戴合身的工作服，将袖口扣紧，留长发或扎辫子的要把头发盘起来。（ ）

142.《中华人民共和国职业病防治法》(主席令〔2011〕第52号)规定：职业病防治工作坚持“预防为主、防治结合”的方针。（ ）

143.普通纱布口罩不能起到防尘口罩的作用。（ ）

144.《职业性中暑诊断标准》(GB Z41—2002)规定：高温季节大量出汗、口渴、头晕、全身疲劳、发热是中暑先兆症状。（ ）

145. 在气割作业中,已在燃烧的割枪不准放在工作台和地面上。（　）

146.《建筑施工高处作业安全技术规范》(JGJ 80—1991)规定:施工现场的洞、坑、沟等处,应有防护设施或明显标志,如悬挂“危险”“禁止通行”标牌,夜间设红灯示警。（　）

147. 在施工现场及场地通道附近的各类洞口处,除设置防护设施与安全标志外,夜间还应设红灯警示。（　）

148. 卷扬机作业中,操作人员不得离开卷扬机,休息时应将吊笼降至地面。（　）

149.《中华人民共和国职业病防治法》(主席令〔2011〕第52号)规定:劳动者离开用人单位时,要索取本人职业健康监护档案复印件时,用人单位可以有偿提供。（　）

150. 灭火的基本原理可以归纳为冷却法、窒息法、隔离法和化学抑制法。（　）

151. 常见的职业病危害因素有噪声、粉尘、有毒气体、高温、弧光等。（　）

152. 当发现有员工苯中毒后,应马上对其进行人工呼吸。（　）

153. 有人低压触电时,应该立即将他拉开。（　）

154. 未经岗前教育培训的操作工人,不得上岗作业。（　）

155. 职工有下列情形之一的,应当认定为工伤:在工作时间和工作场所内,因工作原因受到事故伤害的、患职业病的;工作时间前后在工作场所内,从事与工作有关的预备性或者收尾性工作受到事故伤害的;因工外出期间,由于工作原因受到伤害或者发生事故下落不明的;法律、行政法规规定应当认定为工伤的其他情形。（　）

156. 建筑施工中引发火灾和爆炸事故的直接原因是导致事故即酿成火灾和爆炸的前提条件,直接原因可归纳为现场的设施不符合消防安全的要求,缺少防火、防爆安全装置和设施;在高处实施电焊、气割作业时,对作业的周围和下方缺少防护遮挡;雷击、地震、大风、洪水等天灾;雷暴区季节性施工避雷设施失效。（　）

157. 同一种粉尘,在空气中的浓度越高,吸入量越大,则尘肺病的发病率就越低。（　）

158. 长期吸入石棉粉尘可引起呼吸系统肿瘤。（　）

159. 职业中毒可分为急性、慢性和亚急性三种形式。（　）

160.《中华人民共和国职业病防治法》(主席令〔2011〕第52号)规定:职业健康检查费用由劳动者自己承担。（　）

161.《焊接与切割安全》(GB 9448—1999)规定:盛装过易燃、易爆、有毒物质的各种容器未经彻底处理,不能焊割。（　）

162.《建设工程施工现场环境与卫生标准》(JGJ 146—2013)规定:石灰、水泥等易飞扬的细颗粒散体材料,应密闭存放或采取覆盖等措施。（　）

163.《中华人民共和国道路交通安全法实施条例》(国务院令〔2004〕第405号)第六十三条规定:消防车库门口和消防栓、通勤车站、油库门口不允许停车,但可以停在旁边。（　）

164.《建筑施工高处作业安全技术规范》(JGJ 80—1991)规定:梯子如需接长使用,必须有可靠的连接措施,且接头不得超过1处。（　）

165. 在手持工件进行磨削或对砂轮进行手工修整时,为防止砂轮意外破裂,碎块飞出伤人,人员应站立在砂轮的侧面方向进行操作。（　）

166. 施工垃圾应及时清运,清运时,适量洒水减少扬尘。（　）

167. 对在建筑物内大于25cm的竖向孔洞口，均应设置盖板，盖板应能防止挪动移位。（ ）

168.《粉尘防爆安全规程》(GB 15577—2007)规定，粉尘对人体有很大的危害，但不会发生火灾和爆炸。（ ）

169. 为了防止触电，可采用绝缘、防护、隔离等技术措施，以保障安全。（ ）

170. 使用电气设备，当作业完毕，操作人员离开时，必须拉闸断电。（ ）

171. 为了取用方便，手用工具可放置在工作台任何地方。（ ）

172. 工人操作机械时，穿着的“三紧”工作服是指袖口紧、领口紧、下摆紧。（ ）

173. 帮助触电者脱离电源时，不可直接用人的肢体或其他金属及潮湿的物体作为救护工具。（ ）

174.《建筑灭火器配置设计规范》(GB 50140—2005)规定：在同一灭火器配置场所，当选用两种或两种以上类型灭火器时，应采用灭火剂相容的灭火器。（ ）

175.《建筑灭火器配置设计规范》(GB 50140—2005)规定：灭火器可以设置在超出其使用温度范围的地点。（ ）

176.《安全帽》(GB 2811—2007)规定：帽舌是帽壳后部伸出的部分。（ ）

177.《安全帽》(GB 2811—2007)规定：安全帽中的顶筋是用来增强帽壳顶部强度的结构。（ ）

178.《安全帽》(GB 2811—2007)规定：帽衬是帽壳内部部件的总称，由帽舌、吸汗带、缓冲垫、衬带等组成。（ ）

179.《安全帽》(GB 2811—2007)规定：帽箍是绕头围起固定作用的带圈，包括调节带圈大小的结构。（ ）

180.《安全帽》(GB 2811—2007)规定：吸汗带是附加在帽箍上的吸汗材料。（ ）

181.《安全色》(GB 2893—2008)规定：红色可用于道路交通标志和标线中的指示标志。（ ）

182.《安全色》(GB 2893—2008)规定：绿色可用于机器启动按钮、安全信号旗、急救站、疏散通道、避险处、应急避难场所等。（ ）

183.《公路工程施工安全技术规范》(JTG F90—2015)规定：储油罐顶部不用设置遮阳棚。（ ）

第二章　高处作业

一、单选题

1.《高处作业分级》(GB 3608—2008)规定,某个工人在18m高空作业,其高空作业等级为(　　)。

A.特级　　B.1级　　C.2级　　D.3级

2.《公路工程施工安全技术规范》(JTG F90—2015)规定,下列关于高处作业场所临边安全防护栏杆有关规定,说法错误的是(　　)。

A.防护栏杆应能承受100N的可变荷载

B.防护栏杆下方有人员及车辆通行或作业的,应挂密目安全网封闭,防护栏杆下部应设置高度不小于0.18m的挡脚板

C.防护栏杆应由上、下两道横杆组成,上杆离地高度应为1.2m,下杆离地高度应为0.6m

D.横杆长度大于2m时,应加设栏杆柱

3.《公路工程施工安全技术规范》(JTG F90—2015)规定,下列关于安全带的规定,说法错误的是(　　)。

A.安全带除应定期检验外,使用前尚应进行检查

B.安全带应低挂高用,并应扣牢在牢固的物体上

C.安全带的安全绳不得打结使用,安全绳上不得挂钩

D.安全带的各部件不得随意更换或拆除

4.《公路工程施工安全技术规范》(JIG F90—2015)规定:作业高度超过(　　)m的钢筋骨架作业应设置脚手架或作业平台。

A.1.5　　B.1.8　　C.2　　D.3

5.《建筑施工高处作业安全技术规范》(JGJ 80—1991)规定:攀爬作业中,梯子的踏板上下间距不超过(　　)cm,梯宽一般不应小于(　　)cm,梯子的上端应有固定措施。(　　)

A.30,80　　B.30,100　　C.25,80　　D.25,100

6.独立制作的爬梯高度超过(　　)m或依托支架制作的爬梯高度超过(　　)m时,必须设置梯间转向平台,平台宽度不低于梯宽。(　　)

A.6,4　　B.6,3　　C.7,3　　D.7,4

7.在梯子上工作时,梯与地面的斜角度应为(　　)左右。

A.10°　　B.30°　　C.45°　　D.60°

8.《建筑施工高处作业安全技术规范》(JGJ 80—1991)规定:上下梯子时,必须(　　)梯子,且不得手持器物。

A.背向　　B.侧向　　C.面向　　D.无所谓

9.《高处作业分级》(GB 3608—2008)规定:某桥墩墩台高度为58m,在其顶上工作时,其高处作业的级别应为(　　)。

A. 一级高处作业　　B. 三级高处作业
C. 超级高处作业　　D. 特级高处作业

10.《建筑施工高处作业安全技术规范》(JGJ 80—1991)规定:立梯工作角度以(　　)为宜,踏板上下间距以30cm为宜,不得有缺档。

A. 30°±5°　　B. 50°±5°　　C. 60°±5°　　D. 75°±5°

11.《高处作业分级》(GB 3608—2008)规定:高处作业是指在距坠落高度基准面(　　)m及以上有可能坠落的高处进行的作业。

A. 2　　B. 3　　C. 4　　D. 5

12.《高处作业分级》(GB 3608—2008)规定:可能坠落范围以作业位置为中心,可能坠落范围半径为半径划成的与水平面(　　)的柱形空间。

A. 平行　　B. 异面　　C. 垂直　　D. 相交

13.《建筑施工高处作业安全技术规范》(JGJ 80—1991)规定:电梯井口必须设防护栏杆或固定栅门;电梯井内应每隔两层并最多隔(　　)m设一道安全网。

A. 5　　B. 10　　C. 15　　D. 20

14.《建筑施工高处作业安全技术规范》(JGJ 80—1991)规定:施工现场通道附近的各类洞口与坑槽等处,除设置防护设施与安全标志外,夜间还应设(　　)示警。

A. 红灯　　B. 黄灯　　C. 蓝灯　　D. 绿灯

15.《建筑施工高处作业安全技术规范》(JGJ 80—1991)规定:边长在(　　)cm以上的洞口,四周应设防护栏杆,洞口下张设安全平网。

A. 50　　B. 100　　C. 150　　D. 200

16.《建筑施工高处作业安全技术规范》(JGJ 80—1991)规定:梯子如需接长使用,必须有可靠的连接措施,且接头不得超过(　　)处。

A. 1　　B. 2　　C. 3　　D. 4

17.《建筑施工高处作业安全技术规范》(JGJ 80—1991)规定:结构施工自二层起,凡人员进出的通道口(包括井架、施工用电梯的进出通道口),均应搭设安全防护棚。高度超过(　　)m的层次上的交叉作业,应设双层防护。

A. 6　　B. 12　　C. 24　　D. 36

18.《公路工程施工安全技术规范》(JTG F90—2015)规定:高处作业场所的孔、洞应设置防护设施及(　　)。

A. 禁止标志　　B. 警示标志　　C. 注意标志　　D. 指令标志

二、多选题

1.《公路工程施工安全技术规范》(JTG F90—2015)规定:冬天进行高处作业时,必须采取可靠的(　　)措施。

A. 防滑　　B. 防寒

C. 防尘　　D. 防冻

E. 防裂

2.《建筑施工高处作业安全技术规范》(JGJ 80—1991)规定：悬空梁板钢筋的绑扎，必须在(　　)操作。

A. 支撑件上　　B. 操作平台上

C. 模板上　　D. 满铺脚手板的支架上

E. 在已绑扎好的钢筋骨架上

3. 高空作业时严禁向下抛掷(　　)。

A. 物料　　B. 工具

C. 施工垃圾　　D. 钢管

E. 连接扣件

4. 特殊高处作业有(　　)等八大类。

A. 强风高处作业　　B. 特级高处作业

C. 雪天高处作业　　D. 悬空高处作业

E. 大雨天高处作业

5. 患有(　　)等疾病的人员不得从事高处作业。

A. 心脏病　　B. 皮肤病

C. 恐高症　　D. 癫痫病

E. 贫血病

6. 高处作业"四不踏"是指(　　)。

A. 屋檐口不准踏　　B. 石棉瓦屋顶不准踏

C. 玻璃顶棚的天窗不准踏　　D. 未经检查的搭建物不准踏

E. 验收合格的脚手架不准踏

7.《公路工程施工安全技术规范》(JTG F90—2015)规定：操作人员登高作业应注意的安全事项有(　　)。

A. 操作人员登高必须走人行通道

B. 不得沿立杆或栏杆攀登

C. 应戴安全帽、穿防滑鞋、系安全带

D. 3m 以下可以不使用安全带

E. 有经验的老职工可以放松要求

8. 施工桥梁工地上，高处作业人员(　　)。

A. 不得穿拖鞋或硬底鞋

B. 所需的材料要事先准备齐全

C. 工具应放在工具袋内

D. 与此地面联系，应有专人负责或配有通信设备

E. 60 岁以上不到 65 岁的人员可以进行作业

9. 预防高处坠落的措施有(　　)。

A. 加强自我安全保护意识教育,强化管理安全防护用品的使用

B. 重点部位项目,严格执行安全管理专业人员旁站监督制度

C. 随施工进度,及时完善各项安全防护设施,各类竖井安全门栏必须设置警示牌

D. 各类脚手架及垂直运输设备搭设、安装完毕后,即可使用

E. 安全专业人员加强安全防护设施巡查,发现隐患及时落实解决

10. 高空作业的基本要求有(　　)。

A. 患有职业禁忌病症和年老体弱、疲劳过度、视力不佳及酒后人员等,不准进行高空作业

B. 高空作业人员劳保着装、安全帽、安全带、工作鞋必须到位,高空作业要备带工具袋

C. 脚手架安全可靠,严禁在脚手架上乱堆、乱放工具,严禁往下或往上抛掷材料和工具等物体

D. 登高设施、作业平台安全防护设施必须到位;必要时可设置安全网兜作为二次保护

E. 大雾、雪天、六级风以上等恶劣天气,夜晚照明不足等,人、机一律停止作业

11.《建筑施工高处作业安全技术规范》(JGJ 80—1991)规定:暴风雪及台风暴雨后,应对高处作业安全设施逐一加以检查,发现有(　　)现象应立即修理完善。

A. 淋湿　　B. 松动

C. 变形　　D. 损坏

E. 脱落

12. 在施工现场可能有坠物坠落区域内的防护棚顶,应具有抗冲击能力,下列对防护棚顶材料说法正确的是(　　)。

A. 强度应能承受 10kPa 的均布静荷载

B. 可采用 50mm 厚木板架设

C. 采用两层竹笆时,上下竹笆层间距应不小于 400mm

D. 应当进行结构计算

E. 强度应能承受 8kPa 的均布静荷载

13.《建筑施工高处作业安全技术规范》(JGJ 80—1991)规定:对高处作业中的(　　),必须在施工前加以检查,确认其完好,方能投入使用。

A. 安全标志　　B. 工具

C. 仪表　　D. 电气设施

E. 各种设备

14.《建筑施工高处作业安全技术规范》(JGJ 80—1991)规定:安全防护设施的验收,主要包括(　　)。

A. 所有临边、洞口等各类技术措施的设置状况

B. 技术措施所用的配件、材料和工具的规格和材质

C. 技术措施的节点构造及其与建筑物的固定情况

D. 扣件和连接件的紧固程度

E. 安全防护设施用品及设备的性能与质量是否合格的验证

三、判断题

1.《公路工程施工安全技术规范》(JTG F90—2015)规定:工程施工过程中,为防止落物和减少污染,必须采用密目式安全网对建筑物进行封闭。 (　　)

2.《公路工程施工安全技术规范》(JTG F90—2015)规定:作业面与坠落高度基准面高差超过2m且无临边防护装置时,临边应挂设水平安全网。作业面与水平安全网之间的高差不得超过3.0m,水平安全网与坠落高度基准面的距离不得小于0.2m。 (　　)

3.《高处作业分级》(GB T3608—2008)规定:作业高度在30m以上时,称为三级高空作业。 (　　)

4. 安全平网与立网都具有抗冲击性能,可以用立网代替平网使用。 (　　)

5.《安全网》(GB 5725—2009)规定:同一安全网上的绳线可以采用锦纶、涤纶、尼龙等不同的材料。 (　　)

6. 安装平网应外高里低,一般以150为宜,网不要绷紧。 (　　)

7. 吊钩应有防脱钩的保险装置。 (　　)

8.《塔式起重机安全规程》(GB 5144—2007)规定:起重吊钩的危险截面出现永久性变形时,吊钩应报废。 (　　)

9. 起吊物不可以从人的头顶上越过。 (　　)

10. 挂钩工必须服从信号工的指挥。 (　　)

11.《建筑施工起重吊装工程安全技术规范》(JGJ 276—2012)规定:除指挥及挂钩人员外,其他人不可以进入吊装作业区。 (　　)

12. 零散碎料如果没有坚固的容器装载就不可以吊运。 (　　)

13.《建筑施工高处作业安全技术规范》(JGJ 80—1991)规定:凡在坠落高度基准面2m以上(含)有可能坠落的高处进行的作业称为高处作业。 (　　)

14.《建筑施工高处作业安全技术规范》(JGJ 80—1991)规定:单位工程施工负责人应对工程的高处作业安全技术负责并建立相应的责任制。 (　　)

15.《建筑施工高处作业安全技术规范》(JGJ 80—1991)规定:悬空作业应认真检查所用索具、脚手板、吊篮、吊笼、平台等设备,确保使用安全。 (　　)

16.《建筑施工高处作业安全技术规范》(JGJ 80—1991)规定:立梯踏板上下间距以300mm为宜,不得有缺档。 (　　)

17.《建筑施工高处作业安全技术规范》(JGJ 80—1991)规定:攀爬作业中立梯的工作角度以75°±5°为宜,过大则易发生倾滑,发生危险。 (　　)

18. 外墙、外窗作业时应系挂好安全带。 (　　)

19. 高处作业人员可在上下同一垂直面上作业,但下层作业人员必须戴安全帽。 (　　)

20. 2m以上的高空悬空作业,无安全设施的必须系好安全带,扣好保险钩。 (　　)

21.《建筑施工起重吊装工程安全技术规范》(JGJ 276—2012)规定:高处作业时手持工具和零星物料应放在工具袋里。 (　　)

22. 强风天气高处作业、雨雪雾天高处作业是特殊高处作业。 (　　)

23. 高处作业吊篮的安全锁必须在有效期内使用,超期必须由专业生产厂或专业检测机构检测合格后方可使用。 ( )

24.《高处作业吊篮》(GB 19155—2003)规定:高处作业用电动吊篮的钢丝绳安全系数必须大于9。 ( )

25.《建筑施工高处作业安全技术规范》(JGJ 80—1991)规定:悬空高处作业处应有牢靠的立足处,并必须视具体情况,配置防护栏网、栏杆或其他安全设施。 ( )

26.《建筑施工高处作业安全技术规范》(JGJ 80—1991)规定:移动式操作平台四周必须按临边作业要求设置防护栏杆,并应布置登高扶梯。 ( )

27.《建筑施工高处作业安全技术规范》(JGJ 80—1991)规定:悬挑式钢平台左右两侧必须装置固定的防护栏杆。 ( )

28.《建筑施工高处作业安全技术规范》(JGJ 80—1991)规定:操作平台应显著地标明容许荷载值,操作平台上人员和物料的总重量,严禁超过此值。 ( )

29.《建筑施工高处作业安全技术规范》(JGJ 80—1991)规定:施工作业场所有坠落可能的物件,应一律先行拆除或加以固定。 ( )

30.《建筑施工高处作业安全技术规范》(JGJ 80—1991)规定:暴风雪及台风暴雨后,应对高处作业安全设施逐一加以检查,发现有松动、变形、损坏或脱落等现象,应立即修理完善。 ( )

31. 高处作业中所用的物料应堆放平稳。 ( )

32. 高空作业机械应设有紧急停止装置,并置于一般人员不易到达的位置。 ( )

33. 钢丝绳部分被压扁和受到死角扭结产生变形的可降低荷载使用。 ( )

34. 钢丝绳部分被压扁和受到死角扭结产生变形的应报废。 ( )

35. 高处作业区周围的孔洞、沟道等应设盖板、安全网或围栏。 ( )

36.《建筑施工高处作业安全技术规范》(JGJ 80—1991)规定:梯子不允许接长,但可以垫高使用。 ( )

37.《公路工程施工安全技术规范》(JTG F90—2015)规定:参加索塔施工的人员应体检,患高血压、心脏病、高空作业禁忌证及医生认为其他不适合从事高空作业的人员,应减少索塔施工作业。 ( )

38.《建筑施工高处作业安全技术规范》(JGJ 80—1991)规定:施工中对高处作业的安全技术设施,发现有缺陷和隐患时,必须及时解决;危及人身安全时,必须停止作业。 ( )

39.《建筑施工高处作业安全技术规范》(JGJ 80—1991)规定:防护棚搭设与拆除时应设警戒区,并应派专人监护,严禁上下同时拆除。 ( )

40.《建筑施工高处作业安全技术规范》(JGJ 80—1991)规定:作业人员应从规定的通道上下,不得在阳台之间等非规定通道进行攀登,可利用吊车臂架等施工设备进行攀登。 ( )

41.《建筑施工高处作业安全技术规范》(JGJ 80—1991)规定:钢模板、脚手架等拆除时,下方需班组长监督作业。 ( )

42.《公路工程施工安全技术规范》(JTG F90—2015)规定:安全网安装应系挂安全网的受力主绳,也可以系挂网格绳。安装完毕应进行检查、验收。 ( )

第三章　支架脚手架

一、单选题

1.《建筑施工扣件式钢管脚手架安全技术规范》(JGJ 130—2011)规定:连墙件必须(　　)。

A. 采用可承受拉力的构造　　B. 采用可承受压力的构造

C. 采用可承受压力和拉力的构造　　D. 采用仅有顶撑的构造

2.《公路工程施工安全技术规范》(JTG F90—2015)规定:模板堆放高度不宜超过(　　)m。

A. 1.6　　B. 1.8　　C. 2.0　　D. 2.2

3.《公路工程施工安全技术规范》(JTG F90—2015)规定:模板吊环不得采用冷拉钢筋,且吊环的计算拉应力不得大于(　　)MPa。

A. 35　　B. 40　　C. 45　　D. 50

4. 建筑工程工程施工脚手架外侧采用的全封闭立网,其网目密度不应低于(　　)。

A. 800 目/100cm^2　　B. 1 000 目/100cm^2

C. 1 500 目/100cm^2　　D. 2 000 目/100cm^2

5.《建筑施工扣件式钢管脚手架安全技术规范》(JGJ 130—2011)规定:脚手架的主节点处必须设置一根横向水平杆,用(　　)扣接且严禁拆除。

A. 直角扣件　　B. 旋转扣件

C. 对接扣件　　D. 交叉扣件

6.《建筑施工扣件式钢管脚手架安全技术规范》(JGJ 130—2011)规定:脚手架搭设中,木脚手板的板厚应不小于(　　)mm。

A. 30　　B. 40　　C. 50　　D. 60

7.《建筑施工扣件式钢管脚手架安全技术规范》(JGJ 130—2011)规定:单、双排脚手架必须配合施工进度搭设,一次搭设高度不应超过相邻连墙件以上(　　)。

A. 一步　　B. 二步　　C. 三步　　D. 四步

8.《建筑施工扣件式钢管脚手架安全技术规范》(JGJ 130—2011)规定:单、双排脚手架拆除作业必须是(　　)。

A. 由上而下逐层进行,严禁上下同时作业

B. 由左而右逐段进行,严禁左右同时作业

C. 由下往上逐层拆除,严禁上下同时作业

D. 由右而左逐段进行,严禁左右同时作业

9. 木脚手板,板厚不小于 50mm,板宽为 200 ~ 250mm,板长 3 ~ 6m,在板端往内(　　)mm 处,用 10 号铁丝加两道紧箍,防止板端劈裂。

A. 10　　B. 50　　C. 80　　D. 100

10.《建筑施工扣件式钢管脚手架安全技术规范》(JGJ 130—2011)规定:脚手架作业层的脚手板铺设(　　)。

A. 应铺满、铺稳,离开墙面不超过 50mm

B. 应铺满、铺稳,离开墙面不超过 150mm

C. 应铺满、铺稳,离开墙面不超过 250mm

D. 应满铺、铺稳,离开墙面不超过 300mm

11.《建筑施工扣件式钢管脚手架安全技术规范》(JGJ 130—2011)规定:脚手架作业层端部脚手板探头长度应取(　　)mm。

A. 100　　B. 150　　C. 180　　D. 200

12.《建筑施工扣件式钢管脚手架安全技术规范》(JGJ 130—2011)规定:脚手架底座底面高程宜高于自然地坪(　　)mm。

A. 20　　B. 30　　C. 40　　D. 50

13. 脚手架的扫地杆距地面高度不得大于(　　)cm。

A. 10　　B. 20　　C. 30　　D. 40

14.《建筑施工扣件式钢管脚手架安全技术规范》(JGJ 130—2011)规定:高度大于 6m 的脚手架,宜采用(　　)斜道。

A. 人字形　　B. 之字形　　C. 一字形　　D. 大字形

15.《建筑施工扣件式钢管脚手架安全技术规范》(JGJ 130—2011)规定:当有(　　)强风时,应停止脚手架搭设与拆除作业。

A. 四级及以上　　B. 五级及以上

C. 六级及以上　　D. 七级及以上

16. 设置剪刀撑可增强脚手架的整体刚度和稳定性,提高脚手架的承载力。支架体系高度超过 4m 应按规定设置剪刀撑。每道剪刀撑宽度应大于(　　)跨。

A. 2　　B. 3　　C. 4　　D. 5

17. 悬挑脚手架的纵向水平杆至少搭设(　　)道,横向水平杆间距不得大于 1.0m。

A. 二　　B. 三　　C. 四　　D. 五

18. 扣件式钢管脚手架的立杆搭设时,应每隔(　　)跨设置一根抛撑,直至连墙件安装稳定后,方可根据情况拆除。

A. 3　　B. 6　　C. 9　　D. 12

19. 在砌筑工程施工中搭设的单排扣件式钢管脚手架,其操作层小横杆间距应≤(　　)mm。

A. 600　　B. 1 000　　C. 1 500　　D. 1 800

20.《建筑施工扣件式钢管脚手架安全技术规范》(JGJ 130—2011)规定:当脚手架搭设高度 H 大于(　　)m 时,不允许使用单排脚手架。

A. 20　　B. 24　　C. 25　　D. 30

21. 扣件式脚手架各类杆件端头伸出扣件盖板边缘的长度应为(　　)mm。

A. 100　　B. 200　　C. 300　　D. 400

22. 有一个钢管扣件式双排脚手架,搭设高度为48m,步距为1.5m,跨距为1.8m。此脚手架的连墙件的最大竖向间距和最大水平间距不应大于(　　)。

A. 竖向4.5m,水平方向3.6m　　B. 竖向4.5m,水平方向5.4m

C. 竖向4m,水平方向3m　　D. 竖向3m,水平方向5.4m

23. 扣件式钢管脚手架立杆上的对接扣件应交错布置,两根相邻立杆的接头不应设置在同步内,同步内隔一根立杆的两个相隔接头在高度方向错开的距离不宜小于(　　)mm。

A. 200　　B. 300　　C. 400　　D. 500

24.《建筑施工扣件式钢管脚手架安全技术规范》(JGJ 130—2011)规定:双排脚手架应设(　　)。

A. 横向剪刀撑与横向斜撑　　B. 纵向剪刀撑与横向斜撑

C. 剪刀撑与横向斜撑　　D. 横向剪刀撑与抛撑

25. 架子工使用的安全带绳长限定在(　　)m。

A. 1.5 ~ 2.0　　B. 2.0 ~ 2.5　　C. 2.5 ~ 3.0　　D. 3.0 ~ 3.5

26.《建筑施工附着升降脚手架管理暂行规定》(建设部〔2000〕230号)规定:防坠装置必须灵敏、可靠,其制动距离对于整体式附着升降脚手架不得大于(　　)mm,对于单片式附着升降脚手架不得大于150mm。

A. 60　　B. 80　　C. 120　　D. 150

27.《建筑施工附着升降脚手架管理暂行规定》(建设部〔2000〕230号)规定:附着升降脚手架在每一作业层架体外侧必须设置下杆高度0.6m、上杆高度(　　)m两道防护栏杆和高度为180mm的挡脚板。

A. 1.0　　B. 1.2　　C. 1.5　　D. 2.0

28. 桅杆组装时,如倾斜于地面时,其倾斜角一般不大于(　　)。

A. 10°　　B. 15°　　C. 20°　　D. 25°

29.《建筑施工扣件式钢管脚手架安全技术规范》(JGJ 130—2011)规定:工程上部结构脚手架的人行斜道和运料斜道应设防滑条,其距离为(　　)mm。

A. 200 ~ 250　　B. 250 ~ 300　　C. 300 ~ 350　　D. 350 ~ 400

30.《建筑施工扣件式钢管脚手架安全技术规范》(JGJ 130—2011)规定:扣件式钢管脚手架所常用的钢管的规格尺寸为(　　)。

A. $\phi30 \times 1.5$　　B. $\phi38 \times 2.5$　　C. $\phi48 \times 3.5$　　D. $\phi62 \times 4$

31. 在移动梯子上操作时,应离梯子顶端不小于(　　)m,禁止站在梯子最高层上作业,站立位置距离基准面应在(　　)m以下。

A. 1,2　　B. 2,3　　C. 1,4　　D. 2,5

32. 脚手架纵、横向水平杆(即大、小横杆)要按受弯杆件计算强度和连接扣件的抗滑能力,纵向水平杆按三跨连续梁计算,长度大于(　　)跨。

A. 1　　B. 2　　C. 3　　D. 4

33.《建筑施工扣件式钢管脚手架安全技术规范》(JGJ 130—2011)规定:计算承重支架的

纵向水平杆(大横杆)的内力和挠度时,应按(　　)。

A. 两端固接的单跨梁计算　　B. 两跨连续梁计算

C. 三跨连续梁计算　　D. 四跨连续梁计算

34.《建筑施工扣件式钢管脚手架安全技术规范》(JGJ 130—2011)规定:纵向水平杆应设置在立杆内侧,其长度不小于(　　)跨。

A. 1　　B. 2　　C. 3　　D. 4

35. 井架四周外侧均应搭设剪刀撑一直到顶,剪刀撑斜杆与地面夹角为(　　)。

A. 30°　　B. 45°　　C. 60°　　D. 90°

36.《建筑施工扣件式钢管脚手架安全技术规范》(JGJ 130—2011)规定:单、双排脚手架设置剪刀撑时,应注意每道剪刀撑宽度不应小于(　　)跨,且不应小于 6m。

A. 4　　B. 5　　C. 6　　D. 7

37.《建筑施工扣件式钢管脚手架安全技术规范》(JGJ 130—2011)规定:高度在(　　)m 以下的单、双排脚手架,均必须在外侧立面两端、转角及中间间隔不超过 15m 的立面上,各设置一道剪刀撑,并应由底至顶连续设置。

A. 12　　B. 24　　C. 36　　D. 48

38. 栏杆柱的固定及其与横杆的连接,其整体构造应使防护栏杆在上杆任何处,能经受任何方向的(　　)N 的外力。

A. 800　　B. 900　　C. 1 000　　D. 1 100

39. 临空的安全通道两端的搁置长度应不小于(　　)cm,并固定牢固。

A. 10　　B. 20　　C. 30　　D. 40

40.《建筑施工扣件式钢管脚手架安全技术规范》(JGJ 130—2011)规定:高度(　　)m 以上的双排脚手架,必须采用刚性连墙件与建筑物可靠连接。

A. 18　　B. 24　　C. 36　　D. 50

41. 门形钢管脚手架搭设高度一般限制在(　　)m 以内。

A. 45　　B. 50　　C. 60　　D. 80

42. 特殊脚手架和高度在(　　)m 以上的高大脚手架,必须有专项设计方案。

A. 5　　B. 10　　C. 15　　D. 20

43.《建筑施工门式钢管脚手架安全技术规范》(JGJ 128—2010)规定:门架立杆加强杆的长度不应小于门架高度的 70%;门架宽度(　　)。

A. 不得小于 600mm,且不宜大于 800mm

B. 不得小于 600mm,且不宜大于 1 000mm

C. 不得小于 800mm,且不宜大于 1 000mm

D. 不得小于 800mm,且不宜大于 1 200mm

44.《建筑施工门式钢管脚手架安全技术规范》(JGJ 128—2010)规定:门架应能配套使用,在不同组合情况下,均应保证连接方便、可靠,且具有良好的(　　)。

A. 拆装性　　B. 组合性

C. 适应性　　D. 互换性

45.《建筑施工门式钢管脚手架安全技术规范》(JGJ 128—2010)规定:当门式脚手架的内侧立杆离墙面净距大于(　　)mm 时,必须采取内设挑架板或其他隔离防护的安全措施。

A. 90　　B. 110　　C. 130　　D. 150

46.《建筑施工门式钢管脚手架安全技术规范》(JGJ 128—2010)规定:门式脚手架作业层应连续满铺与门架配套的挂扣式脚手板,并应有防止脚手板松动或脱落的措施。当脚手板上有孔洞时,孔洞的内切圆直径不应大于(　　)mm。

A. 20　　B. 25　　C. 30　　D. 40

47.《建筑施工门式钢管脚手架安全技术规范》(JGJ 128—2010)规定:可调底座和可调托座的调节螺杆直径不应小于(　　)mm。

A. 15　　B. 25　　C. 35　　D. 45

48.《建筑施工门式钢管脚手架安全技术规范》(JGJ 128—2010)规定:可调底座的调节螺杆伸出长度不应大于(　　)mm。

A. 100　　B. 150　　C. 200　　D. 250

49.《建筑施工门式钢管脚手架安全技术规范》(JGJ 128—2010)规定:连接杆、斜撑杆应采用(　　),其规格应与水平加固杆相同。

A. 塑料管　　B. 木棍　　C. 水泥柱　　D. 钢管

50.《建筑施工门式钢管脚手架安全技术规范》(JGJ 128—2010)规定:在门式脚手架的转角处或开口型脚手架端部,必须增设连墙件,连墙件的垂直间距不应大于建筑物的层高,且不应大于(　　)m。

A. 3.0　　B. 3.5　　C. 4.0　　D. 4.5

51.《建筑施工门式钢管脚手架安全技术规范》(JGJ 128—2010)规定:满堂脚手架的门架跨距和间距应根据实际荷载计算确定:门架净间距不宜超过(　　)m。

A. 1　　B. 1.2　　C. 1.5　　D. 1.8

52.《建筑施工门式钢管脚手架安全技术规范》(JGJ 128—2010)规定:连墙件、型钢悬挑梁、U 形钢筋拉环或锚固螺栓,应具有(　　),在使用前应进行外观质量检查。

A. 商品标签　　B. 产品质量合格证或质量检验报告

C. 厂家安全许可证　　D. 厂家营业执照

53.《建筑施工扣件式钢管脚手架安全技术规范》(JGJ 130—2011)规定:主节点处必须设置一根(　　),用直角扣件连接且严禁拆除。

A. 横向水平杆　　B. 纵向水平杆

C. 扫地杆　　D. 连墙件

54.《建筑施工扣件式钢管脚手架安全技术规范》(JGJ 130—2011)规定:作业层脚手板应(　　)、铺稳、铺实。

A. 铺满　　B. 半铺

C. 不铺　　D. 放置木板即可

55.《建筑施工扣件式钢管脚手架安全技术规范》(JGJ 130—2011)规定:单、双排脚手架底层步距均不应大于(　　)m。

A. 2　　B. 3　　C. 4　　D. 5

56.《建筑施工扣件式钢管脚手架安全技术规范》(JGJ 130—2011)规定:开口型脚手架的两端必须设置(　　),连墙件的垂直间距不应大于建筑物的层高,并且不应大于4m。

A. 横杆　　B. 立杆

C. 水平杆　　D. 连墙件

57.《建筑施工碗扣式钢管脚手架安全技术规范》(JGJ 166—2008)规定:下面关于碗扣式钢管脚手架搭设双排脚手架时,双排脚手架专用外斜杆设置表述正确的是(　　)。

A. 斜杆应设置在纵向横杆上

B. 当脚手架高度小于或等于24m时,每隔6跨应设置一组竖向通高斜杆

C. 当脚手架高度大于24m时,每隔4跨应设置一组竖向通高斜杆

D. 当斜杆临时拆除时,拆除前应在相邻立杆间设置相同数量的斜杆

58.《建筑施工碗扣式钢管脚手架安全技术规范》(JGJ 166—2008)规定:碗扣式钢管脚手架搭设模板支撑架时,当模板支撑架高度大于(　　)m时,顶端和底部必须设置水平剪刀撑。

A. 2　　B. 3.8　　C. 4　　D. 4.8

59.《建筑施工扣件式钢管脚手架安全技术规范》(JGJ 130—2011)规定:脚手板可采用钢、木、竹材料制作。单块脚手板的质量不宜大于(　　)kg。

A. 20　　B. 25　　C. 30　　D. 35

60.《建筑施工扣件式钢管脚手架安全技术规范》(JGJ 130—2011)规定:当在双排脚手架上同时有(　　)个及以上操作层作业时,在同一个跨距内,各操作层的施工均布荷载标准值总和不得超过$5.0kN/m^2$。

A. 1　　B. 2　　C. 3　　D. 4

61.《建筑施工扣件式钢管脚手架安全技术规范》(JGJ 130—2011)规定:脚手板应铺设牢靠、严实,并应用安全网双层兜底。施工层以下每隔(　　)m应用安全网封闭。

A. 1　　B. 5　　C. 10　　D. 15

62.《建筑施工扣件式钢管脚手架安全技术规范》(JGJ 130—2011)规定:主节点处必须设置一根(　　),用直角扣件扣接且严禁拆除。

A. 横向水平杆　　B. 纵向水平杆

C. 横向扫地杆　　D. 纵向扫地杆

63.《建筑施工扣件式钢管脚手架安全技术规范》(JGJ 130—2011)规定:门洞桁架中伸出上下弦杆的杆件端头,均应增设一个(　　),该扣件宜紧靠主节点处的扣件。

A. 扫地杆　　B. 水平杆

C. 连墙件　　D. 防滑扣件

64.《建筑施工扣件式钢管脚手架安全技术规范》(JGJ 130—2011)规定:脚手架及其地基基础应在遇有(　　)及以上风或大雨后,冻结地区解冻后进行检查与验收。

A. 五级　　B. 六级　　C. 七级　　D. 八级

65.《建筑施工门式钢管脚手架安全技术规范》(JGJ 128—2010)规定:门式脚手架的内侧立杆离墙面净距不宜大于150mm;当大于(　　)mm时,必须采取内设挑架板或其他隔离防护

的安全措施。

A. 170　　　　B. 180　　　　C. 150　　　　D. 160

二、多选题

1.《公路工程施工安全技术规范》(JTG F90—2015)规定:支架支撑体系应符合的下列规定有(　　)。

A. 支架基础应根据所受荷载、搭设高度、搭设场地地质等情况进行设计及验算

B. 支架基础的场地应设排水措施,遇洪水或大雨浸泡后,应重新检验支架基础、验算支架受力;冻胀土基础应有防冻胀措施

C. 支架基础施工后应检查验收

D. 支架在安装完成后应检查验收

E. 使用前应预压,预压荷载应为支架需承受全部荷载的 1.05 ~ 1.10 倍

2.《公路工程施工安全技术规范》(JTG F90—2015)规定:桩、柱梁式支架应符合的规定有(　　)。

A. 钢管桩的承载力应满足要求

B. 纵梁之间应设置安全可靠的横向连接

C. 搭设完成后应检查验收

D. 跨通行道路时,应按照要求设置交通标志

E. 跨通航水域时,应设置号灯、号型

3.《公路工程施工安全技术规范》(JTG F90—2015)规定:下列关于模板、支架拆除的说法错误的是(　　)。

A. 模板、支架的拆除期限和拆除程序等应按施工组织设计和施工方案要求进行,危险性较大模板、支架的拆除尚应遵守专项施工方案的要求

B. 模板、支架的拆除应遵循先拆非承重模板、后拆承重模板、自上而下、多层多段同时拆除的顺序和原则

C. 承重模板应横向同时、纵向对称均衡卸落

D. 简支梁、连续梁结构模板宜从支座向跨中方向依次循环卸落;悬臂梁结构模板宜从悬臂端开始顺序卸落

E. 承重模板、支架,应在混凝土强度达到设计要求后拆除

4.《建筑施工扣件式钢管脚手架安全技术规范》(JGJ 130—2011)规定:搭设脚手架的人员必须(　　)。

A. 戴安全帽　　　　B. 系安全带

C. 穿防滑鞋　　　　D. 持证上岗

E. 身体健康

5.《建筑施工扣件式钢管脚手架安全技术规范》(JGJ 130—2011)规定:脚手架及其地基基础应在以下(　　)阶段进行检查与验收。

A. 基础完工后及脚手架搭设前

B. 作业层上施加荷载前

C. 每搭设完 4 ~ 6m 高度后或达到设计高度后

D. 遇有四级大风或大雨后

E. 停用超过一个月

6. 脚手架地基的一般要求有(　　)。

A. 具有足够的承载力

B. 平整夯实

C. 可靠的排水措施,防止积水浸泡地基

D. 脚手架的钢立柱直接立于地面上

E. 必须浇筑混凝土硬化

7.《建筑施工扣件式钢管脚手架安全技术规范》(JGJ 130—2011)规定:在脚手架使用期间,严禁拆除(　　)。

A. 纵向扫地杆

B. 连墙件

C. 横向扫地杆

D. 主节点处的纵、横向水平杆

E. 非施工层上、非主节点处的横向水平杆

8. 安装、拆卸施工起重机械和整体提升脚手架、模板等设施时(　　)。

A. 应当编制拆装方案

B. 制订安全施工措施

C. 由管理人员现场监督

D. 必须由具有相应资质的单位承担

E. 可以由非专业人员进行

9. 大模板、脚手架拆除时应注意(　　)。

A. 派专人旁站

B. 设警戒区

C. 自上而下拆除

D. 及时码放整齐

E. 工作气温应低于 30°

10. 对建筑工程施工脚手架的主要要求是(　　)。

A. 要有足够的牢固性和稳定性

B. 保证施工期间在规定的荷载作用下或在气候条件的影响下不变形、不摇晃、不倾斜,能保证安全使用

C. 要按脚手架安全技术规范及施工组织设计搭设

D. 满足堆料、运输、操作和行走的要求

E. 满足起吊重物的要求

11.《建筑施工扣件式钢管脚手架安全技术规范》(JGJ 130—2011)规定,多立杆式承重的满堂脚手架,要求(　　)。

A. 立杆纵向间距不得大于 1.5m

B. 立杆纵向间距不得大于 1.8m

C. 立杆横向间距不得大于 1.5m

D. 立杆横向间距不得大于 1.8m

E. 立杆纵向间距不大于 1.2m 时,横向间距最大不超过 1.8m

12. 门式钢管脚手架用作模板支撑和满堂脚手架时,在组装完毕后应检查的项目是(　　)。

A. 垫木情况

B. 交叉支撑、水平架及水平加固杆、剪刀撑及脚手板配置情况

C. 门架横杆荷载状况、扣件紧固扭力矩

D. 底座、顶托螺旋杆伸出长度

E. 安全网设置情况

13. 扣件式钢管脚手架在使用中,应定期检查(　　)。

A. 杆件的设置和连接,连墙件、支撑、门洞桁架等的构造是否符合要求

B. 地基是否积水,底座是否松动,立杆是否悬空

C. 扣件螺栓是否松动

D. 高度在 24m 以上的脚手架,其立杆的沉降与垂直度的偏差是否符合有关规范的规定

E. 安全防护措施是否符合要求

14.《建筑施工扣件式钢管脚手架安全技术规范》(JGJ 130—2011)规定:使用扣件时,应遵守下列有关规定(　　)。

A. 有裂缝、变形的严禁使用　　　　B. 有裂缝但不变形的可以使用

C. 有变形但无裂缝的可以使用　　　D. 出现滑丝的螺栓必须更换

E. 部分弯曲变形的可以使用

15. 在搭建作业平台时,对铺设脚手板的要求有(　　)。

A. 满铺脚手板　　　　B. 固定牢固

C. 不得有单跳板　　　D. 材料可以拼装

E. 不得有探头板

16. 桅杆滑移法吊装过程中,为了确保安全,应监测(　　)变化。

A. 桅杆垂直度　　　　B. 缆风绳和地锚

C. 构件本体及吊点处　　D. 吊索吊具

E. 主卷扬

17.《建筑施工扣件式钢管脚手架安全技术规范》(JGJ 130—2011)规定:脚手架立杆的对接、搭接应符合下列要求(　　)。

A. 两个相邻立杆的接头不应设在同步内

B. 各接头中心至主节点的距离不宜大于步距的 1/3

C. 各接头中心至主节点的距离不宜大于步距的 1/2

D. 同步内两相邻接头高度方向错开的距离不宜小于 500mm

E. 同步内两相邻接头高度方向错开的距离不宜小于 100mm

18.《建筑施工门式钢管脚手架安全技术规范》(JGJ 128—2010)规定:门式脚手架与模板

支架的设计应根据(　　)施工操作要求等条件进行。

A. 工程结构形式　　B. 荷载

C. 地基土类别　　D. 施工设备

E. 门架构配件尺寸

19.《建筑施工门式钢管脚手架安全技术规范》(JGJ 128—2010)规定:门式脚手架与模板支架的设计应符合下列要求(　　)。

A. 应具有足够的承载能力、刚度、稳定性

B. 应能可靠地承受施工过程中的各类荷载

C. 架体应简单、拆装方便

D. 架体应便于使用和维护

E. 架体应尽量使用复杂拆装困难的大型护件

20.《建筑施工门式钢管脚手架安全技术规范》(JGJ 128—2010)规定:拆除作业必须符合下列规定(　　)。

A. 架体的拆除应从上而下逐层进行,严禁上下同时作业

B. 同一层的构配件和加固杆件必须按先上后下、先外后内的顺序进行拆除

C. 连墙件必须随脚手架逐层拆除,严禁先将连墙件整层或数层拆除后再拆架体,拆除作业过程中,当架体的自由高度大于两步时,必须加设临时拉结

D. 连接门架的剪刀撑等加固杆件必须在拆卸该门架时拆除

E. 架体的拆除应从下而上逐层进行,严禁上下同时作业

21.《建筑施工门式钢管脚手架安全技术规范》(JGJ 128—2010)规定:在门式脚手架或模板支架搭设质量验收时,应具备下列文件(　　)。

A. 按规范要求编制的专项施工方案

B. 构配件与材料质量的检验记录

C. 安全技术交底及搭设质量检验记录

D. 厂家安全生产许可证

E. 门式脚手架或模板支架分项工程的施工验收报告

22.《建筑施工门式钢管脚手架安全技术规范》(JGJ 128—2010)规定:门式脚手架在拆除前,应检查(　　)。

A. 架体构造　　B. 连墙件设置

C. 基础强度　　D. 钢管使用年限

E. 节点连接

23.《建筑施工门式钢管脚手架安全技术规范》(JGJ 128—2010)规定:严禁将(　　)等固定在门式脚手架上。

A. 模板支架　　B. 缆风绳

C. 混凝土泵管　　D. 卸料平台

E. 安全文化宣传牌

24.《建筑施工门式钢管脚手架安全技术规范》(JGJ 128—2010)规定:搭拆门式脚手架或

模板支架作业时,必须设置(　　),并应派专人看守,严禁非作业人员入内。

A. 警戒线　　B. 警戒标志

C. 茶水休息区　　D. 扩音喇叭

E. 值班岗亭

25.《建筑施工扣件式钢管脚手架安全技术规范》(JGJ 130—2011)规定:每根立杆底部宜设置(　　)。

A. 底座　　B. 垫板

C. 不设置　　D. 扫地杆

E. 水平杆

26.《建筑施工扣件式钢管脚手架安全技术规范》(JGJ 130—2011)规定:脚手架及其地基基础应在(　　)进行检查与验收。

A. 基础完工后及脚手架搭设前　　B. 作业层上施加荷载前

C. 每搭设完 6 ~ 8m 高度后　　D. 达到设计高度后

E. 停用超过一个月

27.《建筑施工扣件式钢管脚手架安全技术规范》(JGJ 130—2011)规定:作业层上的施工荷载应符合设计要求,不得超载,不得将(　　)等固定在架体上。

A. 模版支架　　B. 缆风绳

C. 泵送混凝土　　D. 砂浆输送管

E. 卸料平台

28.《建筑施工扣件式钢管脚手架安全技术规范》(JGJ 130—2011)规定:当有(　　)时应停止脚手架搭设与拆除作业。

A. 六级强风及六级以上风　　B. 浓雾

C. 雨　　D. 雪

E. 霜

29.《建筑施工扣件式钢管脚手架安全技术规范》(JGJ 130—2011)规定:扣件进入施工现场应检查产品合格证,并应进行抽样复试,扣件在使用前应逐个挑选,有(　　)的严禁使用。

A. 裂缝　　B. 变形

C. 螺栓滑丝　　D. 生锈

E. 表面刮痕

30.《建筑施工扣件式钢管脚手架安全技术规范》(JGJ 130—2011)规定:在脚手架使用期间,严禁拆除(　　)。

A. 纵向水平杆　　B. 横向水平杆

C. 纵向扫地杆　　D. 横向扫地杆

E. 连墙件

31.《建筑施工门式钢管脚手架安全技术规范》(JGJ 128—2010)规定:在门式脚手架或模板支架搭设质量验收时,应具备下列文件(　　)。

A. 按规范要求编制的专项施工方案

B. 构配件与材料质量的检验记录

C. 安全技术交底及搭设质量检验记录

D. 门式脚手架或模板支架分项工程的施工验收报告

E. 构配件与材料价格的检验记录

32.《建筑施工门式钢管脚手架安全技术规范》(JGJ 128—2010)规定:门式脚手架在拆除前,应检查(　　),当发现有连墙件、剪刀撑等加固杆件缺少、架体倾斜失稳或门架立杆悬空情况时,对架体应先行加固后再拆除。

A. 架体构造　　B. 连墙件设置

C. 节点连接　　D. 采用的材料

E. 脚手架高度

33.《建筑施工门式钢管脚手架安全技术规范》(JGJ 128—2010)规定:严禁将(　　)等固定在门式脚手架上。

A. 模板支架　　B. 缆风绳

C. 混凝土泵管　　D. 卸料平台

E. 安全告示牌

34.《建筑施工门式钢管脚手架安全技术规范》(JGJ 128—2010)规定:搭拆门式脚手架或模板支架作业时,必须(　　)。

A. 设置警戒线　　B. 设置警戒标志

C. 派专人看守　　D. 严禁非作业人员入内

E. 减少噪声

35.《建筑施工门式钢管脚手架安全技术规范》(JGJ 128—2010)规定:满堂脚手架高度较大时,设置(　　)是为防止倾覆、倒塌。

A. 锁臂　　B. 抛撑

C. 缆风绳　　D. 安全帽

E. 防滑条

三、判断题

1. 架子工要定期检查身体并持证上岗,禁止有高血压、心脏病、癫痫病的人员从事架子搭设作业。(　　)

2.《公路工程施工安全技术规范》(JTG F90—2015)规定:脚手架的脚手板应满铺、固定,离结构物立面的距离不得大于0.15m。(　　)

3. 施工人员在施工现场应注意进出施工区域必须从安全通道进出,严禁翻墙、跨越护身栏和攀爬脚手架。(　　)

4. 用手推车在脚手架上推石料时,可以部分倾倒。(　　)

5. 附着式升降脚手架组装完毕后,必须经班组长检查验收,合格后签字,方可投入使用。(　　)

6. 脚手架必须按编制的施工方案搭设,且符合规范要求,脚手架必须经过双方验收合格签

字后方可使用。（　）

7. 门式脚手架搭设前必须对门架、配件、加固件按规范进行检查验收，不合格的严禁使用。（　）

8. 使用人字梯的安全注意事项为四脚落地，摆放平稳，梯脚应有防滑橡皮垫，应有保险拉链。（　）

9. 在脚手架上不宜堆放钢筋，要用的钢筋应随使用随运送，当临时堆放钢筋时，应注意不得集中码放。（　）

10. 脚手架立杆无须用连墙件与建筑物可靠连接。（　）

11. 在脚手架的基础及其临近处不得进行挖掘作业。（　）

12. 钢管脚手架的连接接头应错开，螺栓要紧固。（　）

13. 夏季施工，为防雷电，施工中必须在钢管脚手架上安装有效的避雷装置。（　）

14.《建筑施工扣件式钢管脚手架安全技术规范》(JGJ 130—2011)规定：冲压钢脚手板应设置在 3 根横向水平杆上。（　）

15. 脚手架的脚手板下不得少于 3 根小横杆。（　）

16. 人字梯中间搭铺的脚手板上只能 1 人操作。（　）

17. 脚手板端头超出小横杆 15cm 是探头板。（　）

18. 高处作业时，脚手板的宽度不得小于 40cm。（　）

19. 脚手架分段拆除高差不应大于 2 步，如高差大于 2 步，应增设连墙件加固。（　）

20. 浇灌混凝土脚手架的架子高度超过 2m 时，临边必须搭设两道护身栏杆。（　）

21. 搭设脚手架时应使用统一规格管件，钢、木材质不得混用。（　）

22. 搭设脚手架时，对接扣件（一字扣件）开口方向：立杆朝外，横杆朝上。（　）

23. 扣件式钢管脚手架，必须挂密目安全网沿外架子内侧进行封闭，安全网之间必须连接牢靠，并与架子固定。（　）

24. 附着升降脚手架升降过程中，应设置安全警戒区，并派专人负责监护，架体下方严禁有人进入。（　）

25. 六级大风时应停止脚手架作业。（　）

26. 脚手架 2 根排木之间不得放 2 个灰槽。（　）

27. 向脚手架上运块石时，严禁投抛，脚手架上只能放一层石料，且不得集中堆放。（　）

28. 外径不同的脚手架钢管是不可以混用的。（　）

29. 脚手架基础垫板的边长应不小于 20cm。（　）

30. 脚手架基础垫板的厚度应不小于 5cm（不同材料应有不同要求）。（　）

31. 脚手架扫地杆距地面的距离不得大于 20cm。（　）

32. 脚手架扣件螺栓拧紧力矩应控制在大于或等于 40N · m，小于或等于 65N · m 范围内。（　）

33. 脚手架各杆件端头伸出扣件盖板边缘的长度不应小于 100mm。（　）

34. 脚手架各拉结点间水平距离不应大于 4m。（　）

35. 脚手架各拉结点间垂直距离不应大于 6m。（　）

36. 用于砌筑工程施工的脚手架,其承担的均布荷载每平方米不得超过 2 700kg。（ ）

37. 附着式升降脚手架在升、降作业时,其相邻提升点间的高差不得大于 30mm。（ ）

38. 遇有脚手架拉结点妨碍作业时,应严禁拆除拉结点;必要时,由架子工采取加固措施后方可拆除。（ ）

39. 施工季节,支架工程应采取防冲刷或防冻胀等安全措施。（ ）

40.《建筑施工扣件式钢管脚手架安全技术规范》(JGJ 130—2011)规定:纵向扫地杆应采用直角扣件固定在距底座上方不大于 200mm 处的立杆上,横向扫地杆也应采用直角扣件固定在紧靠纵向扫地杆上方的立杆上。（ ）

41. 架子工在高处递送脚手架材料时,应该站在楼层上递送。（ ）

42. 根据《建筑工程预防高处坠落事故若干规定》和《建筑工程预防坍塌事故若干规定》(建质〔2003〕82 号)的要求,脚手架应按相关规定编制施工方案,项目管理负责人审批签字并组织有关部门验收,方可作业。（ ）

43. 纵向水平杆应采用直角扣件连接,但也可采用搭接。（ ）

44. 扫地杆是连接底部门架立杆下端的纵向水平杆件,扫地杆应安装在封口杆的上方。（ ）

45.《建筑施工扣件式钢管脚手架安全技术规范》(JGJ 130—2011)规定:高度在 24m 以下的单、双排脚手架,必须在外侧两端、转角及中间间隔不超过 15m 的立面上各设置一道剪刀撑。（ ）

46. 对架子的基础必须进行平整、夯实,有排水措施,遇有不能夯实的部位必须采取技术措施,保证架子基础坚实可靠。（ ）

47. 连墙件在脚手架中的作用是无论是否有风均受力,既传承水平风荷载,又传承因约束脚手架平面向外变形所产生的水平力。（ ）

48.《建筑施工扣件式钢管脚手架安全技术规范》(JGJ 130—2011)规定:脚手架剪刀撑采用搭接,长度应不小于 1m,用两个扣件固定。（ ）

49. 门式钢管脚手架的主要加固件有剪刀撑、水平加固杆件、扫地杆、封口杆、连墙件。（ ）

50. 对高度在 24m 以上的双排脚手架,不仅可采用刚性连墙件,也可以采用柔性连墙件。（ ）

51.《建筑施工门式钢管脚手架安全技术规范》(JGJ 128—2010)规定:门架钢管平直度允许偏差不应大于管长的 1/500,钢管不得接长使用,不应使用带有硬伤或严重锈蚀的钢管。（ ）

52.《建筑施工门式钢管脚手架安全技术规范》(JGJ 128—2010)规定:门式脚手架宜采用定型挂扣式脚手板。（ ）

53.《建筑施工门式钢管脚手架安全技术规范》(JGJ 128—2010)规定:满堂脚手架在每步门架两侧立杆上应设置纵向、横向水平加固杆,不应采用扣件与门架立杆扣紧。（ ）

54.《建筑施工门式钢管脚手架安全技术规范》(JGJ 128—2010)规定:模板支架的高宽比不应小于 4,搭设高度不宜超过 24m。（ ）

55.《建筑施工门式钢管脚手架安全技术规范》(JGJ 128—2010)规定:模板支架在每步门架两侧立杆上应设置纵向、横向水平加固杆,并应采用扣件与门架立杆扣紧。　(　)

56.《建筑施工门式钢管脚手架安全技术规范》(JGJ 128—2010)规定:门架与配件、加固杆等在使用前应进行检查和验收。　(　)

57.《建筑施工扣件式钢管脚手架安全技术规范》(JGJ 130—2011)规定:单排、双排与满堂脚手架立杆接长除顶层顶步外,其余各层各步接头均不能采用对接扣件连接。　(　)

58.《建筑施工扣件式钢管脚手架安全技术规范》(JGJ 130—2011)规定:一次悬挑脚手架高度不宜超过30m。　(　)

59.《建筑施工扣件式钢管脚手架安全技术规范》(JGJ 130—2011)规定:卸料时各构配件严禁抛掷至地面。　(　)

60.《建筑施工碗扣式钢管脚手架安全技术规范》(JGJ 166—2008)规定:碗扣式钢管脚手架搭设双排脚手架时,其首层立杆应采用不同的长度交错布置,底层纵、横向横杆作为扫地杆距地面高度应等于350mm。　(　)

61.《建筑施工碗扣式钢管脚手架安全技术规范》(JGJ 166—2008)规定:碗扣式钢管脚手架搭设双排脚手架时,脚手架基础可不按专项施工方案进行施工,按基础承载力要求进行验收。　(　)

62.《建筑施工扣件式钢管脚手架安全技术规范》(JGJ 130—2011)规定:一次悬挑脚手架高度不宜超过25m。　(　)

63.《建筑施工扣件式钢管脚手架安全技术规范》(JGJ 130—2011)规定:搭拆脚手架人员必须戴安全帽、系安全带、穿防滑鞋。　(　)

64.《建筑施工扣件式钢管脚手架安全技术规范》(JGJ 130—2011)规定:夜间宜进行脚手架的搭设与拆除作业。　(　)

65.《建筑施工扣件式钢管脚手架安全技术规范》(JGJ 130—2011)规定:在脚手架上进行电、气焊作业时,应有防火措施和专人看守。　(　)

66.《建筑施工扣件式钢管脚手架安全技术规范》(JGJ 130—2011)规定:搭设脚手架时,地面应设围栏和警戒标志,并应派专人看守,严禁非操作人员入内。　(　)

67.《建筑施工扣件式钢管脚手架安全技术规范》(JGJ 130—2011)规定:当脚手板长度小于2m时,可采用一根横向水平杆支撑,但应将脚手板两端与横向水平杆可靠固定,严防倾斜。　(　)

68.《建筑施工扣件式钢管脚手架安全技术规范》(JGJ 130—2011)规定:脚手架开始搭设立杆时,应每隔4跨设置一根抛撑,直至连墙件安装稳定后,方可拆除。　(　)

69.《建筑施工扣件式钢管脚手架安全技术规范》(JGJ 130—2011)规定:作业层上的施工荷载应符合设计要求,不得超载。　(　)

70.《建筑施工门式钢管脚手架安全技术规范》(JGJ 128—2010)规定:搭拆架体时,施工作业层应铺设脚手板,操作人员应站在临时设置的脚手板上进行作业,并应按规定使用安全防护用品,穿防滑鞋。　(　)

71.《建筑施工门式钢管脚手架安全技术规范》(JGJ 128—2010)规定:门架与配件、加固

杆等在使用前应进行检查和验收。 ( )

72.《建筑施工门式钢管脚手架安全技术规范》(JGJ 128—2010)规定:门架与配件应采用机械或人工运至地面,严禁抛投。 ( )

73.《建筑施工扣件式钢管脚手架安全技术规范》(JGJ 130—2011)规定:扣件在螺栓拧紧扭力矩达到65N · m时,不得发生破坏。 ( )

第四章　模　　板

一、单选题

1.《建筑施工模板安全技术规范》(JGJ 162—2008)规定:当露天支柱架为群柱架时,高宽比不应大于(　　)。

A.5　　B.6　　C.4　　D.3

2.《建筑施工模板安全技术规范》(JGJ 162—2008)规定:吊运大块或整体模板时,竖向吊运应不少于(　　)点。

A.1　　B.2　　C.4　　D.6

3.《建筑施工模板安全技术规范》(JGJ 162—2008)规定:在进行基础及地下工程模板安装时,必须检查基坑土壁边坡的稳定状况,基坑上口边缘(　　)m以内不得堆放模板及材料。

A.0.5　　B.1　　C.2　　D.3

4.《建筑施工模板安全技术规范》(JGJ 162—2008)规定:吊装大模板必须采用带卡环吊钩,当风力超过(　　)级时应停止吊装作业。

A.4　　B.5　　C.7　　D.8

5.《建筑施工模板安全技术规范》(JGJ 162—2008)规定:模板安装作业高度超过(　　)m时,必须搭设脚手架。

A.1.5　　B.2.0　　C.2.5　　D.3.0

6.从安全的角度考虑,模板及其支架在安装过程中,必须有(　　)。

A.保证工程质量的措施　　B.提高施工速度的措施

C.保证节约材料的计划　　D.有效防倾覆的临时固定设施

7.在模板安装就位后,采取的防雷击安全保护措施是将大模板串联起来并同(　　)连接。

A.避雷网　　B.支撑　　C.地线　　D.避雷针

8.《建筑施工模板安全技术规范》(JGJ 162—2008)规定:关于模板的拆除顺序,下列各项中错误的是(　　)。

A.先拆非承重部分,后拆承重部分　　B.先拆承重部分,后拆非承重部分

C.应从上而下进行拆除　　D.先支的后拆,后支的先拆

9.承重结构应按照不同的(　　)确定其混凝土拆模强度。

A.承载力　　B.跨度　　C.变形　　D.荷载

10.《建设工程高大模板支撑系统施工安全监督管理导则》(建质〔2009〕254号)规定:高大模板支撑系统专项施工方案,应先由(　　)技术部门组织本单位施工技术、安全、质量等部门的专业技术人员进行审核。

A.施工单位　　B.设计单位　　C.监理单位　　D.建设单位

11.《建筑施工模板安全技术规范》(JGJ 162—2008)规定:现场拼装柱模时,应设临时支撑固定,斜撑与地面倾角宜为(　　)。

A. 50°　　B. 60°　　C. 70°　　D. 90°

12. 拆除模板不得双层作业,当在(　　)m以上高度拆除模板时,应用绳索拉住或用起重设备拉紧,缓缓送下。

A. 1.5　　B. 2　　C. 2.5　　D. 3

二、多选题

1. 在模板工程中,设计模板及其支架时应根据(　　)。

A. 工程结构形式
B. 荷载大小
C. 地基承载力
D. 施工设备
E. 材料供应

2. 安装独立梁模板时应设安全操作平台,严禁操作人员(　　)。

A. 站在独立梁底模操作
B. 站在支柱架上操作
C. 站在柱模支架上操作
D. 在底模、柱模支架上通行
E. 在支模架上攀爬上下

3. 模板支撑应做好(　　)等方面工作。

A. 模板支撑按专项施工方案搭设
B. 不得使用腐朽、锈蚀、扭裂、劈裂、弯曲变形的材料,禁止使用毛竹
C. 顶撑要垂直,底端要平整、坚实,并加垫木
D. 支撑杆件应用横顺拉杆和剪刀撑拉牢
E. 横拉杆和竖直拉杆互成90°

4. 进行模板支撑和拆卸的悬空作业,下列规定正确的是(　　)。

A. 严禁在连接件和支撑上攀登上下
B. 严禁在上下同一垂直面上装拆模板
C. 支设临空构筑物模板时,应搭设支架或脚手架
D. 模板上留有预留洞时,应在安装后将洞口覆盖
E. 拆模的高处作业,应配置登高用具或搭设支架

5.《建筑施工模板安全技术规范》(JGJ 162—2008)规定:关于模板拆除工作,下列说法正确的是(　　)。

A. 严禁使用大锤或撬棍,操作层上临时拆下的模板堆放不能超过4层
B. 已拆除的模板、拉杆、支撑等应及时运走或妥善堆放
C. 拆除时应成片松动、成片拉倒
D. 拆除高度在1m以上的模板时,应搭设脚手架或操作平台,并设防护栏杆
E. 模板的拆除工作应设专人指挥

6.《建筑施工模板安全技术规范》(JGJ 162—2008)规定:拆模作业应注意的主要安全事项有(　　)。

A. 严禁无关人员进入警戒区

B. 作业人员必须站在平稳、牢固、可靠的地方,保持自身平衡

C. 拆模作业时不得猛撬模板

D. 在楼层高处拆模时,拆下的材料严禁向下抛掷

E. 严禁多人交叉作业

7.《建筑施工高处作业安全技术规范》(JGJ 80—1991)规定:钢模板部件拆除后,严禁堆放在(　　)。

A. 场地口　　B. 通道口

C. 脚手架边缘　　D. 楼层边口

E. 电梯出入口

8.《建筑工程大模板技术规程》(JGJ 74—2003)规定:大模板的堆放应符合下列要求(　　)。

A. 现场堆放区应在起重机的有效工作范围内,堆放场地必须坚实平整

B. 有支撑架的大模板堆放时,必须满足自稳角要求,如不能满足要求时,应采取措施确保模板放置的稳定

C. 没有支撑架的大模板堆放时,可倚靠在其他物体上放置

D. 大模板在地面堆放时,应采取两块大模板板面对板面相对放置的方法,模板中间留置不小于600mm 的间距

E. 当长时间堆放时,应将模板连接成整体

9. 木工作业场所必须做到的"三清"是指(　　)。

A. 自产自清　　B. 日产日清

C. 活完场清　　D. 账目清

E. 材料清

10. 近年来,模板工程坍塌事故在建筑施工事故中所占比例增大,其主要原因是(　　)。

A. 拆模板时,混凝土未达到设计强度

B. 在楼板上堆放物过多,使楼板超过允许的荷载

C. 现浇混凝土模板,没有经过计算,支撑系统强度不足

D. 在浇注混凝土过程中,局部荷载过大,造成整体失稳坍塌

E. 模板越来越高大

11. 在进行模板及支架计算时,应考虑的施工荷载包括(　　)。

A. 模板及支架自重

B. 施工人员及设备自重

C. 新浇混凝土自重

D. 混凝土倾倒时的冲击荷载和振捣混凝土的振动荷载

E. 混凝土硬化时的收缩力

12. 建筑工程模板承受可变荷载的种类有(　　)。

A. 施工人员及设备荷载

B. 振捣混凝土时产生的荷载

C. 新浇混凝土自重

D. 倾倒混凝土时对模板产生的冲击力

E. 模板上堆放材料的荷载

13. 建筑工程模板承受不变荷载的种类有(　　)。

A. 模板及其支架自重　　B. 新浇混凝土自重

C. 钢筋自重　　D. 模板立杆自重

E. 新浇混凝土作用于模板的侧压力

14.《建筑施工模板安全技术规范》(JGJ 162—2008)规定:吊运模板时,必须符合下列规定(　　)。

A. 作业前检查吊装用绳索、卡具及每块模板上的吊环是否牢固可靠

B. 吊运大块或整体模板时,竖向吊运不应少于 2 个吊点

C. 上升要快,下放要准

D. 吊运必须使用卡环连接

E. 吊运散装模板时,必须码放整齐,待捆绑牢固后方可起吊

15.《建筑施工模板安全技术规范》(JGJ 162—2008)规定:模板工程及混凝土浇筑施工中,操作人员上下通行时,一般应采用(　　)的方式。

A. 乘施工电梯　　B. 随起吊模板上下

C. 攀登斜撑杆　　D. 上下人扶梯

E. 攀登拉条或绳索

16. 下列(　　)情况是模板工程施工的安全隐患。

A. 先试吊,再起吊

B. 立柱长度不一致,或采用接短柱加长

C. 未按规范要求设置纵横向支撑

D. 混凝土浇灌运输道不平稳、不牢固

E. 金属材料的模板与避雷网连接

17. 有(　　)的钢材不得用作模板使用。

A. 弯曲　　B. 压扁

C. 焊缝　　D. 裂纹

E. 严重锈蚀

三、判断题

1. 模板工程的施工方案内容,应包括模板及支撑的设计、制作、安装和拆除的施工工序、作业条件以及运输和堆放要求等。　　(　　)

2.《建筑施工高处作业安全技术规范》(JGJ 80—1991)规定:浇筑离地 1.2m 以上框架、过梁、雨篷和小平台混凝土时,应设操作平台,不得直接站在模板或支撑上操作。　　(　　)

3.《建筑施工模板安全技术规范》(JGJ 162—2008)规定:吊装大模板必须采用带卡环吊

钩,当风力大于5级时应停止吊装作业。（　　）

4.《建筑工程大模板技术规程》(JGJ 74—2003)规定:吊运大模板时应用吊钩挂住大模板。（　　）

5.《建筑工程大模板技术规程》(JGJ 74—2003)规定:风力达到5级时,吊运大模板不可以继续进行作业。（　　）

6.吊装中的大模板和预制构件上严禁站人。（　　）

7.支设4m以上的立柱模板,四周必须顶牢,操作时要搭设工作台。（　　）

8.《建筑施工高处作业安全技术规范》(JGJ 80—1991)规定:浇灌高度在2m以上的壁、柱、梁、板混凝土应设操作平台,不得站在模板或支撑上操作。（　　）

9.向模内灌注混凝土时,作业人员应协调配合,灌注人应听从振捣人员指挥。（　　）

10.《建筑施工模板安全技术规范》(JGJ 162—2008)规定:模板安装处距地面或水面的高度超过3.0m时,必须搭设脚手架和工作平台,其上应设置护栏和限载标志。（　　）

11.《建筑施工模板安全技术规范》(JGJ 162—2008)规定:安装圈梁、阳台、雨篷及挑檐等模板时,模板的支撑应自成系统,不得交搭在施工脚手架上。（　　）

12.《建筑施工模板安全技术规范》(JGJ 162—2008)规定:模板及其支架在安装过程中,必须设置有效防倾覆的临时固定设施。（　　）

13.模板拆除作业之前,应确认混凝土强度已达到拆模强度要求,应对作业区进行围圈、设置明显标志或安排监护人员。（　　）

14.《建筑施工模板安全技术规范》(JGJ 162—2008)规定:模板的拆除顺序和安装顺序相同,即先安装的模板先拆除,后安装的后拆除。（　　）

15.《建筑施工高处作业安全技术规范》(JGJ 80—1991)规定:模板上有预留洞时,应在安装后将洞盖没,对混凝土板上拆模后形成的临边或洞口,应进行防护。（　　）

16.模板拆除应均衡对称,拆除的部件及操作平台上的一切物品,均不得从高处抛下。（　　）

17.对于现浇混凝土结构跨度大于8m的梁,其拆模时所需混凝土强度应达到设计强度的100%。（　　）

18.拆模作业时,必须设警戒区,在拆模作业区的下方严禁人员出入。（　　）

19.拆模作业人员必须站在平稳、牢固、可靠的地方,保持自身平衡,不得猛撬,以防失稳坠落。（　　）

20.模板拆除应按照施工设计规定的方法和程序进行作业,可使用机械牵引、推倒的方法拆除。（　　）

21.拆除作业应自上而下进行,不得上下多层交叉作业。（　　）

22.拆除的模板、支撑等材料,必须边拆、边清、边运、边码垛。（　　）

23.拆除无固定支撑架的大模板时,可采取将模板直接倚靠在墙体结构上作为临时固定措施。（　　）

24.支拆2m以上高度的模板时,应搭设脚手架工作台;高度不足2m的,可使用移动式高凳或站在拉杆、支撑杆上操作。（　　）

25. 拆除大跨度梁支撑柱时,一般先从两端开始向跨中对称进行。 ( )

26. 预应力混凝土结构的侧模应在预应力张拉前拆除,底模应在结构建立预应力后拆除。 ( )

27. 支模应按规定的作业程序进行,模板固定前不得进行下一道工序。 ( )

28. 大模板施工中操作平台、上下梯道、防护栏杆、支撑等作业系统必须齐全有效。 ( )

29.《建筑工程大模板技术规程》(JGJ 74—2003)规定:大模板的重量不得超过现场起重设备最大允许起重能力的要求。 ( )

30. 模板上的物料和施工设备应合理分散堆放,不应造成荷载的过多集中。 ( )

31. 模板的立柱材料可用钢管、门形架、木杆等,其材质和规格应符合设计要求。 ( )

32.《建筑施工模板安全技术规范》(JGJ 162—2008)规定:在拆除用小钢模板支撑的顶板模板时,根据工程进度的要求,可将支柱全部拆除后,一次性拉拽拆除。 ( )

33.《建筑施工模板安全技术规范》(JGJ 162—2008)规定:安装模板时,安装所需各种配件或工具应放在工具箱、工具袋、模板或脚手板上,防止掉落。 ( )

34. 运送混凝土的小车不得直接压在模板上运行,其目的是为了避免对模板产生重压。 ( )

35. 模板的支撑下面应当采用木板或木楔垫牢,不准用砖垫。 ( )

36. 砌块、小钢模码放高度不得超过1.5m。 ( )

37.《建筑施工模板安全技术规范》(JGJ 162—2008)规定:支模应按工序进行作业,模板没有固定前,不得进行下道工序;禁止利用拉杆、支撑攀登上下。 ( )

38. 对拆除的模板必须边拆边清理,以免钉子伤人,阻碍通行。从高处拆下的模板及支撑材料不准抛掷,必须使用起重机或井字架、龙门架等运至指定地点,集中堆放整齐。 ( )

39.《建筑工程大模板技术规程》(JGJ 74—2003)规定:吊装大模板必须采用带卡环的吊钩。 ( )

40. 拆除承重模板的底模时,应与结构混凝土强度同龄期、同养护条件的混凝土试块强度达到有关规定后,方可拆除。 ( )

41. 模板及其支架应具有足够的承载能力、刚度和稳定性,应能可靠地承受新浇筑混凝土的自重,侧压力和施工过程中所产生的荷载以及风荷载。 ( )

42. 搭设高度8m及以上,搭设跨度18m及以上,施工总荷载15kN/m^2及以上,集中线荷载20kN/m及以上的混凝土模板支撑工程,属于危险性较大分部分项工程。 ( )

第五章　危险品作业

一、单选题

1. 使用高温灯具，要防止失火，其与易燃物的距离不得小于（　　）m，一般电灯泡距易燃物品不得小于50cm。

A. 0.2　　B. 0.5　　C. 1　　D. 1.5

2.《公路工程施工安全技术规范》（JTG F90—2015）规定：冬季氧气、乙炔瓶阀门不容易开启时，应采取的开启方法是（　　）。

A. 用火烤　　B. 用锤子凿　　C. 用温水烫　　D. 用气割割开

3. 禁火作业区应当距生活区不小于（　　）m。

A. 10　　B. 15　　C. 20　　D. 25

4. 交通建设工程工地上，易燃易爆品仓库、发电机房、变电所应采取必要的安全防护措施，严禁用易燃材料修建。工地的小型临时油库应远离生活区（　　）m以外，并外设围栏。

A. 20　　B. 30　　C. 40　　D. 50

5. 易燃易爆物品仓库的大门应当（　　）开启。

A. 向内　　B. 向外　　C. 上下　　D. 横向推拉

6. 下列不具有腐蚀毒害性的气体是（　　）。

A. 氢气　　B. 氧气　　C. 氨气　　D. 硫化氢

7. 易燃液体的主要危险特性是（　　）。

A. 高度的易燃易爆性　　B. 蒸发性

C. 热膨胀性　　D. 流动性

8.《爆破安全规程》（GB 6722—2014）规定：（　　）禁止任何露天起爆网路连接作业，正在实施的起爆网路连接作业应立即停止，人员迅速撤至安全地点。

A. 雷雨天　　B. 雾霾天　　C. 霜冻天　　D. 寒潮天

9.《爆破安全规程》（GB 6722—2014）规定：电爆网路的导通和电阻值检查，应使用专用导通器和爆破电桥，导通器和爆破电桥应每月检查一次，其工作电流应小于（　　）mA。

A. 15　　B. 30　　C. 45　　D. 60

10.《爆破安全规程》（GB 6722—2014）规定：采用地表延时网路时，地表雷管与相邻导爆管之间应留有足够的安全距离，孔内应采用高段别雷管，确保地表未起爆雷管与已起爆药包之间的水平间距大于（　　）m。

A. 5　　B. 10　　C. 15　　D. 20

11.《爆破安全规程》（GB 6722—2014）规定：导爆索起爆网路应采用搭接、水手结等方法连接；搭接时，两根导爆索搭接长度不应小于（　　）cm。

A. 5　　B. 10　　C. 15　　D. 20

12.《爆破安全规程》(GB 6722—2014)规定:爆破装药用电灯照明时,在装药警戒区 20m 以外可装 220V 的照明器材,在作业现场或硐室内应使用电压不高于(　　)V 的照明器材。

A. 18　　B. 36　　C. 110　　D. 220

13.《爆破安全规程》(GB 6722—2014)规定:正在钻进的炮孔和预装药炮孔之间,应有(　　)m 以上的安全隔离区。

A. 1　　B. 5　　C. 10　　D. 20

14.《爆破安全规程》(GB 6722—2014)规定:(　　)应在确认人员全部撤离爆破警戒区,所有警戒人员到位,具备安全起爆条件时发出。

A. 预警信号　　B. 起爆信号　　C. 警戒信号　　D. 撤离信号

15.《爆破安全规程》(GB 6722—2014)规定:台阶爆破初期应采取(　　)。

A. 自上而下　　B. 自下而上　　C. 自左而右　　D. 自右而左

16.《爆破安全规程》(GB 6722—2014)规定:爆破作业船应有专人负责警戒,确保爆破点周围(　　)m 内无任何船只和人员。

A. 50　　B. 100　　C. 150　　D. 200

二、多选题

1. 易燃易爆气体不能与(　　)等危险化学品共同储存。

A. 氧气　　B. 白磷

C. 氯气　　D. 硫酸

E. 氩气

2. 施工工地仓库内有易燃物品时,不准使用(　　)等电气器具。

A. 电视机　　B. 电冰箱

C. 电熨斗　　D. 电烙铁

E. 电炉子

3. 机动车载运爆炸物品、易燃易爆化学物品以及剧毒、放射性等危险物品,应当(　　)。

A. 经公安机关批准　　B. 按指定的时间、路线、速度行驶

C. 悬挂警示标志　　D. 采取必要的安全措施

E. 要三人押运

4. 露天储存的物品应当(　　)存放,并留出必要的防火间距。

A. 分类　　B. 分档

C. 分堆　　D. 分组

E. 分垛

5. 在易燃易爆化学品堆放中,堆垛要做到“五留距”来确保货物的安全。“五留距”是指下列(　　)。

A. 墙距　　B. 柱距

C. 顶距　　D. 垛距

E. 灯距

6. 爆炸品仓库应建立安全保管制度，其中包括“五双”制度，下列正确的是(　　)。

A. 双人保管　　B. 双把锁(匙)

C. 双本账　　D. 双人发货

E. 双人领取

7.《爆破安全规程》(GB 6722—2014)规定：爆破时对爆区附近保护对象可能产生有害影响，如爆破引起的(　　)。

A. 空气冲击波　　B. 噪声

C. 个别飞散物　　D. 粉尘

E. 有害气体

8.《爆破安全规程》(GB 6722—2014)规定：B、C、D 级一般岩土爆破工程，距爆区 300m 范围内有(　　)等重要保护对象，应相应提高一个工程级别。

A. 省级文物　　B. 医院

C. 学校　　D. 居民楼

E. 办公楼

9.《爆破安全规程》(GB 6722—2014)规定：爆破安全监理人员应在(　　)的各环节上实行旁站监理，并作出监理记录。

A. 爆破器材领用　　B. 爆破器材清退

C. 爆破作业　　D. 爆后安全检查

E. 盲炮处理

10.《爆破安全规程》(GB 6722—2014)规定：爆破作业场所有下列(　　)情形之一时，不应进行爆破作业。

A. 岩体有冒顶或边坡滑落危险　　B. 硐室、炮孔温度异常

C. 作业通道不安全或堵塞　　D. 工作面支护损坏

E. 危险区边界未设警戒

11.《爆破安全规程》(GB 6722—2014)规定：装药前 1 天应发布爆破公告并在现场张贴，内容包括(　　)。

A. 爆破地点　　B. 每次爆破时间

C. 安全警戒范围　　D. 警戒标识

E. 起爆信号

12.《爆破安全规程》(GB 6722—2014)规定：爆破工程使用的(　　)均应作现场检测，检测合格后方可使用。

A. 炸药　　B. 雷管

C. 导爆管　　D. 电线

E. 起爆器

13.《爆破安全规程》(GB 6722—2014)规定：导爆索或导爆管起爆网路应检查(　　)。

A. 有无漏接或中断、破损　　B. 有无打结或打圈

C. 线路连接方式是否正确　　D. 网路保护措施是否可靠

E. 雷管捆扎是否符合要求

14.《爆破安全规程》(GB 6722—2014)规定:电子雷管起爆网路应按设计复核电子雷管(　　)的检测结果。

A. 编号　　B. 延时量

C. 装药量　　D. 子网路

E. 主网路

15.《爆破安全规程》(GB 6722—2014)规定:爆破后应检查的内容有(　　)。

A. 确认有无盲炮　　B. 露天爆破爆堆是否稳定

C. 有无危坡、危石、危墙、危房等　　D. 有害气体是否排除

E. 地下爆破有无瓦斯及地下水突出

16.《爆破安全规程》(GB 6722—2014)规定:爆破有害效应监测项目涉及(　　)。

A. 爆破震动　　B. 涌浪

C. 爆破噪声　　D. 有害气体

E. 动水压力

17.《爆破安全规程》(GB 6722—2014)规定:井下工作面所用炸药、雷管应分别存放在受控加锁的专用爆破器材箱内,爆破器材箱应放在(　　)的地点。

A. 顶板稳定　　B. 支架完整

C. 无机械电气设备　　D. 无自燃物品

E. 无易燃物品

18.《爆破安全规程》(GB 6722—2014)规定:地下爆破出现严重(　　)时,应立即停止爆破作业。

A. 地压　　B. 岩爆

C. 瓦斯突出　　D. 温度异常

E. 炮孔喷水

三、判断题

1.《焊接与切割安全》(GB 9448—1999)规定:在气瓶等易燃品上禁止搭设构成焊接回路的电缆。(　　)

2. 对于储存过易燃、易爆、有毒物品的容器或管道,在焊接时,必须清除干净,并将所有孔口打开。(　　)

3. 搬运易燃易爆化学危险品时,应轻拿轻放,轻轻拖、拉、抛、滚。(　　)

4.《危险化学品安全管理条例》(国务院〔2011〕第 591 号)规定:危险物品的生产、经营、储存单位应当设置安全生产管理机构或者配备兼职安全生产管理人员。(　　)

5. 施工现场内储存易燃易爆危险物品的仓库、库区、木工作业区和半成品加工区为二级动火区域。(　　)

6. 对于遇热遇潮容易引起燃烧、爆炸或产生有毒气体的危险化学品,在装运时应采取隔热、防潮措施。(　　)

7.《爆破安全规程》(GB 6722—2014)规定:爆破作业单位可以对本单位的设计进行安全评估,可以监理本单位施工的爆破工程。　(　)

8.《爆破安全规程》(GB 6722—2014)规定:需经公安机关审批的爆破作业项目,提交申请前,均应进行安全评估。　(　)

9.《爆破安全规程》(GB 6722—2014)规定:爆破前应对爆区周围的自然条件和环境状况进行调查,了解危及安全的不利环境因素,并采取必要的安全防范措施。　(　)

10.《爆破安全规程》(GB 6722—2014)规定:采用电爆网路时,应对高压电、射频电等进行调查,对杂散电流进行测试;若发现存在危险,应立即采取预防或排除措施。　(　)

11.《爆破安全规程》(GB 6722—2014)规定:邻近交通要道的爆破需进行临时交通管制时,应预先申请并至少提前1天由公安交管部门发布爆破施工交通管制通知。　(　)

12.《爆破安全规程》(GB 6722—2014)规定:爆破指挥部应与爆破施工现场、起爆站、主要警戒哨建立并保持通信联络;不成立指挥部的爆破工程,在爆破组(人)、起爆站和警戒哨间应建立通信联络,保持畅通。　(　)

13.《爆破安全规程》(GB 6722—2014)规定:进行爆破器材检测、加工和爆破作业的人员,应穿戴防静电的衣物。　(　)

14.《爆破安全规程》(GB 6722—2014)规定:加工起爆药包和起爆药柱,应在指定的安全地点进行,加工数量允许超过当班爆破作业用量。　(　)

15.《爆破安全规程》(GB 6722—2014)规定:切割导爆索应使用锋利刀具,可以使用剪刀剪切。　(　)

16.《爆破安全规程》(GB 6722—2014)规定:敷设起爆网路应由有经验的爆破员或爆破技术人员实施,并实行单人作业制。　(　)

17.《爆破安全规程》(GB 6722—2014)规定:同一起爆网路,应使用同厂、同批、同型号的电雷管;电雷管的电阻值差不得小于产品说明书的规定值。　(　)

18.《爆破安全规程》(GB 6722—2014)规定:使用导爆管连通器时,应夹紧或绑牢。(　)

19.《爆破安全规程》(GB 6722—2014)规定:从炸药运入现场开始,应划定装药警戒区,警戒区内禁止烟火,并不得携带火柴、打火机等火源进入警戒区域。　(　)

20.《爆破安全规程》(GB 6722—2014)规定:炎热天气可以将爆破器材在强烈日光下暴晒。　(　)

21.《爆破安全规程》(GB 6722—2014)规定:从带有电雷管的起爆药包或起爆体进入装药警戒区开始,装药警戒区内应停电,应采用安全蓄电池灯、安全灯或绝缘手电筒照明。(　)

22.《爆破安全规程》(GB 6722—2014)规定:填塞炮孔的炮泥中不得混有石块和易燃材料,水下炮孔可用碎石渣填塞。　(　)

23.《爆破安全规程》(GB 6722—2014)规定:用水袋填塞时,孔口应用不大于0.15m的炮泥将炮孔填满堵严。　(　)

24.《爆破安全规程》(GB 6722—2014)规定:各类信号均应使爆破警戒区域及附近人员能清楚地听到或看到。　(　)

25.《爆破安全规程》(GB 6722—2014)规定:在清渣施工过程中发现未爆药包,应小心地

将雷管与炸药分离,分别销毁。 ( )

26.《爆破安全规程》(GB 6722—2014)规定:起爆站应设在避炮掩体内或设在警戒区外的安全地点。 ( )

27.《爆破安全规程》(GB 6722—2014)规定:在寒冷地区的冬季实施爆破,应采用抗冻爆破器材。 ( )

28.《爆破安全规程》(GB 6722—2014)规定:采用浅孔爆破平整场地时,应尽量使爆破方向指向一个临空面,并避免指向重要建(构)筑物。 ( )

29.《爆破安全规程》(GB 6722—2014)规定:制作炸药包时,应设置半径大于5m的警戒区,并远离炸药车5m以上,远离无线电设备15m以上。 ( )

30.《爆破安全规程》(GB 6722—2014)规定:地下爆破可能引起地面塌陷和山坡滚石时,应在通往塌陷区和滚石区的道路上设置警戒,树立醒目的警示标识,防止人员误入。 ( )

31.《爆破安全规程》(GB 6722—2014)规定:雷雨天禁止任何露天起爆网路连接作业,正在实施的起爆网路连接作业应立即停止,人员迅速撤至安全地点。 ( )

32.《爆破安全规程》(GB 6722—2014)规定:电力起爆网路发生盲炮时,应立即切断电源,及时将盲炮电路短路。 ( )

33.《爆破安全规程》(GB 6722—2014)规定:震动爆破工作面应具有独立、可靠、畅通的回风系统;爆破时回风系统内应切断电源,且不应有人员作业或通过。 ( )

34.《爆破安全规程》(GB 6722—2014)规定:隧道掘进遇到煤夹层时,应进行瓦斯监测并调整人员避炮安全距离。 ( )

35.《爆破安全规程》(GB 6722—2014)规定:公路运输爆破器材途中应避免停留住宿,禁止在居民点、行人稠密的闹市区、名胜古迹、风景游览区、重要建筑设施等附近停留。 ( )

第六章　特种设备与特种作业

一、单选题

1.《公路工程施工安全技术规范》(JTG F90—2015)规定:下列不属于特种作业的工种是(　　)。

A. 锅炉作业　　B. 焊接、热切割作业

C. 摊铺机作业　　D. 压力容器作业

2.《公路工程施工安全技术规范》(JTG F90—2015)规定:下列关于储存、搬运、使用氧气瓶、乙炔瓶的说法错误的是(　　)。

A. 气瓶、阀门、焊具、胶管等均不得沾污油脂,作业人员不得使用油污手套操作

B. 压力表、安全阀、橡胶软管和回火保护器等均应定期校验或试验,标识应清晰

C. 气瓶与实际焊接或切割作业点的距离应大于10m,无法达到的应设置耐火屏障

D. 气割作业氧气瓶与乙炔瓶之间的距离不得小于3m

3.《公路工程施工安全技术规范》(JTG F90—2015)规定:下列设备中属于特种设备的是(　　)。

A. 照明设备　　B. 安全帽

C. 电梯　　D. 汽车

4.《特种作业人员安全技术培训考核管理规定》(安全监管总局〔2010〕第30号)第三十二条规定:离开特种作业岗位达(　　)以上的特种作业人员应当重新进行实际操作考核。

A. 3个月　　B. 6个月　　C. 1年　　D. 2年

5. 下面气体中(　　)不是可燃气体。

A. 氧气　　B. 乙炔气　　C. 石油气　　D. 天然气

6.《焊接与切割安全》(GB 9448—1999)规定:乙炔发生器的零件和管路接头,不得采用(　　)制件。

A. 铁　　B. 铝　　C. 镁　　D. 铜

7.《焊接与切割安全》(GB 9448—1999)规定:开启乙炔气瓶的瓶阀时应缓慢,一般只开至(　　)圈以内,以便在紧急情况下可以迅速关闭气瓶。

A. 1/2　　B. 3/4　　C. 1　　D. 2

8.《公路工程施工安全技术规范》(JTG F90—2015)规定:气瓶与实际焊接或切割作业点的距离应保持在(　　)m以上。

A. 1　　B. 3　　C. 5　　D. 10

9. 乙炔瓶的充装压力,在任何情况下都不得大于(　　)MPa。

A. 1.5　　B. 2　　C. 2.5　　D. 3

10. 乙炔瓶必须配备(　　)方可使用。

A. 密封件　　　　B. 减压器　　　　C. 手轮　　　　D. 瓶帽

11.《焊接与切割安全》(GB 9448—1999)规定:当气瓶冻住时,不得在阀门或阀门保护帽下面用撬杠撬动气瓶松动,应采用(　　)℃以下的温水解冻。

A. 30　　　　B. 40　　　　C. 50　　　　D. 60

12.《建筑机械使用安全技术规程》(JGJ 33—2012)规定:超过检验期限的氧气瓶不得使用,氧气瓶每(　　)年必须做一次技术检验。

A. 1　　　　B. 2　　　　C. 3　　　　D. 4

13. 气瓶的瓶体有肉眼可见的突起(鼓包)缺陷的,应(　　)处理。

A. 维修　　　　B. 报废　　　　C. 改造使用　　　　D. 继续使用

14.《建筑机械使用安全技术规程》(JGJ 33—2012)规定:焊接作业时氧气瓶和乙炔气瓶的距离不得小于(　　)m,气瓶与明火距离不得小于10m。

A. 3　　　　B. 4　　　　C. 5　　　　D. 6

15. 盛装腐蚀性气体的气瓶,每(　　)年检验1次;盛装一般气体的气瓶,每(　　)年检验1次;盛装惰性气体的气瓶,每(　　)年检验1次。

A. 3,4,5　　　　B. 1,3,5　　　　C. 2,3,4　　　　D. 2,3,5

16.《建筑灭火器配置设计规范》(GB 50140—2005)规定:电石起火时必须用干砂或(　　)进行灭火。

A. 水　　　　B. 干粉灭火器　　　　C. 泡沫灭火器　　　　D. 四氯化碳

17. 电焊工接触到的主要职业危害为(　　)。

A. 红外线　　　　B. 紫外线　　　　C. 振动　　　　D. 锰尘(烟)

18.《建筑机械使用安全技术规程》(JGJ 33—2012)规定:使用二氧化碳气体保护焊机时,作业前,二氧化碳气体需预热,预热器端的电压不得大于(　　)V。

A. 12　　　　B. 24　　　　C. 36　　　　D. 48

19. 气焊与气割用橡胶软管,由内胶层、外胶层和(　　)层组成。

A. 绝缘　　　　B. 增强　　　　C. 耐热　　　　D. 耐磨

20.《施工现场临时用电安全技术规范》(JGJ 46—2005)规定:在容器内施焊时,应采取通风措施,照明电压不得超过(　　)V。

A. 12　　　　B. 24　　　　C. 36　　　　D. 48

21. 焊接用电缆线应采用(　　)。

A. 多股细铜线　　　　B. 多股细铝线　　　　C. 单股铜线　　　　D. 单股铝线

22.《施工现场临时用电安全技术规范》(JGJ 46—2005)规定:交流弧焊机变压器的一次侧电源线长度最长不得超过(　　)m。

A. 5　　　　B. 10　　　　C. 15　　　　D. 20

23.《施工现场临时用电安全技术规范》(JGJ 46—2005)规定:电焊机械的二次线应采用防水橡皮护套铜芯软电缆,电缆长度不得大于(　　)m。

A. 20　　　　B. 30　　　　C. 40　　　　D. 50

24. 对焊机应调整(　　)开关,使其在焊接时达到预定挤压量时,能自动切断电源。

A. 断路限位　　B. 电源　　C. 电路　　D. 间隙

25. 交流焊机空载电压不得超过(　　)V。

A. 36　　B. 60　　C. 80　　D. 88

26. 长期停用的电焊机,再用时,应检查其绝缘电阻,阻值不得低于(　　)MΩ。

A. 0.3　　B. 0.5　　C. 0.8　　D. 1.0

27.《焊接与切割安全》(GB 9448—1999)规定:在施焊场地从一个气瓶向另一个气瓶充气时必须由(　　)来完成这项任务。

A. 焊工　　B. 安全员　　C. 供气人　　D. 接气人

28. 电焊焊接设备必须保持良好的机械及电气状态,(　　)必须保持清洁。

A. 乙炔发生器　　B. 减压器　　C. 整流器　　D. 加压器

29. 电阻焊机的液压机构在工作时,其油温不应超过(　　)℃。

A. 60　　B. 70　　C. 80　　D. 90

30. 切割钢筋时,当钢筋所剩长度短于(　　)cm 时不得切割。

A. 20　　B. 30　　C. 40　　D. 50

31. 冷拉钢筋运行方向的端头应(　　),防止在钢筋拉断或夹具失灵时钢筋弹出伤人。

A. 固定　　B. 夹牢　　C. 设防护装置　　D. 远离人

32. 电焊机电源线必须绝缘良好,长度不得大于(　　)m。

A. 2　　B. 3　　C. 4　　D. 5

33. 电焊工张某连续从事电焊作业 12 年,2010 年经过复审合格换证。依据《特种作业人员安全技术培训考核管理规定》(安全监管总局〔2010〕第 30 号),张某的特种作业证下次复审换证时间为(　　)年。

A. 2012　　B. 2013　　C. 2015　　D. 2016

34.《施工现场临时用电安全技术规范》(JGJ 46—2005)规定:第三级漏电保护器用于保护单个或多个用电设备,是直接防止人身触电的保护设备,宜选用额定动作电流为(　　)mA。

A. 10　　B. 20　　C. 30　　D. 40

35.《公路工程施工安全技术规范》(JTG F90—2015)规定:冬季在露天施工,当乙炔焊软管和回火防止器冻结时,严禁用(　　)解冻。

A. 热水　　B. 放在暖气设备下　　C. 火焰烘烤　　D. 蒸气

36. 工程冬期施工时氧气瓶冻结,应采取(　　)的措施解冻。

A. 明火烘烤　　B. 热水解冻　　C. 用铁锤轻打　　D. 反复振荡

37. 把电气设备正常情况下不带电的金属部分与电网的保护零线进行连接,称作(　　)。

A. 保护接地　　B. 保护接零　　C. 工作接地　　D. 工作接零

38. 违章操作记录达到(　　)次以上的,由发证单位收缴其特种作业操作证。

A. 1　　B. 2　　C. 3　　D. 4

39.《特种作业人员安全技术培训考核管理规定》(安全监管总局〔2010〕第 30 号)规定:特种作业证,要求每(　　)年复审一次。

A. 4　　B. 3　　C. 2　　D. 1

40. 根据《施工现场临时用电安全技术规范》(JGJ 46—2005)规定:高度超过30m的塔吊、井字架等,必须在最高点设置(　　)。

A. 照明电灯　　B. 红色信号灯　　C. 绿色信号灯　　D. 黄色信号灯

41. 吊重的重心是(　　)。

A. 几何形心　　B. 两条对称轴的交点

C. 吊重各部分重力合力的作用点　　D. 几何中心

42. 预制构件起吊时的混凝土强度应达到(　　),如提前起吊,应进行验算。

A. 设计要求强度　　B. 监理要求强度

C. 50%设计强度　　D. 70%设计强度

43. 吸水率低,但对温度的变化较敏感的绳是(　　)。

A. 钢丝绳　　B. 缆风绳　　C. 化学纤维绳　　D. 麻绳

44.《公路工程施工安全技术规范》(JTG F90—2015)规定:在起重作业中,(　　)斜拉、斜吊和起吊地下埋设的重物。

A. 允许　　B. 有保险装置的情况下可以

C. 有人指挥的情况下可以　　D. 禁止

45. 起重机械引起的伤害属于(　　)。

A. 机械伤害　　B. 起重伤害　　C. 车辆伤害　　D. 物体打击

46. 从受力情况看,起重机吊钩钩身的断面形状最合理的是(　　)。

A. 圆形　　B. 梯形　　C. T字形　　D. 矩形

47. 起重机的起升和变幅机构至少要装(　　)。

A. 一套下降极限位置限制器　　B. 一套上升极限位置限制器

C. 两套下降极限位置限制器　　D. 两套上升极限位置限制器

48. 行业中广泛用于吊索、构件或吊环之间的连接工具是(　　)。

A. 链条　　B. 卡环　　C. 绳夹　　D. 钢丝绳

49.《建筑机械使用安全技术规程》(JGJ 33—2012)规定:起重机作水平移动时,与其他设备或固定建筑物的最小高度距离应保持在(　　)m以上。

A. 0.5　　B. 1.0　　C. 1.5　　D. 2.0

50. (　　)是防止起吊钢丝绳由于角度过大或挂钩不妥时,造成起吊钢丝绳脱钩的安全装置。

A. 力矩限制器　　B. 超高限制器

C. 吊钩保险　　D. 钢丝绳防脱槽装置

51.《塔式起重机安全规程》(GB 5144—2006)规定:(　　)的作用是保护起吊物品重量不超过塔机的允许的最大起重量。

A. 力矩限制器　　B. 起重量限制器

C. 起升高度限制器　　D. 幅度限位器

52. 下列关于起重机械的操作中,不正确的说法是(　　)。

A. 作业前先检查清理作业场地,确定搬运路线

B. 开机作业前,必须鸣铃或示警

C. 主、副钩同时进行吊装作业

D. 司机在正常操作过程中不允许带载增大作业幅度

53. 起重机的安全工作寿命,主要取决于(　　)不发生破坏的工作年限。

A. 工作机构　　B. 机构的易损零部件

C. 金属结构　　D. 电气设备

54.《建筑机械使用安全技术规程》(JGJ 33—2012)规定:起重作业中突然停电,司机应首先(　　)。

A. 锚定起重机　　B. 将所有控制器置零

C. 鸣铃或示警　　D. 告诉其他人员

55.《塔式起重机安全规程》(GB 5144—2006)规定:当起重量超过相应档位的额定值并小于该额定值的110%时,起重量限制器发挥作用使塔式起重机停止(　　)方向运行。

A. 上升　　B. 下降　　C. 左右　　D. 上下

56.《建筑机械使用安全技术规程》(JGJ 33—2012)规定:风速突然增大至(　　)m/s 及以上时,应立即停止塔式起重机的顶升作业。

A. 4.0　　B. 6.0　　C. 8.0　　D. 10.0

57. 塔式起重机司机室中禁放(　　)。

A. 香烟　　B. 油脂、棉纱等易燃品

C. 灭火器　　D. 电扇

58.《建筑机械使用安全技术规程》(JGJ 33—2012)规定:吊运易燃、易爆、有害等危险品时,应经(　　)批准,并采取相应的安全措施。

A. 监理部门　　B. 技术部门　　C. 安全主管部门　　D. 质检部门

59. 对使用固定基础安装的塔机(　　)设置单独的接地装置。

A. 视区域　　B. 必须　　C. 不要求　　D. 禁止

60. 塔式起重机安装拆卸工应每(　　)年培训一次,并作出技术鉴定。

A. 三　　B. 二　　C. 一　　D. 半

61. 塔式起重机拆装应严格执行(　　)。

A. 国家标准　　B. 行业标准　　C. 部颁标准　　D. 以上都正确

62.《建筑机械使用安全技术规程》(JGJ 33—2012)规定:起重机司机在起重机内爬升作业过程中如发现设备机件有异常或故障,应(　　)。

A. 在该工作完成后立即设法排除　　B. 边工作边排除

C. 立即停止作业,设法进行排除　　D. 无需排除

63.《建筑机械使用安全技术规程》(JGJ 33—2012)规定:起重机的拆装必须由持有拆装资质的专业队伍进行,并应有(　　)在场监护。

A. 拆装人员　　B. 监理人员

C. 施工人员　　D. 技术和安全人员

64.《塔式起重机安全规程》(GB 5144—2006)规定:防止塔式起重机超载造成整体倾翻的安全装置是(　　)。

A. 力矩限制器　　B. 行走限制器　　C. 幅度限位器　　D. 角度限制器

65. 对小车变幅的塔式起重机,起重力矩限制器应分别由(　　)进行控制。

A. 起重量和起升速度　　B. 幅度和起重量

C. 起重量和起升高度　　D. 幅度和起升速度

66. 在用的塔式起重机制动器应(　　)检查确认后才可投入使用。

A. 每班作业前　　B. 每个月　　C. 每半年　　D. 每一年

67.《塔式起重机安全规程》(GB 5144—2006)规定:塔式起重机安装、拆卸、加节或降节作业时,塔式起重机顶部风速不得大于(　　)m/s。

A. 13　　B. 16　　C. 19　　D. 22

68. 塔式起重机起升机构必须保证在悬挂(　　)静载时不下滑。

A. 90% 最大额定起重量　　B. 110% 最大额定起重量

C. 125% 最大额定起重量　　D. 150% 量大额定起重量

69.《塔式起重机安全规程》(GB 5144—2006)规定:塔式起重机液压顶升系统溢流阀的调定压力不得大于系统额定工作压力的(　　)。

A. 100%　　B. 110%　　C. 125%　　D. 130%

70. 起重机作业工作有效半径(　　)m 以内障碍物应予消除。

A. 1　　B. 5　　C. 10　　D. 15

71.《起重机 钢丝绳 保养、维护、检验和报废》(GB/T 5972—2016)规定:吊装中用的主要绳索是(　　)。

A. 钢丝绳　　B. 麻绳　　C. 化纤绳　　D. 链条

72.《起重机 钢丝绳 保养、维护、检验和报废》(GB/T 5972—2016)规定:下列情况所述钢丝绳,(　　)没有达到报废标准。

A. 整支绳股断裂　　B. 实际弹性显著降低

C. 钢丝绳有明显的腐蚀　　D. 钢丝绳实际直径比公称直径减少 5%

73. 起重桅杆为立柱式,用绳索(缆风绳)绷紧立于地面。绷紧一端固定在起重桅杆的顶部,另一端固定在地面锚桩上。拉索一般不少于(　　)根。

A. 2　　B. 3　　C. 4　　D. 5

74.《塔式起重机安全规程》(GB 5144—2006)规定:钢丝绳在放出最大工作长度后,卷筒上还必须留有安全圈且不得少于(　　)圈。

A. 1　　B. 3　　C. 5　　D. 7

75. 钢丝绳端部在施工现场常用绳卡固法,对绳径 $d>10$mm 以上的钢丝绳一般不少于三个绳卡,下列做法正确的是(　　)。

A. 三个绳卡的 U 形部分均卡在短绳头(非受力端)

B. 三个绳卡的 U 形部分均卡在长绳头(受力端)

C. 一个绳卡的 U 形卡在短绳头,另两只卡在长绳头

D. 两个绳卡的 U 形卡在短绳头，另一只卡在长绳头

76. 使用滑轮的直径，通常不得小于钢丝绳直径的(　　)倍。

A. 16　　B. 12　　C. 8　　D. 4

77. 选用滑轮时，轮槽宽度应比钢丝绳直径大(　　)。

A. 1mm 以内　　B. 1 ~ 2.5mm　　C. 2.5mm 以上　　D. 没要求

78. 吊挂和捆绑用钢丝绳的安全系数是(　　)。

A. 2.5　　B. 3.5　　C. 6　　D. 8

79. 一般用途钢丝绳的安全系数是(　　)。

A. 钢丝绳破断拉力与允许拉力的比　　B. 钢丝绳允许拉力与破断拉力的比

C. 钢丝的破断拉力与允许拉力的比　　D. 钢丝的允许拉力与破断拉力的比

80. 多次弯曲造成的(　　)是钢丝绳破坏的主要原因之一。

A. 拉伸　　B. 扭转　　C. 弯曲疲劳　　D. 变形

81. 电动吊篮在高空作业中突然断电，操作人员应(　　)。

A. 等待来电后再工作

B. 判明情况决定是否用手动滑降装置下到地面

C. 尽快跨过悬吊平台护栏，从附近的建筑物窗口离开

D. 直接下来

82. 电动吊篮在现场无安装前支架条件时，必须(　　)进行补救。

A. 按照现场条件自行采取措施

B. 在制造厂技术人员指导下，采用有效的补偿措施

C. 将前梁直接搭在女儿墙上

D. 报告上级领导

83. 电动吊篮运行时，若悬吊平台倾斜，应(　　)，否则将影响钢丝绳、提升机、安全锁的使用。

A. 立即检查提升机　　B. 立即检查安全锁

C. 及时调平　　D. 立即停机

84. 下列吊篮作业人员不正确的做法是(　　)。

A. 吊篮必须按要求检验合格后，作业人员方可上机操作并严格执行安全操作规程

B. 作业人员不得在悬吊平台内使用梯子，但可使用凳子、垫脚物等进行作业

C. 作业人员应穿防滑绝缘鞋，不得穿拖鞋和塑料硬底鞋等易滑鞋具作业

D. 作业人员必须在地面进出悬吊平台，不得在空中攀越窗口出入或从一悬吊平台跨入另一悬吊平台

85. 信号工和挂钩工一起作业时由(　　)发号施令。

A. 信号工　　B. 挂钩工

C. 场地负责　　D. 信号工和挂钩工一起

86.《建筑机械使用安全技术规程》(JGJ 33—2012)规定：起重机吊装作业的缆风钢丝绳的安全系数不应小于(　　)。

A. 1.5　　B. 2.5　　C. 3.5　　D. 4.5

87.《建筑机械使用安全技术规程》(JGJ 33—2012)规定:第一次吊重物时,应在离地(　　)mm 处试吊,检查电动葫芦制动情况,确认无误后,才可起吊。

A. 10　　B. 100　　C. 500　　D. 800

88.《建筑机械使用安全技术规程》(JGJ 33—2012)规定:履带式起重机用于双机抬吊重物时,分配给单机重量不得超过单机允许起重量的(　　),并要求统一指挥。

A. 25%　　B. 50%　　C. 80%　　D. 100%

89.《建筑机械使用安全技术规程》(JGJ 33—2012)规定:当履带式起重机需带载行走时,荷载不得超过额定起重量的 70%,重物应在起重机的正前方向,重物离地面不得大于(　　)mm。

A. 200　　B. 300　　C. 400　　D. 500

90. 正常工作的施工升降机上限位开关动作后,应保证吊笼(或驱动)最上部导轮中心到导轨顶部的距离不小于(　　)m。

A. 1.5　　B. 1.8　　C. 2.5　　D. 2.8

91. 门式起重机作业后,应停放在停机线上,用夹轨器锁紧,并将吊钩(　　)。

A. 降至地面　　B. 升到上部位置　　C. 升到中间位置　　D. 任意位置

92.《龙门架及井架物料提升机安全技术规范》(JGJ 88—2010)规定:物料提升机缆风绳与地面的夹角不应大于(　　)。

A. 45°　　B. 50°　　C. 60°　　D. 65°

93. 汽车式起重机约 70% 以上的翻车事故是因(　　)造成的,因此在使用汽车起重机时应特别引起重视。

A. 大风　　B. 超载或支腿陷落　　C. 道路不平　　D. 无人指挥

94. 用机械吊运模板时,应先检查机械设备和绳索的安全性和可靠性,起吊后下面不得站人或通行。模板下放,距地面(　　)m 时,作业人员方可靠近操作。

A. 0.5　　B. 1.0　　C. 1.5　　D. 2.0

95. 吊具和索具都是起重机械起吊重物时系结在重物上承受荷载的部件,吊具、索具的安全系数应大于(　　)。

A. 4.0　　B. 4.5　　C. 5.0　　D. 5.5

96. 装炮作业中,(　　)可以作为炮棍装药。

A. 木棍　　B. 铜质棍子　　C. 铝质棍子　　D. 不锈钢棍子

97. 瓦斯隧道洞内爆破时,人员应撤至洞外,当隧道太长时,单线必须撤至(　　)m 以外。

A. 100　　B. 200　　C. 300　　D. 400

98. 以下(　　)不是施工外用电梯的安全保护措施。

A. 限速器　　B. 限压器　　C. 限位器　　D. 紧急开关

99. 运行中压力容器的检查主要包括(　　)三个方面。

A. 操作压力、操作温度、液位　　B. 化学成分、物料配比、投料数量

C. 压力表、安全阀、缺陷　　D. 工艺条件、设备状况、安全装置

100. 最高工作压力多指在正常操作情况下,容器(　　)可能出现的最高压力。
A. 底部　B. 中部　C. 顶部　D. 任一部位

101. 操作砂轮时,不应(　　)。
A. 使用砂轮片的正面磨削　B. 使用前检查砂轮有无破裂和损伤
C. 站在砂轮的正面操作　D. 使用砂轮机防护罩

102. 台式和落地式砂轮机,最大开口角度应(　　)。
A. ≤180°　B. ≤150°　C. ≤125°　D. ≤100°

103. 如不能设置专用的砂轮机房,则砂轮机正面应(　　)。
A. 设逃生通道　B. 紧靠围墙
C. 装设不低于 1.8m 的防护挡板　D. 装设隔离的防护栏

104. (　　)能够防止钢丝绳在传动过程中脱离滑轮槽而造成钢丝绳卡死和损伤。
A. 力矩限制器　B. 超高限制器
C. 钢丝绳防脱槽装置　D. 吊钩保险

105. 附着装置以上的塔身自由高度一般不得超过(　　)m。
A. 25　B. 30　C. 35　D. 40

106. 物料提升机的自由高度(　　)。
A. 不得小于 3m　B. 不得大于 3m
C. 不得小于 6m　D. 不得大于 6m

107. 下列对物料提升机使用的叙述,正确的是(　　)。
A. 只准运物料,严禁载人上下　B. 安全防护装置可以拆除
C. 在通信信号不好时可以通过喊话联系　D. 作业人员可以爬架体上下

108. 绕经滑轮和卷筒的机构工作钢丝绳应优先选用(　　)。
A. 点接触钢丝绳　B. 线接触钢丝绳
C. 面接触钢丝绳　D. 顺绕钢丝绳

109. 多台机械开挖基坑,挖土机间距应大于(　　)m,挖土要自上而下,逐层进行,严禁先挖坡脚的危险作业。
A. 4　B. 6　C. 8　D. 10

110. 电焊弧光对人眼的伤害主要是辐射(　　)。
A. 红外线　B. 紫外线　C. X 射线　D. 激光

111. 电弧焊焊接时,一旦发生人员及设备事故,应立即(　　)。
A. 切断电源　B. 停止气焊　C. 停止电焊　D. 报告

112.《焊接与切割安全》(GB 9448—1999)规定:所有焊工和切割工必须佩戴(　　)的防护手套。
A. 耐磨　B. 耐火　C. 绝缘　D. 耐腐蚀

113.《焊接与切割安全》(GB 9448—1999)规定:减压器在气瓶上应安装合理、牢固。采用螺纹连接时,应拧足(　　)个螺扣以上;采用专门的夹具压紧时,装卡应平整牢固。
A. 2　B. 3　C. 4　D. 5

114.《焊接与切割安全》(GB 9448—1999)规定:气瓶必须储存在不会遭受物理损坏或使气瓶内储存物的温度超过(　　)的地方。

A. 20℃　　B. 30℃　　C. 40℃　　D. 50℃

115.《焊接与切割安全》(GB 9448—1999)规定:在斜坡道上用汽车运输爆破器材时,应遵守下列规定:行驶速度不得超过(　　)km/h。

A. 10　　B. 20　　C. 30　　D. 40

二、多选题

1.《公路工程施工安全技术规范》(JTG F90—2015)规定:下列属于特种设备的有(　　)。

A. 锅炉　　B. 压力容器(含气瓶)

C. 电梯　　D. 起重机械

E. 场(厂)内专用机动车辆

2.《公路工程施工安全技术规范》(JTG F90—2015)规定:下列属于特殊作业人员的有(　　)。

A. 电工　　B. 焊接与热切割作业人员

C. 架子工　　D. 起重机械司机

E. 从事爆破工作的爆破员、安全员、保管员

3.《公路工程施工安全技术规范》(JTG F90—2015)规定:下列关于焊接说法正确的是(　　)。

A. 气割作业氧气瓶与乙炔瓶之间的距离不得小于5m

B. 电气焊作业点和气瓶存放点应按规定配备灭火器材

C. 电焊机外壳接地电阻不得大于4Ω,接地线不得使用建(构)筑物的金属结构、管道、轨道或其他金属物体搭接形成焊接回路

D. 高处电焊、气割作业,作业区周围和下方应采取防火措施,按要求配备消防器材,并应设专人巡视

E. 雨天严禁露天电焊作业;在潮湿区域作业人员必须在绝缘物体上焊接作业

4.《焊接与切割安全》(GB 9448—1999)规定:在进行电焊的场所,不能有(　　)的泄漏,以免影响焊工安全。

A. 二氧化碳气体　　B. 保护气

C. 压缩空气　　D. 机油

E. 冷却水

5.《建筑机械使用安全技术规程》(JGJ 33—2012)规定:焊接电缆通过通道时,应采取以下形式(　　)。

A. 架高　　B. 穿管并埋入地下

C. 直接埋入地下　　D. 间接通过

E. 直接通过

6.《焊接与切割安全》(GB 9448—1999)规定:电弧焊机应安装在(　　)的地方。

A. 通风　　B. 干燥

C. 无碰撞　　D. 无高温

E. 无易燃物

7. 在电弧焊接及切割作业中存在的前三位不安全因素是(　　)。

A. 触电　　B. 火灾

C. 噪声　　D. 中毒

E. 高温

8. 气焊与切割中的主要不安全因素有(　　)。

A. 火灾　　B. 爆炸

C. 触电　　D. 中毒

E. 导电

9.《焊接与切割安全》(GB 9448—1999)规定:在气焊与气割中不能使用(　　)的软管及软管接头。

A. 绝缘差　　B. 泄漏

C. 磨损　　D. 老化

E. 硬化

10. 冬天气焊作业时,如减压阀软管和流量计冻结,应采用(　　)办法解冻。

A. 热水　　B. 蒸气

C. 暖气　　D. 明火烘烤

E. 铁锤敲打

11.《焊接与切割安全》(GB 9448—1999)规定:氧气瓶及其瓶阀、接头或软管不能与(　　)物品相接触。

A. 润滑脂　　B. 油脂

C. 玻璃　　D. 陶瓷

E. 柏油

12.《建筑机械使用安全技术规程》(JGJ 33—2012)规定:下列关于对氧气瓶的操作中,正确的是(　　)。

A. 氧气瓶冻结时可以用温水解冻

B. 氧气瓶应远离高温场所和明火

C. 为保证氧气的纯度,氧气瓶再次充装前,应将氧气全部用尽

D. 氧气瓶严禁接触油脂

13.《建筑机械使用安全技术规程》(JGJ 33—2012)规定:为了防止气瓶受热,在使用中应注意(　　)。

A. 不得放在烈日下曝晒

B. 不得靠近火源及高温区,距明火不应小于10m

C. 不得用高压蒸气直接吹气瓶

D. 禁止用热水解冻及明火烘烤

E. 严禁用温度超过40℃的热源对气瓶加热

14.《焊接与切割安全》(GB 9448—1999)规定:因气瓶泄漏导致起火时,应通过(　　)手段予以熄灭。

A. 关闭瓶阀　　B. 水

C. 干砂　　D. 灭火器

E. 湿布

15.《职业眼面部防护 焊接防护 第一部分:焊接防护具》(GB/T 3609.1—2008)规定:焊接面罩必须使用(　　),并具有一定强度的不透光材料制作。

A. 耐高温　　B. 耐腐蚀

C. 阻燃　　D. 耐潮湿

E. 耐低温

16. 焊接滤光片的颜色不能用单纯色,最好为(　　)和灰色等混合色。

A. 白色　　B. 黄色

C. 绿色　　D. 茶色

E. 黑色

17.《焊接与切割安全》(GB 9448—1999)规定:焊接与切割现场安全监督人员的职责有(　　)。

A. 防护用品得到合理使用　　B. 适当配置防火及灭火设备

C. 指派火灾警戒人员　　D. 对焊接与切割人员进行安全操作培训

E. 所要求的热作业规程得到遵循

18.《焊接与切割安全》(GB 9448—1999)规定:焊接与切割操作者应具备的基本条件是(　　)。

A. 焊工操作证　　B. 安全操作焊接与切割设备

C. 修理损坏的焊切设备　　D. 懂得焊切时的危害及控制危害的程序

E. 有火灾警戒证

19.《建筑机械使用安全技术规程》(JGJ 33—2012)规定:焊接及切割用的气瓶应安装(　　)等安全设施。

A. 温度计　　B. 压力表

C. 漏电断路器　　D. 防止回火器

E. 计量器

20. 电焊作业可能引起的疾病主要有(　　)。

A. 电焊工尘肺　　B. 气管炎

C. 电光性眼炎　　D. 皮肤病

E. 感冒

21. 焊接或者切割的基本特点是(　　)。

A. 高温　　B. 高压

C. 易燃　　D. 易爆

E. 高腐蚀

22. 没有采取相应安全措施，在(　　)等情况下不允许焊割作业。

A. 制作、加工和储存易燃易爆危险品的房间内

B. 储存易燃易爆危险品的储罐和容器

C. 设备带电

D. 刚涂刷过油漆的建筑构件和设备

E. 盛过易燃液体而未进行彻底清洗处理过的容器

23.《焊接与切割安全》(GB 9448—1999)规定：火灾警戒人员应承担的任务及具备的条件是(　　)。

A. 经过消防培训　　B. 熟知消防处理程序

C. 熟知焊接与切割技术　　D. 监视作业区火灾情况

E. 检查并消灭可能存在的残火

24.《焊接与切割安全》(GB 9448—1999)规定：在对生命及健康有直接危害的区域内实施焊接与切割时，应采取(　　)等措施。

A. 强制通风　　B. 自然通风

C. 通氧气　　D. 佩戴呼吸设备

E. 及时降温

25.《焊接与切割安全》(GB 9448—1999)规定：为防止电焊弧光伤害眼睛，应采取的防护方式有(　　)。

A. 佩戴安全镜　　B. 戴滤光镜的头罩

C. 手持面罩　　D. 佩戴护目镜

E. 佩戴太阳镜

26. 金属焊接作业人员应具备(　　)条件可以上岗操作。

A. 拥有实际见习 2 年工作经验　　B. 经过专业安全技术培训，考核合格

C. 取得特种作业操作证　　D. 具有本科及以上学历

E. 年龄要求 25 岁以上

27.《焊接与切割安全》(GB 9448—1999)规定：电焊工操作时应佩戴(　　)防护用品。

A. 头鼻或手持面罩；防护服

B. 耐火的防护手套

C. 披肩、斗篷的套袖

D. 耐火的防护服；其他防护服和呼吸保护设备

E. 耐酸性防护服

28. 焊工操作时遇到(　　)情况必须切断电源。

A. 更换焊件，需要改接二次回路时　　B. 更换保险装置时

C. 转移工作地点，搬动焊机时　　D. 焊接发生故障需要进行检修时

E. 工作完毕或临时离开操作现场时

29. 电焊完成作业后，离开现场前应做好(　　)工作。

A. 拉闸断电　　B. 将地线和把线分开

C. 向法人代表汇报工作情况　　D. 确定焊渣火星已熄灭

E. 关窗关门

30.《高处作业吊篮》(GB 19155—2003)规定：电动吊篮必须配备(　　)等安全保护装置。

A. 防护装置　　B. 行程限位装置

C. 钢丝绳安全锁　　D. 手动滑降装置

E. 超载保护装置

31. 为了保证履带式起重机的安全使用，必须做到(　　)。

A. 路基的承载力足够　　B. 禁止斜拉

C. 禁止斜吊　　D. 严禁起吊埋设在地下的重物

E. 严禁起吊凝结在地面上的重物

32. 塔式起重机进场安装前，必做的工作有(　　)。

A. 清理安装场地　　B. 制订安装方案并报批

C. 对各部分进行检查，确保安全可靠　　D. 调整各安全装置

E. 清洗起重机

33. 塔式起重机日常检查和使用前，检查的主要内容包括(　　)。

A. 基础　　B. 主要部位的连接螺栓

C. 结构件强度　　D. 安全装置

E. 配电箱和电源开关

34.《建筑机械使用安全技术规程》(JGJ 33—2012)规定：塔式起重机爬升过程中，禁止进行(　　)操作等。

A. 起升　　B. 变幅

C. 回转　　D. 起吊

E. 拆除

35. 塔式起重机中起重限制器工作时，允许(　　)。

A. 向左回转　　B. 向右回转

C. 吊钩上升　　D. 吊钩下降

E. 吊钩伸缩

36. 塔式起重机附着装置是保持塔机整体稳定的关键部件，它与(　　)有关。

A. 附着间距　　B. 起重力矩

C. 附墙距离　　D. 起重量

E. 起重机大小

37. 塔式起重机严禁(　　)操作。

A. 拔桩　　B. 斜拉

C. 顶升时回转　　D. 抬吊同一重物

E. 多点起吊

38. 塔式起重机电气系统中必须设置(　　)。

A. 短路及过流保护
B. 欠压、过压及失压保护
C. 零位保护
D. 错相及短相保护
E. 限位开关

39. 起重机的位置控制装置与调整装置主要包括(　　)。

A. 上升极限位置限制器
B. 运行极限位置限制器
C. 回转锁定装置
D. 缓冲器
E. 偏斜调整和显示装置

40.《建筑机械使用安全技术规程》(JGJ 33—2012)规定:起重机械安全技术档案的内容包括(　　)。

A. 特种设备制造许可证
B. 产品合格证
C. 定期检验、检查、维护、保养记录
D. 历次安装验收资料
E. 安装使用说明书

41. 在起重吊装时,存在下列(　　)情况,不得进行构件的起吊。

A. 无指挥或指挥信号不明
B. 陆上风力≥7 级,水上风浪、流速等海况条件超过船舶作业性能
C. 越钩或斜拉
D. 被吊物埋在地下或位于水下但属于安全情况下
E. 夜间作业

42. 起重机司机在正常操作过程中,禁止(　　)。

A. 利用极限位置限制器停车
B. 起重机接近人时,给断续铃声或示警
C. 除指挥外的其他人员发出紧急停止信号,都必须立即执行
D. 起重作业过程中进行检查和维修
E. 试吊

43.《建筑机械使用安全技术规程》(JGJ 33—2012)规定:有(　　)情形之一的建筑起重机械,不得出租、使用。

A. 国家明令淘汰或禁止使用的品种、型号
B. 超过使用年限
C. 无安全技术档案
D. 检验达不到标准
E. 安全保护装置无效

44. 塔式起重机力矩限制器工作时,允许(　　)。

A. 荷载向臂端方向运行
B. 荷载向臂根方向运行
C. 吊钩上升
D. 吊钩下降
E. 吊臂移动

45. 起重机作业时,有下列(　　)情况不能起吊。

A. 重量超过规定
B. 信号不清
C. 吊重物下有人
D. 埋在地下的物体
E. 遇有大雨、大雪、大雾和 6 级以上大风恶劣天气

46. 影响起重机整机稳定性的因素是(　　)。

A. 超载
B. 斜吊
C. 支脚处的耐力差
D. 吊物面积大
E. 起吊高度

47. 起重机在无线电台、电视台或其他强电磁波发射天线附近施工时,与吊钩接触的人员应(　　)。

A. 戴绝缘手套
B. 穿绝缘鞋
C. 在吊钩上挂接临时放电装置
D. 关闭手机
E. 持有电工上岗证

48. 汽车起重机安装完毕后,司机应检查(　　)。

A. 底架是否水平
B. 支腿是否锁定
C. 各项安全装置是否灵敏有效
D. 金属结构和外观结构是否光滑
E. 吊钩长度是否满足要求

49. 起重机作业前,应检查(　　)。

A. 空载运转,试验各工作机构是否运转正常
B. 各机构的制动器是否有效
C. 各限位装置是否灵敏有效
D. 起重量限制器、力矩限制器是否有效
E. 起重机是否清洗干净

50.《起重机　钢丝绳　保养、维护、检验和报废》(GB/T 5972—2016)规定:更换起重机的钢丝绳时,应保证钢丝绳的(　　)等要素符合该起重机使用说明书的要求。

A. 标准长度
B. 直径
C. 结构
D. 绳头连接方式
E. 破断拉力

51. 塔式起重机主要结构件出现下列(　　)情况之一时,必须报废。

A. 整体失稳
B. 裂纹经加强补焊后无效
C. 油漆脱落严重
D. 锈蚀或磨损深度达原厚度的 10%
E. 吊钩脱落

52. 液压顶升式起重机在升高作业完毕后,必须做好(　　)工作。

A. 各连接螺栓按规定力矩紧固
B. 切断液压升降机构电源
C. 液压操纵杆回到中间位置
D. 将标准节推向塔身

53. 起重量限制器是一种防止超载的安全装置,当载体达到最大额定起重量的(　　)时,发出提示性报警信号。

A. 75%
B. 80%

C. 90%　　　　D. 95%

E. 100%

54. 正常作业中,司机在有下列(　　)情况之一时不得操作塔式起重机。

A. 指挥信号辨别不清　　　　B. 非指挥人员发出的指挥信号

C. 2 个以上指挥人员同时发出信号　　　　D. 看不见重物位置

E. 司机不具备五年以上相关工作经验

55. 属于起重机"十不吊"的内容的是(　　)。

A. 信号指挥不明不准吊

B. 散物捆扎不牢或物料装放过满不准吊

C. 吊物上有人不准吊;埋在地下物不准吊

D. 起重人员没有穿橘红色反光标志的背心不准吊

E. 吊物重量不明或超负荷不准吊

56. 吊装构件和设备时,吊点选择应考虑到以下(　　)。

A. 选单吊点起吊时,吊点必须在重心以上

B. 起吊高大重物,吊点不能设在顶部时,吊点必须高于重心 1.5m 以上

C. 采用多吊点时,应使各吊点合力作用点放在构件重心之上

D. 使用吊装带时,将吊装带直接挂入吊钩受力中心位置,不能挂在吊钩钩尖部位

57.《塔式起重机安全规程》(GB 5144—2006)规定:滑轮达到(　　)的任意一个条件时即应报废。

A. 轮缘破损　　　　B. 槽底磨损量超过相应钢丝绳直径的 25%

C. 滑轮绳槽壁厚磨损达原壁厚的 20%　　　　D. 转动不灵活

E. 有裂纹

58. 吊装作业时,选择起重机应考虑以下因素(　　)。

A. 起重机最大额定荷载　　　　B. 起重机的作业范围

C. 起重机的安装位置　　　　D. 起重机的生产厂家

E. 起重机的新旧程度

59.《建筑机械使用安全技术规程》(JGJ 33—2012)规定:起重机的拆装作业应在白天进行,当遇有下列(　　)天气时应停止作业。

A. 风速在 9.0m/s 及以上大风　　　　B. 潮湿

C. 浓雾　　　　D. 雨雪

E. 高温

60.《起重机　钢丝绳　保养、维护、检验和报废》(GB/T 5972—2016):钢丝绳的破坏原因主要有(　　)。

A. 变形　　　　B. 绳端断丝

C. 绳股断裂　　　　D. 弹性降低

E. 内外部锈蚀

61. 工程起重吊装作业中使用的吊钩、吊环,其表面要光滑,不能有(　　)等缺陷。

A. 剥裂　　B. 刻痕
C. 锐角　　D. 接缝
E. 裂纹

62. 汽车吊在使用中应注意(　　)。
A. 不能超载使用　　B. 基础符合承载要求
C. 支腿支完应将车身调平并锁住　　D. 支腿处必须坚实,必要时应铺垫道木
E. 六级风以上时停止工作

63. 当起吊荷载达到额定重量的 90% 以上时,应先将重物吊离地面 200 ~ 500mm 后,应重点检查(　　)。
A. 起重机的稳定性　　B. 制动器的可靠性
C. 重物的平稳性　　D. 捆扎的牢固性

64.《起重机 钢丝绳 保养、维护、检验和报废》(GB/T 5972—2016)规定:钢丝绳报废的标准是(　　)。
A. 在一个节距内的断丝数量超过总丝数的 10%
B. 出现拧扭死结、死弯、压扁、股松明显、波浪形、钢丝外飞、绳芯挤出以及断股等现象
C. 钢丝绳使用一年以上
D. 钢丝绳直径减少 7% ~10%
E. 钢丝绳表面钢丝磨损或腐蚀程度达表面钢丝绳直径 40% 以上,或钢丝绳被腐蚀后,表面麻痕清晰可见,整根钢丝绳明显变硬

65. 吊装沉箱钢筋网片过程中,必须注意以下(　　)。
A. 检查钢筋网片吊点焊接是否牢固　　B. 吊装中作业人员不准进入吊装区
C. 检查钢筋的尺寸　　D. 钢筋网片就位后及时进行加固
E. 计算钢筋网片的质量

66.《龙门架及井架物料提升机安全技术规范》(JGJ 88—2010)规定:物料提升机有下列情况时,必须重新进行检验(　　)。
A. 正常工作 1 年,继续使用前　　B. 经过改进和大修后,使用前
C. 闲置时间 6 个月以上,重新使用前　　D. 操作人员换岗时
E. 重新安装后,使用前

67. 低架物料提升机应设置下列安全装置(　　)。
A. 停靠装置　　B. 断绳保护装置
C. 上极限限位装置　　D. 载重量限制装置
E. 信号装置

68. 属于特种设备安全技术档案应当包括的内容有(　　)。
A. 特种设备的设计文件、产品质量合格证明等技术文件和资料
B. 特种设备的定期检查记录
C. 特种设备安全管理机构资料
D. 特种设备作业人员证书复印件

E. 特种设备运行故障和事故记录

69. 高架提升机应设置(　　)安全装置。

A. 安全停靠装置　　B. 断绳保护装置

C. 通信装置　　D. 下极限限位器

E. 缓冲器

70. 物料提升机的稳定性能主要取决于(　　)。

A. 基础　　B. 缆风绳

C. 附墙架　　D. 标准节

E. 地锚

71. 下列(　　)施工机械设备和施工机具是属于禁止购置和租赁的。

A. 国家明令淘汰的、规定不准再使用的

B. 存在严重事故隐患,无改造、维修价值的

C. 未达到安全技术标准规定使用年限的

D. 检测不合格的

E. 未提供生产制造许可证、产品合格证等技术资料和检测合格证明的

72.《焊接与切割安全》(GB 9448—1999)规定:(　　)及其他器具必须放置稳妥并保持良好的秩序,使之不会对附近的作业或过往人员构成妨碍。

A. 焊接设备　　B. 焊机

C. 切割机具　　D. 钢瓶

E. 电缆

73.《焊接与切割安全》(GB 9448—1999)规定:在公共场所进行焊接、切割操作的展览、演示时,除了保障操作者的人身安全之外,还必须保证观众免受(　　)等伤害。

A. 撞击　　B. 弧光

C. 火花　　D. 电击

E. 辐射

三、判断题

1. 从事电、气焊作业的电、气焊工人,必须戴电、气焊手套,使用护目镜、防护面罩和穿绝缘鞋。(　　)

2. 风力在四级以上时,塔式起重机不得进行吊装作业。(　　)

3.《塔式起重机安全规程》(GB 5144—2006)规定:塔式起重机的安全装置包括起重量限制器、力矩限制器和行走限位装置等。(　　)

4.《建筑机械使用安全技术规程》(JGJ 33—2012)规定:起重机操作人员在作业前必须对工作现场环境、行驶道路、架空电线、建筑物以及物件质量和分布进行全面了解。(　　)

5. 现场施工负责人应为起重机作业提供足够的工作场地,清除或避开起重臂起落及回转半径内的障碍物。(　　)

6.《建筑机械使用安全技术规程》(JGJ 33—2012)规定:起重吊装的指挥人员必须持证上

岗,作业时应与操作人员密切配合,当信号不清或错误时,操作人员应拒绝执行。（　）

7.《建筑施工起重吊装工程安全技术规范》(JGJ 276—2012)规定:在露天有六级以上大风或大雨、大雪、大雾等恶劣天气时,应停止起重吊装作业。雨雪过后作业前,应先试吊,确认制动器灵敏可靠后方可进行作业。（　）

8.《建筑机械使用安全技术规程》(JGJ 33—2012)规定:起重机作业时,起重臂和重物下方严禁有人停留、工作或通过。重物吊运时,严禁从人上方通过。（　）

9.《建筑机械使用安全技术规程》(JGJ 33—2012)规定:严禁使用起重机进行斜拉、斜吊和起吊地下埋设或凝固在地面上的重物以及其他不明质量的物体。（　）

10.《建筑机械使用安全技术规程》(JGJ 33—2012)规定:起吊重物应绑扎平稳、牢固,不得在重物上再堆放或悬挂零星物件。（　）

11.《建筑机械使用安全技术规程》(JGJ 33—2012)规定:为防止起重机的吊物对钢丝绳吊具造成损伤,被吊重物棱角处与钢丝绳之间应该加衬垫。（　）

12.《建筑机械使用安全技术规程》(JGJ 33—2012)规定:重物起升和下降速度应平稳、均匀,不得突然制动。左右回转应平稳,当回转未停稳前不得做反向动作。（　）

13. 司机在正常作业中应只服从一个佩带有标志的指挥人员发出的指挥信号。（　）

14. 在吊运中,方便时可以直接用吊钩吊挂重物。（　）

15.《塔式起重机安全规程》(GB 5144—2006)规定:塔式起重机轨道钢轨接头处必须有轨枕支承且两侧钢轨接头错开 1.5m 以上。（　）

16. 对多档位的起升机构,各档位均应设有可靠的荷载限制安全装置。（　）

17.《建筑机械使用安全技术规程》(JGJ 33—2012)规定:作业中遇突发故障时,严禁起吊重物长时间悬挂在空中,应采取措施将重物降落到安全地方,并关闭发动机或切断电源后进行检修。（　）

18.《施工现场临时用电安全技术规范》(JGJ 46—2005)规定:起重机不得靠近架空输电线路作业。起重机的任何部位与架空输电导线之间必须保持一定的安全距离,这个距离与输电导线的电压有关。（　）

19.《建筑机械使用安全技术规程》(JGJ 33—2012)规定:履带式起重机应在平坦坚实的地面上作业、行走和停放。在正常作业时,坡度不得大于 3°,并应与沟渠、基坑保持安全距离。（　）

20.《建筑机械使用安全技术规程》(JGJ 33—2012)规定:履带起重机在起吊荷载达到额定重量的 90% 及以上时,升降动作应慢速进行,可同时进行两种动作复合操作。（　）

21.《建筑施工起重吊装工程安全技术规范》(JGJ 276—2012)规定:履带起重机变幅应缓慢平稳,严禁在起重机臂未停稳前变换挡位。（　）

22.《建筑机械使用安全技术规程》(JGJ 33—2012)规定:履带起重机荷载达到额定起重量的 90% 以上时,严禁下降起重臂。（　）

23.《建筑机械使用安全技术规程》(JGJ 33—2012)第 4.1.30 条规定:吊钩有裂纹,经焊接修补后方可继续使用。（　）

24.《塔式起重机安全规程》(GB 5144—2006)第 6.1.2 条规定:起重量限制器起作用时,

吊载停止向上运动,同时也不能下降运动。（ ）

25. 吊钩护板的作用是防止吊索或吊具意外滑脱。（ ）

26. 患有高血压、心脏病、恐高症等疾病的人员,不得从事起重机操作工作。（ ）

27.《建筑机械使用安全技术规程》(JGJ 33—2012)规定:在作业中发现汽车、轮胎式起重机倾斜、支腿不稳等异常现象时,应立即将重物下降到安全的地方,要边下降边制动。（ ）

28.《建筑机械使用安全技术规程》(JGJ 33—2012)规定:重物在空中需较长时间停留时,应将起升卷筒制动锁住后,操作人员才能离开操纵室。（ ）

29.《建筑机械使用安全技术规程》(JGJ 33—2012)规定:调整汽车起重机的支腿必须在无荷载时进行,并将起重臂转至正前或正后,方可再行调整。（ ）

30.《建筑机械使用安全技术规程》(JGJ 33—2012)规定:汽车起重机起重臂伸缩时,应按规定程序进行,在伸臂的同时应相应下降吊钩。当限制器发出警报时,应立即停止伸臂。（ ）

31. 露天作业的门式、桥式起重机,当遇到六级及六级以上大风时,应停止作业。（ ）

32.《建筑机械使用安全技术规程》(JGJ 33—2012)规定:门式、桥式起重机行走时,两侧驱动轮应同步,发现偏移应停止作业,调整后方可继续使用。（ ）

33.《建筑机械使用安全技术规程》(JGJ 33—2012)规定:用起重机运输时,可以在机臂回转范围内站立、行走或作业。（ ）

34. 在高处拆卸、修理或检查起重机时要佩戴安全带。（ ）

35. 塔式起重机小车应设置防脱轨装置,即使轮轴断裂,小车也不能掉落。（ ）

36.《建筑机械使用安全技术规程》(JGJ 33—2012)规定:塔式起重机在非工作状态,应松开回转制动器,回旋部分可自由旋转。（ ）

37. 塔式起重机顶升油缸与平衡阀(液压锁)间不得采用软管连接。（ ）

38.《建筑施工起重吊装工程安全技术规范》(JGJ 276—2012)规定:两台塔式起重机抬吊同一重物时,各台塔式起重机承受的荷载不超过其额定起重能力即可。（ ）

39. 塔式起重机在安装起重臂前应安装适当配重,此配重的质量及安装位置应根据使用说明书确定。（ ）

40. 塔式起重机作业开始前,指挥人员必须与司机互相约定所采用的指挥信号种类。（ ）

41. 塔式起重机力矩限制器起作用时,应同时切断起升和变幅控制电源。（ ）

42.《建筑机械使用安全技术规程》(JGJ 33—2012)规定:塔式起重机内爬升作业时不可以进行回转动作。（ ）

43. 塔式起重机司机对任何人发出的危险信号均应听从。（ ）

44. 塔式起重机工作完毕后,应将空钩停放在近吊钩高度限位处。（ ）

45. 用塔吊运送混凝土时,吊斗必须焊有吊环,吊点不得少于 4 个。（ ）

46. 用塔吊运送混凝土时,使用专用吊斗时吊环应固定可靠。（ ）

47.《建筑机械使用安全技术规程》(JGJ 33—2012)规定:在起重机作业中,吊钩上出现裂纹就不可以使用了。（ ）

48. 在起重作业中,卡环严禁侧向受力。（ ）

49. 钢丝绳施工升降机吊笼只有在 2 根以上彼此独立的钢丝绳驱动时才可以运人。（ ）

50. 起重作业中不可以同时使用钢丝绳和链条等不同的索具。 ( )

51. 土方作业时，起重和垂直运输机具的绳索、滑轮、钩子、容器等工具应预先检查，保证牢固完好。 ( )

52. 用绳夹固定钢丝绳头时，绳夹数量不得少于3个，且应“一正一反”安装。 ( )

53.《塔式起重机安全规程》(GB 5144—2006)规定：塔式起重机钢丝绳端部采用编结固接时，编结长度不应小于钢丝绳直径的20倍且不小于300mm。 ( )

54. 在起重吊装中，钢丝绳捆绑点选择的主要依据是构件的重心。 ( )

55.《塔式起重机安全规程》(GB 5144—2006)规定：吊钩处于工作位置最低点时，钢丝绳在卷筒上的缠绕，除固定绳尾圈数外，不得少于3圈。 ( )

56. 起重机作业中，当多人指挥时，以指挥长信号为准。 ( )

57. 如果挂钩工配备人数不够，信号指挥工不可以帮助挂钩。 ( )

58.《建筑施工起重吊装工程安全技术规范》(JGJ 276—2012)规定：在吊装过程中，严禁在已吊起的构件下面或起重臂下旋转范围内作业或行走。 ( )

59. 信号工必须监督、纠正挂钩工的安全操作。 ( )

60. 吊运重物时，吊物下降到1m时，应及时发出慢就位信号。 ( )

61. 吊装使用卡环时，应使环底和轴销受力。 ( )

62.《建筑施工起重吊装工程安全技术规范》(JGJ 276—2012)规定：夜间进行吊装作业时，必须要有足够的照明。 ( )

63. 吊笼运输混凝土时，严禁将头和手伸向吊笼的运行区域。 ( )

64. 拆除电梯井及大型孔洞模板时，必须采取下层支搭安全网等可靠防坠落措施。 ( )

65.《建筑施工高处作业安全技术规范》(JGJ 80—1991)规定：攀登和悬空高处作业人员及搭设高处作业安全设施的人员，必须经过专业技术培训及专业考试合格，持证上岗，并必须定期进行体格检查。 ( )

66. 高处作业的安全技术措施及其所需料具，要列入工程的施工组织设计中。 ( )

67. 对爆破残眼检查后，可以在爆破残眼上打孔。 ( )

68. 若在炮眼内发现异状、湿度骤高骤低、有显著瓦斯涌出、煤岩松散等情况时，不得装药爆破。 ( )

69. 在盲炮处理中，如果所用炸药为抗水硝铵类炸药，且孔壁完好，可取出部分填塞物，向孔内灌水，使之失效，然后进一步处理。 ( )

70.《焊接与切割安全》(GB 9448—1999)规定：氧气瓶、乙炔气瓶内气体必须用尽。 ( )

71.《建筑机械使用安全技术规程》(JGJ 33—2012)规定：乙炔瓶不得倒置，氧气瓶、乙炔瓶不得混放，两瓶之间距离不得小于5m，距明火间距不得小于10m。 ( )

72.《焊接与切割安全》(GB 9448—1999)规定：用于氧气的气瓶、设备、管线或仪器也可用于其他气体。 ( )

73. 电梯井口的防护标准是必须设置1.5m高的开启式金属防护门。 ( )

74. 脚手架的搭设作业人员不需要接受特种作业培训。 ( )

75. 施工起重机械和整体式提升脚手架、模板等自升式架设设施安装完后即可投入使用。 ( )

76. 装卸乙炔气瓶或石油气瓶应轻拿轻放，不得抛、碰、滑、滚等剧烈震动。（　）

77.《建筑机械使用安全技术规程》（JGJ 33—2012）规定：氧气钢瓶不得与乙炔钢瓶、氢气钢瓶混放一起。（　）

78.《建筑机械使用安全技术规程》（JGJ 33—2012）规定：乙炔瓶在储存或使用时可以水平放置。（　）

79.《建筑机械使用安全技术规程》（JGJ 33—2012）规定：氧气瓶和液化石油气钢瓶不能同车运输。（　）

80. 特种设备作业人员在作业过程中发现事故隐患或者其他不安全因素，应当立即向现场安全管理人员和单位有关负责人报告。（　）

81. 对特种设备的监管不包括对其附属的安全附件、安全保护装置和与安全保护装置相关的设施的监管。（　）

82. 轨道式行走起重机司机下班时，关闭电源方可离开。（　）

83.《建筑机械使用安全技术规程》（JGJ 33—2012）规定：起重机吊钩运行路线下严禁站人。（　）

84. 起重机接近终点时，应该及时断电，尽可能不动用行程限位器。（　）

85. 起重机司机可以倾斜吊运物体。（　）

86.《塔式起重机安全规程》（GB 5144—2006）规定：起重机吊装作业时，吊钩与滑轮之间应保持一定距离，卷筒上钢丝绳不能放尽，至少保留 1 ~2 圈。（　）

87. 建筑起重机械安装完毕后，使用单位应当按照安全技术标准及安装使用说明书的有关要求对建筑起重机械进行自检、调试和试运转。（　）

88. 气瓶在使用前，应该放在绝缘性物体如橡胶、木板上。（　）

89. 起吊钢筋或钢筋骨架时，下方禁止站人，待钢筋骨架降落至离地面或安装高程 1m 以内人员方准靠近操作，待就位放稳或支撑好后，方可挂钩。（　）

90. 气瓶的充装和使用人员可以穿化纤服装。（　）

91.《焊接与切割安全》（GB 9448—1999）规定：开启气瓶瓶阀时，操作者应该站在气瓶正面。（　）

92.《焊接与切割安全》（GB 9448—1999）规定：焊接作业使用的气瓶应该存放在密闭场所。（　）

93. 吊物水平移动，必须高于所跨越的障碍物至少 1m 时，方可发出转臂信号。（　）

94. 吊钩保险是安装在吊钩挂绳处的一种防止起吊钢丝绳由于角度过大或挂钩不妥时，造成起吊钢丝绳脱钩、吊物坠落事故的装置。（　）

95.《建筑机械使用安全技术规程》（JGJ 33—2012）规定：吊钩由于长期使用产生裂纹，必须对其焊接修补后方可继续使用。（　）

96.《水运工程施工安全防护技术规范》（JTS 205-1—2008）规定：在地面焊接或切割时，必须与易燃易爆物品保持 5m 以上距离。（　）

97. 清理施工垃圾时，使用容器吊运，可以不搭设封闭式专用垃圾道或用容器吊运。（　）

98.《施工现场临时用电安全技术规范》（JGJ 46—2005）规定：超过 30m 的塔式起重机，必

须在起重机的最高部位安装红色障碍指示灯。　（　　）

99. 安全钩是安装在施工电梯吊笼上部的重要装置，也是施工电梯最后一道安全装置。　（　　）

100. 施工现场油漆作业与焊接作业不可同时进行。　（　　）

101.《焊接与切割安全》（GB 9448—1999）规定：使用中，气瓶可以放在烈日下暴晒，可以离火源及高温区较近，但距明火不应小于 10m。　（　　）

102. 压力容器的结构比较简单，它的主要作用是：储装压缩气体和液化气体，或是为这些介质的传热、传质或化学反应提供一个密闭的空间。　（　　）

103. 储存易燃物品的仓库大门应当向内开。　（　　）

104. 施工起重机械和整体提升脚手架、模板等自升式架设设施安装完毕后，安装单位应当自检，出具自检合格证明，并向监理单位进行安全使用说明，办理验收手续并签字。　（　　）

105. 塔吊的卸料平台应与脚手架连接。　（　　）

106. 起重机械运行前应先鸣铃提示大家注意安全。　（　　）

107. 垂直运输机械人员、安装拆卸工、爆破作业人员、登高架设作业人员、电工、锅炉工、焊工、信号工等特种作业人员必须经过考核合格取得操作证后方准上岗作业。　（　　）

108. 物料提升机缆风绳一般宜采用水平式地锚，当土质坚实，受力小于 15kN 时，也可选用桩式地锚。　（　　）

109.《建筑机械使用安全技术规程》（JGJ 33—2012）规定：施工升降机的防坠安全器，只能在有效的标定期内使用，有效标定期限不应超过 1 年。　（　　）

110. 从事门式脚手架搭设拆除作业人员经过体检合格就可从事搭设拆除作业。　（　　）

111. 电工作业、金属焊接切割作业、起重机械作业都属于特种作业。　（　　）

112. 压力容器内部有压力时，严禁进行任何修理或紧固工作。　（　　）

113. 特种设备使用单位的主要负责人对特种设备事故隐瞒不报、谎报或者拖延不报，触犯刑律的，依照重大责任事故罪或其他罪的规定，依法追究刑事责任。　（　　）

114. 特种设备的安全管理人员应当对特种设备使用情况进行经常性检查，发现问题的应当立即处理；紧急情况时，可以决定停止使用特种设备并及时报告本单位有关负责人。　（　　）

115. 使用砂轮研磨时，应戴防护眼镜或装设防护玻璃。　（　　）

116.《建筑机械使用安全技术规程》（JGJ 33—2012）规定：起重机在没有障碍物的线路上运行时，吊物底面必须离地面 1m 以上，如要越过障碍物，须超过障碍物 0.2m 高。　（　　）

117. 吊运较重物件、重要物体及危险品时，必须先缓慢地吊离地面 0.5 ~ 1.0m，试验制动器的可靠性，确认安全后方可继续作业。　（　　）

118. 叉车行驶时，货叉应该尽量靠近地面。　（　　）

119. 压力表是测量容器中介质压力的仪表，可以直接显示出容器内的压力值，使操作人员正确了解容器内压力，防止发生超压事故。　（　　）

120.《建筑施工起重吊装工程安全技术规范》（JGJ 276—2012）规定：物料升降机缆风绳与地面的拉设角度应为 30°。　（　　）

121. 塔式起重机紧急断电保护是利用装设在司机室内便于操作位置的紧急开关来实现。　（　　）

122. 塔式起重机工作时,不能对设备进行维修和调整。 (　　)

123.《建筑施工起重吊装工程安全技术规范》(JGJ 276—2012)规定:塔式起重机吊钩吊有重物时,司机不准离开驾驶室。 (　　)

124. 钢丝绳按绳股数及一股中的钢丝数的多少来分,常用的有6股19丝、6股37丝、6股61丝等几种。日常工作中以(6＊19＋1、6＊37＋1、6＊61＋1)来表示。 (　　)

125.《水运工程施工安全防护技术规范》(JTS 205-1—2008)规定:吊挂和捆绑用钢丝绳的安全系数是6。 (　　)

126. 作业中发生回火时,应先关乙炔阀门,再关氧气阀门。 (　　)

127. 焊接作业中,焊药分解,金属蒸发只形成烟气,没有粉尘。 (　　)

128. 使用携带型火炉或喷灯时,火焰与带电部分的距离为:电压在10kV以下者,不得小于1.5m;电压在10kV以上者,不得小于2m。 (　　)

129.《建筑施工起重吊装工程安全技术规范》(JGJ 276—2012)规定:当制动摩擦片磨损量达原厚度的30%时应报废。 (　　)

130.《建筑机械使用安全技术规程》(JGJ 33—2012)规定:现场检修混凝土搅拌机时,应先固定好料斗,切断电源。进入滚筒时,外面应有人监护,或卸下熔断器并锁好电闸箱,然后方可进入。 (　　)

131. 对压力容器进行内部检修时,可以使用明火照明。 (　　)

132.《水运工程施工安全防护技术规范》(JTS 205-1—2008)规定:水上运送爆破器材和起爆药包应采用专用船。当采用普通船舶时,应采取防电、防振及隔热措施,并应避免剧烈的颠簸或碰撞。 (　　)

133.《公路工程施工安全技术规范》(JTG F90—2015)规定:爆破作业必须设警戒区和警戒人员,起爆前必须撤出人员并按规定发出声、光等警示信号。 (　　)

134.《焊接与切割安全》(GB 9448—1999)规定:所有运行使用中的焊接、切割设备必须处于正常的工作状态,存在安全隐患(如安全性或可靠性不足)时,必须停止使用并由安全管理人员修理。 (　　)

135.《焊接与切割安全》(GB 9448—1999)规定:焊接与切割作业时,为防止烟气流,必须采取措施避免作业人员直接呼吸到焊接操作所产生的烟气流。 (　　)

136.《公路桥涵施工技术规范》(JTG/T F50—2011)规定:钢筋焊接时,对施焊场地应有适当的防风、雨、雪、严寒设施,低于－10℃时,不得施焊。 (　　)

137.《公路工程施工安全技术规范》(JTG F90—2015)规定:吊斗灌注混凝土应设专人指挥起吊、运送、卸料,人员、车辆可以短时间在吊车下停留或通行,可以攀爬吊斗。 (　　)

138.《公路工程施工安全技术规范》(JTG F90—2015)规定:雨、雪后,吊装前应清理积水、积雪,并应采取防滑和防漏电措施,作业前,应先试吊。 (　　)

139.《公路工程施工安全技术规范》(JTG F90—2015)规定:吊篮和工作台的脚手板必须铺平绑牢,两端探头长度不得超过20cm。 (　　)

第七章 基坑施工

一、单选题

1. 公路施工中，推土机在深沟、基坑或陡坡地区作业时，应有专人指挥，其垂直边坡深度一般不超过（　　）m，否则应放出安全边坡。

A. 1　　B. 2　　C. 3　　D. 4

2. 采取机械开挖基坑时，机身距坑边的安全距离应不小于（　　）cm。

A. 50　　B. 100　　C. 150　　D. 200

3.《公路路基施工技术规范》（JTG F10—2006）规定：当基坑开挖深度超过（　　）m 时，必须在周边设置牢固的防护栏杆。

A. 1　　B. 1.5　　C. 2　　D. 3

4. 基坑、沟槽、坑井边缘必须设置不低于（　　）m 高度的防护栏和夜间警示灯，人员上下应走马道或梯子，严禁蹬踏固壁支撑上下。

A. 0.6　　B. 0.8　　C. 1.0　　D. 1.2

5. 槽、坑、沟边（　　）m 范围内不得堆土、堆料、停置机具。

A. 0.8　　B. 1.0　　C. 1.2　　D. 1.5

6.《公路工程施工安全技术规范》（JTG F90—2015）规定：开挖土方的操作人员之间，必须保持足够的安全距离：横向间距不小于（　　）m，纵向间距不小于（　　）m。

A. 1,2　　B. 2,3　　C. 3,4　　D. 4,5

7. 深坑作业时应经常检查孔内二氧化碳浓度，超过（　　）m 或孔深大于（　　）m 时，必须要用空压机通风。

A. 0.3%，10　　B. 0.03%，100　　C. 3%，100　　D. 1%，10

8. 一级基坑土钉墙顶部水平位移的变化速率超过（　　）mm/d 应进行报警。

A. 2　　B. 3　　C. 4　　D. 5

9. 湿土地区开挖时，若为人工降水，降至坑底（　　）深时方可开挖。

A. 0.2m 以下　　B. 0.3m 以下　　C. 0.5m 以下　　D. 0.5 ~ 1.0m

10. 人工开挖大直径桩基础时，为了防止土壁坍塌，每挖深（　　）m 就要支护一次。

A. 0.5　　B. 1.0　　C. 1.2　　D. 1.8

11. 基坑（槽）四周排水沟及集水井应设置在（　　）。

A. 基础范围以外　　B. 堆放土以外　　C. 围墙以外　　D. 基础范围以内

二、多选题

1. 建筑施工安全检查中关于基坑支护的五个保证项目是（　　）。

A. 施工方案　　B. 临边防护
C. 坑壁支护　　D. 排水措施
E. 坑边荷载

2. 以下基坑开挖安全技术措施正确的有(　　)。
A. 尽量减少基坑坡顶荷载　　B. 做好降水措施,确保基坑开挖期间的稳定
C. 控制好边坡　　D. 严格按设计要求开挖和支护
E. 及时分析监测数据,做到信息化施工

3. 基坑开挖要注意预防因基坑被浸泡,引起(　　)事故的发生。
A. 坍塌　　B. 沉降
C. 位移　　D. 滑坡
E. 涌水

4. 深基坑开挖过程中,挖土机械不得随意碰撞(　　)。
A. 支撑系统　　B. 锚杆系统　　C. 支护桩墙　　D. 施工标记

5. 在(　　)情况下开挖基坑应采取支护措施。
A. 基坑深度较大,且不具备自然放坡施工条件
B. 地基土质松软,并有地下水或丰富上层滞水
C. 基坑开挖会危及邻近建筑物、构筑物、道路及地下管线的安全与使用
D. 基坑深度较浅,地基土质坚硬

6. 下列关于基坑开挖作业的说法中,正确的有(　　)。
A. 为便利人员上下基坑的专用坡道宽度应为40cm
B. 基坑深度超过1.5m且不加支撑时,应按要求放坡
C. 应采取截流措施,防止地表水流入基坑
D. 开挖深度超过2.0m时,应按高处作业进行安全防护
E. 在开挖的沟槽坑边沿1m以内不许堆土

7. 关于拆除基坑固壁支架和更换支撑有(　　)规定。
A. 应按回填顺序自下而上逐步拆除　　B. 更换支撑时,应先装新的,再拆旧的
C. 必须有工程技术人员在场指导　　D. 必须有安全管理人员在场监督

8. 当出现下列(　　)情况时,必须立即进行危险报警,并应对基坑支护结构和周边环境中的保护对象采取应急措施。
A. 监测数据达到监测报警值的累计值
B. 基坑支护结构或周边土体的位移值突然明显增大或基坑出现流沙、管涌、隆起、陷落或较严重的渗漏等
C. 周边建筑的结构部分、周边地面出现较严重的突发裂缝或危害结构的变形裂缝
D. 周边管线变形突然明显增长或出现裂缝、泄漏等

三、判断题

1. 基坑开挖完成后,暴露的时间越长越好。　　(　　)

2. 深基坑支护系统中，不得在支撑上随意堆放设计中未考虑的重物。 ( )

3. 开挖深基坑时，宜布置地面和坑内排水系统。 ( )

4. 基坑挖土对相邻建筑物有影响，但降水对相邻建筑物基本没有影响。 ( )

5. 基坑开挖采用护坡桩系统时，应对挡土桩的变形、内力变化进行监测。 ( )

6. 在基坑开挖过程中，应对水平支撑系统和锚杆的工作状态进行检查和监测。 ( )

7. 基坑开挖深度超过1.5m，不加支撑时，应按要求进行放坡。 ( )

8. 基坑开挖时，距坑壁边缘1m范围内，不允许加堆载，否则会影响开挖坑壁的稳定性。 ( )

9. 在沟槽、基坑中浇筑混凝土前应检查槽帮，确认安全后方可作业。 ( )

10. 槽、坑、沟未设置人员上、下坡道时，作业人员可攀登固壁支撑上下。 ( )

11. 人工开挖土方，两人横向间距不得小于2m，纵向间距不得小于3m。严禁掏洞挖土，搜底挖槽。 ( )

12. 槽、坑、沟边1m范围内不得堆土和存放材料设备。 ( )

13. 槽深大于2.5m时应分层挖土。 ( )

14. 开挖槽坑或取土时，严禁采用掏洞或挖空脚的方法。 ( )

15. 人工挖孔桩所用的电动工具必须装有漏电保护装置。 ( )

16. 人工挖孔桩桩孔开挖深度超过5m时，应有专门向井下送风的设备。 ( )

17. 路基工程施工中，在雨季前做好傍山施工现场边缘的危石处理，严防滑坡或塌方威胁工地。 ( )

第八章　临时用电

一、单选题

1.《公路工程施工安全技术规范》(JTG F90—2015)规定：工程施工现场的机动车道与220/380V架空线路交叉时的最小垂直距离应不小于(　　)m。

A.4　　B.5　　C.6　　D.7

2.《公路工程施工安全技术规范》(JTG F90—2015)规定：施工现场临时用电必须按照(　　)的设置。

A.二级配电一级保护　　B.一级配电一级保护

C.三级配电二级保护　　D.三级配电三级保护

3.《公路工程施工安全技术规范》(JTG F90—2015)规定：开关箱与分配电箱的距离不得大于(　　)m，开关箱应靠近用电设备，与其控制的固定式用电设备水平距离不宜大于3m。

A.15　　B.20　　C.25　　D.30

4.《公路工程施工安全技术规范》(JTG F90—2015)规定：固定式配电箱、开关箱的中心点与地面的垂直距离应为(　　)m。

A.1.0～1.2　　B.1.2～1.4　　C.1.4～1.6　　D.1.6～1.8

5.《施工现场临时用电安全技术规范》(JGJ 46—2005)规定：变配电室要求做到的五防是：防火、防水、防漏、防雪、(　　)。

A.防盗　　B.防风　　C.防小动物　　D.防电

6.《施工现场临时用电安全技术规范》(JGJ 46—2005)规定：移动式电箱的进、出线应采用(　　)。

A.橡皮护套铜芯多股软电缆　　B.聚氯乙烯绝缘电缆

C.绝缘导线穿保护管　　D.铝芯电缆

7.《施工现场临时用电安全技术规范》(JGJ 46—2005)规定：关于施工临时用电的规定，下列说法正确的是(　　)。

A.施工现场临时用电工程可根据需要建立安全技术档案

B.电工必须经过按国家现行标准考核合格取得特种作业人员操作证后，方可上岗工作，并应按规定每五年办理一次复审手续

C.严禁用同一开关箱控制2台及以上用电设备

D.经过审批后的施工现场临时用电方案发生变更时，可不必履行“编制、审核、批准”程序

8.《施工现场临时用电安全技术规范》(JGJ 46—2005)规定：所有电箱应(　　)进行检查和维修一次，检查及维修人员必须是正式专业电工，并按规定穿戴绝缘鞋、手套，使用电工绝缘工具。检查维修时，应将前一级相应电源开关分闸断电，并悬挂停电标志牌，严禁带

电作业。

A. 一星期　　B. 一个月　　C. 三个月　　D. 六个月

9. 施工现场临时用电的电箱必须防雨、防尘。为了防止雨水和尘沙侵入电器，电箱导线的进出口必须设在（　　），进出导线应与箱体紧固，导线不得承受过大拉力并加护套，分路成束，导线不得与箱体进出口直接接触，防止绝缘磨损。

A. 箱体下底面　　B. 箱体顶面　　C. 箱体左侧面　　D. 箱体右侧面

10. 电气操作时，佩戴绝缘手套的长度至少应超过手腕（　　）cm。

A. 5　　B. 10　　C. 15　　D. 12

11.《施工现场临时用电安全技术规范（附条文说明）》（JGJ 46—2005）规定：施工现场用电设备在（　　），应编制临时用电施工组织设计以指导临时用电工程施工，保障用电设备安全运行的安全性与可靠性。

A. 3 台及以上或设备总容量在 30kW 及以上

B. 5 台及以上或设备总容量在 50kW 及以上

C. 8 台及以上或设备总容量在 100kW 及以上

D. 无论容量多少

12. 开关箱与用电设备之间应实行（　　）的规定，以防止带来意外的伤害事故，开关箱内开关电器的额定值应与用电设备额定值相适应。

A. 一机一闸制　　B. 一闸多机制

C. 一台漏电保护器同时保护几台设备　　D. 二机一闸

13.《手持式电动工具的管理、使用、检查和维修安全技术规程》（GB/T 3787—2006）规定：手持式电动工具必须由专职人员按规定进行定期检查，（　　）至少检查一次。

A. 一星期　　B. 一个月　　C. 一年　　D. 两年

14. 在现场电力、通信电缆（　　）m 范围内挖土时，必须在电力、通信单位人员的监护下采取人工开挖。

A. 1　　B. 2　　C. 3　　D. 4

15.《塔式起重机安全规程》（GB 5144—2006）规定：电气设备的金属外壳应可靠接地，接地电阻不得大于（　　）Ω。

A. 4　　B. 10　　C. 30　　D. 100

16.《剩余电流动作保护装置安装和运行》（GB 13955—2005）规定：剩余电流保护装置的安装必须由（　　）进行。

A. 经技术培训考核合格的专业人员　　B. 市政工程技术员

C. 任何人员　　D. 技术员就可以

17. 当施工现场没有专用变压器供电，而是与外电线路共用一供电系统时，必须引出保护零线，形成（　　）。

A. TT 系统　　B. 三相四线系统

C. TN-C-S 系统　　D. 三相五线系统

18.《施工现场临时用电安全技术规范》（JGJ 46—2005）规定：室外 220V 灯具距地面不得

低于(　　)m,室内220V灯具距地面不得低于2.5m。

A.2.0　　B.2.5　　C.3.0　　D.3.5

19.《施工现场临时用电安全技术规范》(JGJ 46—2005)规定:工程施工现场专用的,电源中性点直接接地的220/380V三相五线制用电工程中,必须采用的漏电保护形式是(　　)。

A.TN　　B.TN-S　　C.TN-C　　D.TT

20.《施工现场临时用电安全技术规范》(JGJ 46—2005)规定:工程施工现场用电系统中,N线的绝缘色应是(　　)。

A.黑色　　B.白色　　C.淡蓝色　　D.棕色

21.《施工现场临时用电安全技术规范》(JGJ 46—2005)规定:配电室内不得存放(　　)。

A.1211灭火器　　B.绝缘灭火器材

C.易燃、易爆物品　　D.砂箱

22.落地安装的配电柜(箱)底面应高出地面(　　)mm。

A.10~20　　B.20~50

C.50~100　　D.80~150

23.《施工现场临时用电安全技术规范》(JGJ 46—2005)规定:照明电源电压不得大于12V的是(　　)。

A.人防工程　　B.有导电灰尘的场所

C.特别潮湿场所及导电良好的地面　　D.高温场所

24.《施工现场临时用电安全技术规范》(JGJ 46—2005)规定:在金属容器内施工,照明电源电压不应大于(　　)V。

A.12　　B.24　　C.36　　D.48

25.在线路的末级(开关箱内)的漏电保护器应选择(　　)型的,才能自动切断电源,以免伤及人身和烧毁设备。

A.高灵敏度:漏电动作电流在30mA以下;快速型:漏电动作时间小于0.1s

B.中灵敏度:在30~1 000mA;延时型:动作时间在0.1~2s

C.低灵敏度:在1 000mA以上;反时限型:额定漏电动作电流时间为0.2~1s

D.都可以

26.下列有关使用漏电保护器的说法,正确的是(　　)。

A.漏电保护器既可用来保护人身安全,还可用来对低压系统或设备的对地绝缘状况起到监督作用

B.漏电保护器安装点以后的路线不可对地绝缘

C.漏电保护器在日常使用中不可在通电状态下按动实验按钮来检验其是否灵敏可靠

D.在TN配电系统,电气设备可以不用装设漏电保护器

27.《施工现场临时用电安全技术规范》(JGJ 46—2005)规定:使用于潮湿或有腐蚀介质场所的漏电保护器应采用防溅型产品,其额定漏电动作电流不应大于(　　)mA,额定漏电动作时间不应大于0.1s。

A.5　　B.10　　C.15　　D.20

28. 施工现场的工作棚、场地的照明灯具，可分路控制，每个照明支线上连接灯数不得超过(　　)盏，若超过时，每个灯具上应装设熔断器。

A. 5　　B. 10　　C. 15　　D. 20

29. 临时接地线应采用多股软裸铜线，其截面不小于(　　)mm^2。

A. 10　　B. 16　　C. 25　　D. 35

30.《施工现场临时用电安全技术规范》(JGJ 46—2005)规定：室外 220V 灯具距地面不得低于(　　)m。

A. 2.0　　B. 2.5　　C. 3.0　　D. 3.5

31. 一般工厂和家庭的照明灯具多采用悬挂式，人体接触机会较少，可选用 220V 电压供电；工人接触机会较多的机床照明灯则应选(　　)V 供电。

A. 12　　B. 36　　C. 48　　D. 110

32. 当电气设备采用超过(　　)V 安全电压时，必须采取防止直接接触带电体的保护措施。

A. 12　　B. 24　　C. 36　　D. 48

33. 二氧化碳气体预热器端的电压不得高于(　　)V。

A. 24　　B. 36　　C. 48　　D. 72

34.《施工现场临时用电安全技术规范》(JGJ 46—2005)规定：电压为 400/230V 的自备发电机组的排烟管道必须伸出室外。发电机组及其控制、配电室内严禁存放(　　)。

A. 水箱　　B. 工具箱　　C. 储油桶　　D. 风箱

35. 动力电路中大于(　　)kW 的用电设备，应采用自动开关。

A. 4.5　　B. 5　　C. 5.5　　D. 6

36. 工程施工现场用电系统中，连接用电设备外露可导电部分的 PE 线应采用(　　)。

A. 绝缘铜线　　B. 绝缘铝线

C. 裸铜线　　D. 钢筋

37. 施工现场用电工程中，PE 线的重复接地点不应少于(　　)处。

A. 1　　B. 2　　C. 3　　D. 4

38.《施工现场临时用电安全技术规范》(JGJ 46—2005)规定：公路施工现场用电系统中，PE 线的绝缘色应是(　　)。

A. 绿色　　B. 黄色

C. 淡蓝色　　D. 绿/黄双色

39.《施工现场临时用电安全技术规范》(JGJ 46—2005)规定：施工现场用电工程中，PE 线上每处重复接地电阻值不应大于(　　)Ω。

A. 4　　B. 10　　C. 30　　D. 100

40. 在 1kV 以下架空线路中，电杆间距不大于 35m，架空线路最大弧垂与地面距离不小于 4m，在运输干道上不小于(　　)m。

A. 4　　B. 5　　C. 6　　D. 7

41. 施工用电线路架设必须按施工图规定进行，凡临时用电使用超过(　　)个月(含)以上的应按正式线路架设,改变临时用电安全施工组织设计规定的,必须经原审批单位领导同意签字,未经同意不得改变。

A. 3　　B. 6　　C. 9　　D. 12

42.《施工现场临时用电安全技术规范》(JGJ 46—2005)规定:移动式配电箱、开关箱中心点与地面的相对高度可为(　　)m。

A. 0.3　　B. 0.6　　C. 0.9　　D. 1.8

43. 塔吊及大型机械设备的防雷接地电阻值不大于(　　)Ω。

A. 30　　B. 20　　C. 10　　D. 4

44.《施工现场临时用电安全技术规范》(JGJ 46—2005)规定:施工现场停止作业 1h 以上时,应将(　　)上锁。

A. 总配电箱断电　　B. 动力开关箱断电

C. 分配电箱断电　　D. 总电箱断电

45. 在 380V 不接地低压系统中,要求保护接地电阻不大于(　　)Ω。

A. 1　　B. 2　　C. 4　　D. 10

46.《施工现场临时用电安全技术规范》(JGJ 46—2005)规定:当采取停电工作方式进行电气装置的检查、维护以及修理时,应在控制电气装置用电的刀闸或开关上挂设(　　)。

A. "止步,高压危险"警告标志　　B. 工作人员名单

C. 操作规程　　D. "禁止合闸,有人工作"警告标志

47. 发生触电事故造成皮肤金属化属于(　　)。

A. 直接接触电击　　B. 间接接触电击

C. 电伤　　D. 电弧烧伤

48.《施工现场临时用电安全技术规范》(JGJ 46—2005)规定:电缆直接埋地敷设的深度应不小于(　　)m。

A. 0.4　　B. 0.7　　C. 0.8　　D. 1.0

49.《施工现场临时用电安全技术规范》(JGJ 46—2005)规定:室外电缆以(　　)敷设为宜。

A. 架空　　B. 埋地　　C. 套管　　D. 覆盖

50.《施工现场临时用电安全技术规范》(JGJ 46—2005)规定:电杆埋设深度宜为杆长的 1/10 加(　　)m。

A. 0.6　　B. 1.2　　C. 1.8　　D. 2.4

51.《剩余电流动作保护装置安装和运行》(GB 13955—2005)规定:用于直接接触电击事故防护时,应选用一般型(无延时)的剩余电流保护装置。其额定剩余动作电流不超过(　　)mA。

B. 10　　B. 20　　C. 30　　D. 40

52.《剩余电流动作保护装置安装和运行》(GB 13955—2005)规定:为防止配电线路发生接地故障致人身电击事故,可根据线路的具体情况,采用(　　)保护。

A. 单级　　B. 双级　　C. 多级　　D. 分级

53.《剩余电流动作保护装置安装和运行》(GB 13955—2005)规定:单台电气机械设备,可根据其容量大小选用额定剩余动作电流(　　)一般型(无延时)的剩余电流保护装置。

A. 30mA 以上、100mA 及以下　B. 30mA 以上、90mA 及以下

C. 40mA 以上、100mA 及以下　D. 40mA 以上、90mA 及以下

54.《剩余电流动作保护装置安装和运行》(GB 13955—2005)规定:在采用分级保护方式时,上下级剩余电流保护装置的动作时间差不得小于(　　)s。

A. 0.1　B. 0.2　C. 0.3　D. 0.4

55.《剩余电流动作保护装置安装和运行》(GB 13955—2005)规定:安装在潮湿场所的电气设备应选用额定剩余动作电流为(　　)一般型(无延时)的剩余电流保护装置。

A. 12 ~ 30mA　B. 14 ~ 30mA　C. 16 ~ 30mA　D. 18 ~ 30mA

56.《施工现场临时用电安全技术规范》(JGJ 46—2005)规定:施工现场临时用电设备在(　　),应制订安全用电和电气防火措施。

A. 4 台以下和设备总容量在 40kW 以下者

B. 4 台以下和设备总容量在 50kW 以下者

C. 5 台以下和设备总容量在 50kW 以下者

D. 5 台以下和设备总容量在 70kW 以下者

57.《施工现场临时用电安全技术规范》(JGJ 46—2005)规定:临时用电工程定期检查应按分部、分项工程进行,对安全隐患必须及时处理,并应履行(　　)手续。

A. 审核　B. 批准　C. 复核　D. 复查验收

58.《施工现场临时用电安全技术规范》(JGJ 46—2005)规定:施工现场开挖沟槽边缘与外电埋地电缆沟槽边缘之间的距离不得小于(　　)m。

A. 0.3　B. 0.4　C. 0.5　D. 0.6

59.《施工现场临时用电安全技术规范》(JGJ 46—2005)规定:在 TN 接零保护系统中,通过总漏电保护器的工作零线与保护零线之间不得再作(　　)。

A. 物理连接　B. 电气连接　C. 金属连接　D. 接地连接

60.《施工现场临时用电安全技术规范》(JGJ 46—2005)规定:在有静电的施工现场内,对集聚在机械设备上的静电应采取接地泄漏措施。每组专设的静电接地体的接地电阻值不应大于(　　)Ω。

A. 50　B. 100　C. 150　D. 200

61.《施工现场临时用电安全技术规范》(JGJ 46—2005)规定:施工现场内所有防雷装置的冲击接地电阻值不得大于(　　)Ω。

A. 10　B. 20　C. 30　D. 40

62.《施工现场临时用电安全技术规范》(JGJ 46—2005)规定:架空线必须采用(　　)。

A. 绝缘导线　B. 金属导线　C. 半导体导线　D. 石墨导线

63.《施工现场临时用电安全技术规范》(JGJ 46—2005)规定:架空线在一个档距内,每层导线的接头数不得超过该层导线条数的(　　),且一条导线应只有一个接头。

A. 5%　B. 25%　C. 50%　D. 75%

64.《施工现场临时用电安全技术规范》(JGJ 46—2005)规定:架空线路必须有(　　)。

A. 过载保护　　B. 隔离开关　　C. 断路保护　　D. 短路保护

65.《施工现场临时用电安全技术规范》(JGJ 46—2005)规定:室内非埋地明敷主干线距地面高度不得小于(　　)m。

A. 1.5　　B. 2.0　　C. 2.5　　D. 3.0

66.《施工现场临时用电安全技术规范》(JGJ 46—2005)规定:施工现场停止作业(　　)以上时,应将动力开关箱断电上锁。

A. 半小时　　B. 1 小时　　C. 2 小时　　D. 3 小时

67.《施工现场临时用电安全技术规范》(JGJ 46—2005)规定:一般场所宜选用额定电压为(　　)V 的照明器。

A. 38　　B. 75　　C. 110　　D. 220

68.《施工现场临时用电安全技术规范》(JGJ 46—2005)规定:对夜间影响飞机或车辆通行的在建工程及机械设备,必须设置醒目的(　　)信号灯。

A. 红色　　B. 蓝色　　C. 绿色　　D. 黄色

69.《施工现场临时用电安全技术规范》(JGJ 46—2005)规定:碘钨灯等金属卤化物灯具的安装高度宜在(　　)m 以上,灯线应固定在接线柱上,不得靠近灯具表面。

A. 1　　B. 2　　C. 3　　D. 4

二、多选题

1. 公路施工现场临时用电的基本原则有(　　)。

A. 必须采用 TN-S 接地、接零保护系统

B. 必须按照三级配电二级保护

C. 人员必须取得证书方可上岗

D. 必须采用双人管理的原则

E. 用电设备必须实行“一机、一闸、一漏、一箱”制

2.《施工现场临时用电安全技术规范》(JGJ 46—2005)规定:配电箱中的断路器在正常情况下可用于(　　)。

A. 接通与分断空载电路　　B. 接通与分断负载电路

C. 电源隔离　　D. 电路的过载保护

E. 电路的短路保护

3.《施工现场临时用电安全技术规范》(JGJ 46—2005)规定:总配电箱内的漏电断路器在正常情况下可用于(　　)。

A. 电源隔离　　B. 接通与分断电路

C. 过载保护　　D. 短路保护

E. 漏电保护

4.《施工现场临时用电安全技术规范》(JGJ 46—2005)规定:以下属于安全用电做法的是(　　)。

A. 临时宿舍内不乱接电线和使用电器

B. 配电箱、开关箱留出足够两人同时操作的空间和通道

C. 配电箱、开关箱存放应急物品

D. 作业完毕后拉闸断电,锁好开关箱、配电箱

E. 尽量使用大型用电设备

5. 对触电者如何进行紧急抢救( )。

A. 立即切断电源

B. 用干燥木杆或竹竿等不导电材料将触电部位脱离

C. 抬到通风干燥处仰卧,将其上衣和裤带放松,观察其有无脉搏

D. 若触电者呼吸及心跳均停止,应在人工呼吸的同时实施心肺复苏,及时呼叫救护车

E. 不做处理,立即报警

6. 对外电线路防护的基本措施是( )。

A. 保证安全操作距离　　B. 搭设安全防护设施

C. 迁移外电线路　　D. 停用外电线路

E. 施工人员主观防范

7.《施工现场临时用电安全技术规范》(JGJ 46—2005)规定:架空电缆线路可以沿( )敷设。

A. 支架　　B. 树木

C. 围墙　　D. 电杆

E. 脚手架

8.《施工现场临时用电安全技术规范》(JGJ 46—2005)规定:施工用电技术档案内容有( )。

A. 施工用电组织设计的全部资料

B. 施工用电安全技术交底资料

C. 施工用电安全检查资料

D. 接地电阻测定资料

E. 电气设备的试验、调试记录和检查验收记录

9.《剩余电流动作保护装置安装和运行》(GB 13955—2005)规定:剩余电流保护装置应充分考虑( )。

A. 供电方式　　B. 供电电压

C. 系统接地形式　　D. 供电电流

E. 保护方式

10.《剩余电流动作保护装置安装和运行》(GB 13955—2005)规定:对( )组合的组合式电器,除定期进行剩余电流动作试验外,对断路器、接触器部分应按有关规程进行检查维护。

A. 剩余电流断路器

B. 剩余电流继电器和接触器

C. 断路器

D. 继电器

E. 接触器

11.《施工现场临时用电安全技术规范》(JGJ 46—2005)规定:临时用电组织设计及变更时,必须履行(　　)程序。

A. 规划　　B. 编制

C. 审核　　D. 批准

E. 调试

12.《施工现场临时用电安全技术规范》(JGJ 46—2005)规定:临时用电工程必须经(　　)共同验收,合格后方可投入使用。

A. 编制部门　　B. 审核部门

C. 批准部门　　D. 使用单位

E. 电力部门

13.《施工现场临时用电安全技术规范》(JGJ 46—2005)规定:(　　)临时用电设备和线路,必须由电工完成,并应有人监护。电工等级应同工程的难易程度和技术复杂性相适应。

A. 拆除　　B. 审核

C. 安装　　D. 巡检

E. 维修

14.《施工现场临时用电安全技术规范》(JGJ 46—2005)规定:配电室应靠近电源,并应设在(　　)及道路畅通的地方。

A. 灰尘少　　B. 潮气少

C. 振动小　　D. 无腐蚀介质

E. 无易燃易爆物

15.《施工现场临时用电安全技术规范》(JGJ 46—2005)规定:发电机供电系统应设置电源(　　)电器。

A. 隔离开关　　B. 短路保护

C. 过载保护　　D. 漏电保护

E. 分流保护

16.《施工现场临时用电安全技术规范》(JGJ 46—2005)规定:配电箱、开关箱应标明(　　)。

A. 名称　　B. 用途

C. 分路标记　　D. 系统接线图

E. 照明灯

17.《施工现场临时用电安全技术规范》(JGJ 46—2005)规定:外用电梯和物料提升机在每日工作前必须对(　　)等进行空载检查,正常后方可使用。

A. 行程开关　　B. 限位开关

C. 紧急停止开关　　D. 驱动机构

E. 制动器

18.《剩余电流动作保护装置安装和运行》(GB 13955—2005)规定:分级保护方式的选择应根据用电负荷和线路具体情况的需要,一般分为(　　)保护。

A. 一级　　B. 二级

C. 三级　　D. 四级

E. 五级

19.《公路工程施工安全技术规范》(JTG F90—2015)规定:配电箱、开关箱应装设在干燥、通风及常温场所,不得装设在存在(　　)及其他有害介质的场所。

A. 粉尘　　B. 瓦斯

C. 烟气　　D. 潮气

E. 高温

三、判断题

1.《施工现场临时用电安全技术规范》(JGJ 46—2005)规定:使用电钻、砂轮等手持电动工具时必须戴绝缘手套。(　　)

2. 打夯时须两人操作,一人扶夯、一人梳理电源线,两人都必须戴绝缘手套。(　　)

3. 在三相四线制中性点接地供电系统中,电气设备的金属外壳应做接地保护,并不得在同一供电系统上有的接地、有的接零。(　　)

4. 动力电路中大于 5.5kW 的用电设备,应采用自动开关。(　　)

5. 常用安全电压有:6V、12V、24V、36V、42V。(　　)

6.《施工现场临时用电安全技术规范》(JGJ 46—2005)规定:在建工程不得在高、低压线路下方施工、搭设作业棚、建造生活设施或堆放构件、架具、材料及其他杂物等。(　　)

7.《施工现场临时用电安全技术规范》(JGJ 46—2005)规定:在施工现场专用的中性点直接接地的电力线路中必须采用 TN-S 接零保护系统。(　　)

8.《施工现场临时用电安全技术规范》(JGJ 46—2005)规定:架空电缆可以沿树木、脚手架等敷设。(　　)

9.《施工现场临时用电安全技术规范》(JGJ 46—2005)规定:交流弧焊机变压器的一次侧电源线长度应不大于 5m,进线处必须设置防护装置。(　　)

10. 接地电阻至少每季度测试一次。(　　)

11. 临时用电施工组织设计由安全员审批。(　　)

12. 使用专用焊把线,双线到位,焊把线不得有裸露接头,严禁借用金属管道、脚手架等金属物代替导线使用。(　　)

13. 自备电源独立设置接地、接零系统,与外电源彻底分开。(　　)

14.《施工现场临时用电安全技术规范》(JGJ 46—2005)规定:在项目施工现场,我们可以用铁丝作架空电杆接线。(　　)

15. 进户线可以直接绑在梁上、柱上。(　　)

16.《施工现场临时用电安全技术规范》(JGJ 46—2005)规定:开关箱内必须装设隔离开关和漏电保护器。(　　)

17. 前级熔断器熔体的额定电流与后级的额定电流可以相同。（　）

18.《施工现场临时用电安全技术规范》(JGJ 46—2005)规定:同一工地可以同时存在保护接零和保护接地两种保护系统。（　）

19.《施工现场临时用电安全技术规范》(JGJ 46—2005)规定:单独敷设的工作零线可以重复接地。（　）

20. 临时接地线应采用截面不小于 $25mm^2$ 的多股软裸铜线较为可靠。（　）

21.《施工现场临时用电安全技术规范》(JGJ 46—2005)规定:照明变压器可以使用自耦变压器。（　）

22. 高压输电线路下可以进行新建房屋、搭设工棚等施工作业。（　）

23. 现场施工用的变压器,应该布置在现场中央。（　）

24. 需要三相五线制配电的电缆线路可以采用四芯电缆外加一根绝缘导线替代。（　）

25.《施工现场临时用电安全技术规范》(JGJ 46—2005)规定:施工现场停、送电的操作顺序是:送电时,总配电箱→分配电箱→开关箱;停电时,开关箱→分配电箱→总配电箱。（　）

26. 作业中突然断电时,应马上将所有的控制手柄扳至零位,拉下紧急断电开关。（　）

27.《施工现场临时用电安全技术规范》(JGJ 46—2005)规定:配电柜或配电线路停电维修时,应挂接地线,并应悬挂“禁止合闸、有人工作”停电标志牌。（　）

28. 多台电焊机集中使用时,应接在三相电源同一网络上。（　）

29. 用电设备的开关箱中设置了漏电保护器以后,其外露可导电部分可不需连接 PE 线。（　）

30. 验电时,必须用电压等级合适而且合格的验电器在检修设备进线验电。（　）

31.《水运工程施工安全防护技术规范》(JTS 205-1—2008)规定:在容器内施焊时,应采取通风措施,照明电压不得超过 24V。在容器内施焊时,应用绝缘材料使焊工身体与焊件隔离。（　）

32.《施工现场临时用电安全技术规范》(JGJ 46—2005)规定:在潮湿场所施工,照明电源电压不应大于 12V。（　）

33. 施工现场集体宿舍未经许可一律禁止使用电炉及其他电加热器具。（　）

34.《施工现场临时用电安全技术规范》(JGJ 46—2005)规定:配电箱、开关箱箱门应配锁,由项目负责人管理。（　）

35. 塔式起重机的机体已经接地,其电气设备的外露可导电部分可不再与 PE 线连接。（　）

36. 电焊机外壳可以不用接零或接地保护。（　）

37. 施工现场重复接地装置的接地线可以利用与配电箱体进行串联连接。（　）

38. 施工现场的工作接零保护是指将单相电气设备的电源接在工作零线的电气连接。（　）

39. 设备运行时,如切断电源,应先断开负荷开关,然后再断开隔离开关。（　）

40. 线连接处应采用搭接焊。其中扁钢的搭接长度应为其宽度的 2 倍。（　）

41.《施工现场临时用电安全技术规范》(JGJ 46—2005)规定:直埋于地下的电缆可采用

无铠装的防水防腐电缆。 ( )

42.《施工现场临时用电安全技术规范》(JGJ 46—2005)规定:施工现场临时用电的架空线距地高于5m可以使用裸导线。 ( )

43.三相交流电源是三个频率相同、最大值相等、相位差为120度的正弦电动势组成的电源。 ( )

44.《施工现场临时用电安全技术规范》(JGJ 46—2005)规定:配电箱和开关箱中的N、PE接线端子板必须分别设置。其中N端子板与金属箱体绝缘,PE端子板与金属箱体电气连接。 ( )

45.《施工现场临时用电安全技术规范》(JGJ 46—2005)规定:总配电箱中漏电保护器的额定漏电动作电流应大于30mA,额定漏电动作时间应大于0.1s,但其额定漏电动作电流与额定漏电动作时间的乘积不应大于30mA·s。 ( )

46.装设接地线必须由2人进行,先接导体端,后接接地端。接地线应使用多股软铜线,其截面应符合要求,不得小于40mm^2。 ( )

47.《施工现场临时用电安全技术规范》(JGJ 46—2005)规定:搬动风扇、照明灯和移动电焊机等电气设备时,可以先挪动再切断电源。 ( )

48.《施工现场临时用电安全技术规范》(JGJ 46—2005)规定:移动式配电箱、开关箱应装设在坚固、稳定的支架上,其中心点与地面的垂直距离宜为1.4~1.6m。 ( )

49.《施工现场临时用电安全技术规范》(JGJ 46—2005)规定:施工现场所采用的开关箱箱体钢板厚度不应小于1.2mm。 ( )

50.《施工现场临时用电安全技术规范》(JGJ 46—2005)规定:灯具离地面高度低于2.5m等场所的照明,电源电压不应大于36V。 ( )

51.施工照明灯具露天装设时,应采用防水灯具,距地面高度不得低于2m。 ( )

52.《施工现场临时用电安全技术规范》(JGJ 46—2005)规定:在潮湿或高温或有导电灰尘的场所,应该用正常电压供电。 ( )

53.在一经合闸即可送电至工作地点的断路器(开关)和隔离开关(刀闸)的操作把手上均应悬挂"禁止合闸,有人工作"的警示牌。部分停电检修,在安全距离不够时,应装设临时遮栏,并在遮栏上悬挂"止步,高压危险"的警示牌。 ( )

54.对于容易产生静电的场所,应保持地面潮湿,或者铺设导电性能好的地板。 ( )

55.《公路工程施工安全技术规范》(JTG F90—2015)规定:水上或潮湿地带的电缆线必须绝缘良好并具有防水功能,电缆线接头可不用经过防水处理。 ( )

56.《剩余电流动作保护装置安装和运行》(GB 13955—2005)规定:在直接接触电击事故的防护中,剩余电流保护装置只作为直接接触电击事故基本防护措施的补充保护措施(不包括相与相、相与N线间形成的直接接触电击事故的保护)。 ( )

57.《剩余电流动作保护装置安装和运行》(GB 13955—2005)规定:剩余电流保护装置用于间接接触电击事故防护时,应正确地与电网的系统接地形式相配合。 ( )

58.《剩余电流动作保护装置安装和运行》(GB 13955—2005)规定:采用分级保护方式时,安装使用前应进行串接模拟分级动作试验,保证其动作特性协调配合。 ( )

59.《剩余电流动作保护装置安装和运行》(GB 13955—2005)规定:选用的剩余电流保护装置的额定剩余不动作电流,应不小于被保护电气线路和设备的正常运行时泄漏电流最大值的3倍。（　）

60.《剩余电流动作保护装置安装和运行》(GB 13955—2005)规定:组合式剩余电流保护装置控制回路的连接,应使用截面面积不小于1.5mm^2的铜导线。（　）

61.《剩余电流动作保护装置安装和运行》(GB 13955—2005)规定:产权所有者不用建立保存剩余电流保护装置的安装及试验记录。（　）

62.《施工现场临时用电安全技术规范》(JGJ 46—2005)规定:对临时用电工程应定期检查。定期检查时,应复查接地电阻值和绝缘电阻值。（　）

63.《施工现场临时用电安全技术规范》(JGJ 46—2005)规定:安全技术档案应由主管该现场的安全管理人员负责建立与管理。（　）

64.《施工现场临时用电安全技术规范》(JGJ 46—2005)规定:安全技术档案中“电工安装、巡检、维修、拆除工作记录”可指定安全员代管,每周由项目经理审核认可,并应在临时用电工程拆除后统一归档。（　）

65.《施工现场临时用电安全技术规范》(JGJ 46—2005)规定:在外电架空线路附近开挖沟槽时,必须会同有关部门采取加固措施,防止外电架空线路电杆倾斜、悬倒。（　）

66.《施工现场临时用电安全技术规范》(JGJ 46—2005)规定:电气设备现场周围可少量存放易燃易爆物、污染源和腐蚀介质。（　）

67.《施工现场临时用电安全技术规范》(JGJ 46—2005)规定:配电室和控制室应能自然通风,并应采取防止雨雪侵入和动物进入的措施。（　）

68.《施工现场临时用电安全技术规范》(JGJ 46—2005)规定:架空线路的当距不得大于20m。（　）

69.《施工现场临时用电安全技术规范》(JGJ 46—2005)规定:埋地电缆与附近外电电缆和管沟的平行间距不得小于2m,交叉间距不得小于1m。（　）

70.《施工现场临时用电安全技术规范》(JGJ 46—2005)规定:每台用电设备应配备各自专用的开关箱,质量好的开关箱可直接同时控制2台及2台以上用电设备(含插座)。（　）

71.《施工现场临时用电安全技术规范》(JGJ 46—2005)规定:手持式电动工具中的塑料外壳Ⅱ类工具和一般场所手持式电动工具中的Ⅲ类工具可不连接PE线。（　）

72.《施工现场临时用电安全技术规范》(JGJ 46—2005)规定:使用电焊机械焊接时必须穿戴防护用品。（　）

73.《施工现场临时用电安全技术规范》(JGJ 46—2005)规定:灯具的相线无需经开关控制,可将相线直接引入灯具。（　）

第四篇　工程施工作业专用安全技术篇

第一章　路基工程(边坡施工)

一、单选题

1.《公路路基施工技术规范》(JTG F10—2006)规定:软土路堤的填筑过程中,应严格控制填土速率,其中控制坡脚水平位移每昼夜不得大于(　　)cm。

A. 0.5　　B. 1.0　　C. 2.0　　D. 3.0

2.《公路工程施工安全技术规范》(JTG F90—2015)规定:下列说法错误的是(　　)。

A. 取土场(坑)的边坡、深度等应满足设计要求,且不得危及周边建(构)筑物等既有设施的安全

B. 取土场(坑)底部应平顺并设有排水设施,取土场(坑)边周围应设置警示标志和安全防护设施,宜设置夜间警示和反光标识

C. 地面横向坡度陡于1:1的区域,取土坑应设在路堤上侧

D. 取土坑与路基间的距离应满足路基边坡稳定的要求,取土坑与路基坡脚间的护坡道应平整密实,表面应设1% ~2%向内倾斜的横坡

3.《公路工程施工安全技术规范》(JTG F90—2015)规定:下列说法错误的是(　　)。

A. 挖基施工宜在枯水或少雨季节进行,并应连续施工,当遇到中等以上降雨期间基坑内不得施工

B. 基坑内作业前,应全面检查边坡滑塌、裂缝、变形以及基坑涌水、涌沙等情况,并应详实记录

C. 大型深基坑开挖应遵循“多开挖,再支护”的原则

D. 坑沿顶面出现裂缝、坑壁松塌或遇有涌水、涌沙影响基坑边坡稳定时,应立即加固防护,在确认安全后方可恢复施工

4.《公路路基施工技术规范》(JTG F10—2006)规定:山坡路堤的路基填筑施工时,当原地面横坡陡于(　　)时,原地面应挖成台阶(台阶宽度不小于2m),并用小型夯实机加以夯实。

A. 1:3　　B. 1:5　　C. 1:7　　D. 1:9

5. 在现场燃气、热力、给排水管道(　　)m范围内挖土时,必须在燃气、热力、给排水单位人员的监护下采取人工开挖。

A. 0.5　　B. 1　　C. 2　　D. 3

6. 在路基工程中,在滑坡地段挖土方时,不宜在(　　)施工。

A. 冬季　　B. 春季　　C. 风季　　D. 雨季

7. 在路基工程中,在斜坡上挖土方,应做成坡势以利于(　　)。

A. 蓄水　　B. 泄水　　C. 给水　　D. 行走

8. 在路基工程施工中,对于土方与地基基础工程的雨期施工,下列(　　)的描述不正确。

A. 雨期前应消除沟边多余的弃土,减轻坡顶压力

B. 雨期开挖基坑(槽、沟)时,应注意边坡稳定,防止塌方

C. 雨期土方开挖应当在建筑物四周做好截水沟或挡水堤,严防场内雨水倒灌

D. 临近雨期开挖基坑(槽、沟),工作面不宜过小,不宜分段进行

9. 钢钎破冻土或坚硬土时,扶钎人应站在打钎人(　　),并用长把夹具扶钎,打锤范围内不得有其他人停留。

A. 前面　　B. 后面　　C. 侧面　　D. 任何位置

10. 施工升降机操作按钮中(　　)必须采用非自动复位型。

A. 上升按钮　　B. 下降按钮　　C. 急停按钮　　D. 旋转按钮

11. 施工升降机安全器必须装有电气连锁开关,动作时能切断升降机(　　)电源。

A. 上升回路　　B. 下降回路　　C. 主控回路　　D. 紧急回路

12. 铲运机在斜坡横向作业时,机身必须保持平稳,作业中不得(　　)。

A. 回转　　B. 倒退　　C. 停止　　D. 前进

13. 用推土机推倒树干时必须注意(　　)和高空障碍物。

A. 树木粗细　　B. 树木重量　　C. 树干倒向　　D. 地面空旷程度

14. 大型推土机在深沟、基坑或陡坡地区作业时,应有专人指挥,其垂直边坡深度一般不超过(　　)m,否则应放出安全边坡。

A. 1　　B. 2　　C. 3　　D. 4

15. 挖掘机作业时,(　　)不得在铲斗回转半径范围内停留。

A. 任何人　　B. 非工作人员　　C. 工程技术人员　　D. 围观群众

16. 挖掘机作业时,禁止(　　)上下机械和传递物件,不准边工作边维修、保养。

A. 非工作人员　　B. 任何人　　C. 工程技术人员　　D. 围观群众

17. 平地机作业前必须将离合器、操纵杆、变速杆放在(　　),并检查设备是否正常。

A. 低速挡位置　　B. 空挡位置　　C. 高速挡位置　　D. 回旋挡位置

18. 装载机在沟槽边卸料时,必须设专人指挥,装载机前轮应与沟槽边缘保持不小于(　　)m 的安全距离,并放置挡木挡掩。

A. 1　　B. 0.5　　C. 2　　D. 2.5

19. 装载机作业时,应使用(　　),铲斗下方严禁有人,严禁用铲斗载人。

A. 低速挡　　B. 中速挡　　C. 高速挡　　D. 回旋挡

20. 卷扬机作业完毕,应将提升吊笼或重物置于(　　),并切断电源,锁好电器箱。

A. 地面　　B. 施工作业面　　C. 任意位置　　D. 离地面 1m 处

21. 卷扬机固定在(　　)上是正确的。

A. 树木　　B. 相邻的柱子

C. 专门制作的基础或地锚　　D. 桩基

22. 使用插入式振动器振捣混凝土时,移动间距不应超过振动器作用半径的(　　)倍。

A. 0.5　　B. 1　　C. 1.5　　D. 2

23. 施工升降机限速器应每(　　)检验一次。

A. 半年　　B. 一年　　C. 两年　　D. 三年

二、多选题

1. 影响边坡稳定的主要因素有(　　)。

A. 坡度　　B. 土质

C. 坡顶荷载　　D. 坡体含水率

E. 施工方法

2.《公路工程施工安全技术规范》(JTG F90—2015)规定:下列说法错误的是(　　)。

A. 路基施工应做好施工期临时排水设施总体规划,临时排水设施应与永久性排水设施分开考虑

B. 机械作业范围内不得同时有人工作业

C. 多台机械同时作业时,各机械之间应保持安全距离

D. 附近有河道时,可以直接将弃土倾入其中

E. 弃方作业应遵循"先弃土,再支护"的原则

3. 基础施工的降排水(井点)工程的井口必须设置(　　)。

A. 警示标志　　B. 水位标志

C. 降水方法说明标志　　D. 牢固防护盖板或围栏

E. 排水方法说明标志

4. 铲运机在运转中,不准进行(　　)等作业。

A. 检查　　B. 紧固

C. 保养　　D. 润滑

E. 鸣笛

5. 电动打夯机应装有漏电保护装置,操作人员必须穿戴(　　)。

A. 安全帽　　B. 绝缘手套

C. 安全带　　D. 绝缘鞋

E. 防护眼罩

6. 推土机在坡道上应匀速行驶,严禁(　　)。

A. 倒车下行　　B. 高速下坡

C. 急拐弯　　D. 空挡滑行

E. 减速停车

7. 机械挖土时遇到(　　)情况时,应立即停止操作。

A. 土体不稳定　　B. 发生暴雨或雷电

C. 施工标记遭破坏　　D. 不能保证机械运行安全

E. 生活垃圾

8. 用于爆破石方的一切爆炸物在运输时(　　)。

A. 应该包装捆扎　　B. 不能包装捆扎

C. 不能散装　　D. 对包装或捆扎没有强行要求

E. 不能改装

9. 运输用于爆破石方的爆炸物时,不能(　　)。

A. 振动冲击　　B. 散装

C. 坠落　　D. 摩擦

E. 平稳

10. 需要进行石方爆破作业时,必须要办理的审批手续中,其主要内容包括(　　)。

A. 经上级主管部门审查同意

B. 持说明使用爆破器材的地点、品名、数量、用途与四邻距离等文件和安全规程

C. 向所在地县、市公安局申请《爆炸物品使用许可证》

D. 雨天才能操作

E. 领导到场检查

11. 路基施工中选择炮位时,炮眼口应避开(　　)。

A. 正对的电线　　B. 路口

C. 构造物　　D. 山坡

E. 车辆

12. 路基施工时,在滑坡地段挖土方前需了解本次挖方地段的(　　)。

A. 地质勘查资料　　B. 地形地貌

C. 滑坡迹象　　D. 土石方单价

E. 天气状况

13. 在软弱围岩地段施工时,应遵守的原则有(　　)。

A. 短进尺　　B. 强爆破

C. 早喷锚　　D. 勤量测

E. 紧封闭

14. 不宜采用锚喷支护的地段有(　　)。

A. 大面积淋水地段　　B. 膨胀性围岩地段

C. 寒冷和严寒地区有冻害地段　　D. 地下水有侵蚀性的地段

E. 围岩坚固的地段

15. 建筑工程施工中,混凝土搅拌机在运行作业中不得(　　)。

A. 加料　　B. 检修

C. 调整　　D. 加油

E. 加水

16. 混凝土搅拌机在(　　)应将料斗提升到上止点,并用保险铁链锁住或采取有效措施固定。

A. 工作时　　B. 工作结束时

C. 料斗下检修时　　D. 场内移动时
E. 远距离运输时

三、判断题

1. 路基施工中人工开挖土方时，两个人操作间距应保持 2～3m，并应自上而下逐层挖掘。（　）

2. 配合推土机作业时，必须与驾驶员协调配合，作业人员应站在机械运行前方 5m 或侧面 1.5m 以外。（　）

3. 清扫压路机前方路面时，应与压路机保持 8m 以上的安全距离。（　）

4. 碾压填土方时，碾轮外侧距填土外缘不得小于 50cm。（　）

5. 作业人员需要通过沟槽时应走便桥，便桥宽度不得小于 1.5m。（　）

6. 现浇混凝土挡土墙槽坑深度大于 3m 时，应设置混凝土溜槽。（　）

7. 运土方机械在沟槽附近行驶时应低速行驶，作业中必须避开管线和构筑物，并与沟槽边保持不小于 1.5m 的安全距离。（　）

8. 机械操作人员离开使用的机械时应做到切断电源、锁好箱门。（　）

9. 机械运转中，严禁用手直接清除刀口附近的断头和杂物，清理时必须断电进行。（　）

10. 发现机械运转异常、刀片歪斜等情况时，应立即停机检修。（　）

11. 在沟、槽施工中，若发现沟、槽边出现裂缝或部分下沉时，要及时报告有关部门，并将人员撤到安全位置，严禁冒险作业。（　）

12. 在挡土墙砌筑施工中，人不能站在墙上砌筑和在墙上行走。（　）

13. 基槽开挖完毕并清理后，要进行验槽工作，其目的是为防止基槽下有未发现的孔洞、基穴等。（　）

14. 在基槽、基坑作业的人员，间歇时可在槽、坑的坡脚下休息。（　）

15. 工程施工作业人员在开挖管道中，当需要在槽边码放管子时，管子不能平行于沟槽。（　）

16. 工程施工作业人员在铺设管道中，当需要在槽边码放管子时，管子码放高度不宜超过 2m。（　）

17. 在沟、槽、坑内作业必须经常检查沟、槽、坑壁的稳定状况，人员上下沟、槽、坑必须走坡道或梯子。（　）

18. 在公路工程建设与工程维护中，对于滑坡的防治，要贯彻“整治为主，以防为辅”的原则。（　）

19. 路基工程施工时，坡面上的操作人员对存在的松动土、石块必须及时清除，严禁在危石下方作业、休息和存放机具。（　）

20. 路基工程施工中，边坡开挖中如遇地下水涌出，应先开挖、后排水。（　）

21. 路基工程施工中，开挖作业应与装运作业面相互错开，可以上、下双重作业。（　）

22. 路基工程施工中，弃土下方和有滚石危及范围内的道路，应设警告标志，作业时坡下严禁通行。（　）

23. 路基施工中，当推土机在坡道上发生故障时，必须就地进行检修作业。（　）

24. 路基工程中，挡土墙的作用主要用来维护土体边坡的稳定，防止坡体的滑移和土方坡的坍塌。（　）

25. 平地机转弯或掉头时，其行驶速度应用最低速度。（　）

26. 平地机在高速挡行驶中，禁止急转弯。（　）

27. 铲运机铲土提斗时动作要缓慢，不得猛起猛落。（　）

28. 铲运机运行中，要求进行适当的紧固、保养、润滑等作业。（　）

29. 铲运机在陡坡上严禁转弯、倒车和停车。（　）

30. 推土机用手拉绳起动时，不得将绳缠在手上。（　）

31. 推土机在坡道上熄火时，应立即将推土机制动，并采取挡掩措施。（　）

32. 推土机在保养、检修时要求关闭发动机，并不能等待系统内部压力降下。（　）

33. 装载机铲斗下方严禁有人，严禁用铲斗载人。（　）

34. 装载机不得在有倾斜度的场地上作业，作业区内不得有障碍物及无关人员。装卸作业应在平整地面进行。（　）

35. 挖掘机司机离开操作位置，不论时间长短，必须要求铲斗落地并关闭发动机。（　）

36. 患有高血压、心脏病、癫痫病等疾病的人员，不得从事土方工程与桩基工程的机械操作。（　）

37. 施工现场卷扬机控制可以使用倒顺开关。（　）

38. 使用插入式混凝土振动器操作中，拉振动棒软管拖拉电动机属于违章。（　）

39. 卷扬机安装位置应选择视野宽阔的地方，便于卷扬机司机和指挥人员观察。（　）

40. 现浇混凝土挡土墙，泵送混凝土时，宜设 2 人以上牵引布料杆。（　）

41. 土方工程施工中，地下水位应经常保持低于开挖底面 0.5m 以上。（　）

42. 施工单位应根据实际填挖土质合理设置边坡的坡度；合理设置土石方填挖施工现场临时排水系统，及时疏导雨水，以减少雨水对挖填土坡坡面的冲蚀。（　）

第二章　路面工程(机械)

一、单选题

1.《公路工程施工安全技术规范》(JTG F90—2015)规定:路面施工中沥青洒布机作业驾驶员与机上操作人员应密切配合,操作人员应注意自身的安全。作业时,在喷洒沥青方向(　　)m以内不得有人停留。

A. 5　　B. 10　　C. 15　　D. 20

2. 沥青混合料摊铺机在大坡道上作业时,要减少料斗中混合料量,按额定摊铺能力的(　　)进行作业,同时控制行驶速度和转向半径。

A. 40%　　B. 50%　　C. 60%　　D. 70%

3. 导热油加热沥青时,使用加热炉前必须进行(　　)。

A. 耐压试验　　B. 耐温试验　　C. 耐拉试验　　D. 耐稳试验

4. 运送液态沥青,装油量不得超过容器的(　　)。

A. 1/2　　B. 2/3　　C. 3/4　　D. 4/5

5. 关于滑模摊铺施工,下列说法错误的是(　　)。

A. 水泥混凝土拌和机容量应该满足滑模摊铺机施工速度2m/min的要求

B. 远距离运输宜选用混凝土输送车

C. 可配备一台轮式挖掘机辅助布料

D. 高等级公路施工宜选配宽度为7.5~12.5m的大型滑模摊铺机

6. 拆除滑模设备时,拆除现场警戒线到建筑场边缘的安全距离不得小于(　　)m。

A. 5　　B. 10　　C. 15　　D. 20

7. 路面施工中支搭的沥青锅灶,应距建筑物至少(　　)m,距电线垂直下方在10m以上,周围不得有易燃易爆物品,并应备有锅盖、灭火器等防火用具。

A. 10　　B. 20　　C. 25　　D. 30

8. 沥青混合材料摊铺机在正常纵坡道上作业时,应由(　　)摊铺。

A. 左向右　　B. 右向左　　C. 高处向低处　　D. 低处向高处

9. 安装桩锤时,应将桩锤运到桩架正前方(　　)m以内,严禁远距离斜吊。

A. 2　　B. 3　　C. 4　　D. 5

10. 袋装水泥堆放时,必须压茬码放整齐,高度不得超过(　　)袋,且不得紧靠墙壁。

A. 5　　B. 10　　C. 20　　D. 30

11. 混凝土搅拌机料斗放到最低位置时,在料斗与地面之间应加(　　)。

A. 一层缓冲垫木　　B. 石子　　C. 水泥　　D. 砂石垫层

12. 混凝土搅拌机料斗提升时,严禁在料斗下方操作或穿行。清理斗坑时,必须将料斗(　　)方可清理。

A. 挂牢双保险后　　B. 升到方便清理的高度
C. 悬吊　　D. 放下后

13. 混凝土输送泵车作业中严禁扳动液压支腿控制阀，如发现车体倾斜或其他不正常现象时，应立即(　　)。
A. 垫平支腿　　B. 收回支腿重新调整
C. 停止作业　　D. 继续输送

14. 在清洗混凝土输送泵车管道时，作业人员应离开(　　)。
A. 操作位置　　B. 管道出口和弯管接头处
C. 泵车旁　　D. 控制台

15. 水泥路面轨模摊铺机施工时，布料机与振平机之间应保持(　　)m 的安全距离。
A. 1 ~ 2　　B. 2 ~ 3　　C. 3 ~ 5　　D. 5 ~ 8

16. 施工中多台铲运机联合作业时，各机之间前后距离不得小于(　　)m。
A. 5　　B. 10　　C. 15　　D. 20

17. 公路施工中，铲运机在新填筑的土堤上作业时，离堤坡边缘不得小于(　　)m。
A. 0.5　　B. 1　　C. 1.5　　D. 2

18. 铲运机上坡时必须挂(　　)挡行驶。
A. 高速　　B. 中速　　C. 低速　　D. 自动

19. 公路施工现场，搅拌机在搅拌过程中不宜停车，如因故必须停车，再次起动前应(　　)。
A. 进行检查　　B. 检修　　C. 卸除荷载　　D. 做料斗提升试验

20. 电动夯机作业时应设两名操作人员，一人操作夯机，一人随机整理电缆线。操作人员均应佩戴(　　)和穿胶鞋。
A. 防护面罩　　B. 安全带　　C. 绝缘手套　　D. 耳塞

21. 两台以上压路机同时作业，其前后间距不得小于 3m，在坡道上纵队行驶时，其间距离不得小于(　　)m。
A. 15　　B. 20　　C. 25　　D. 30

22. 碎石机作业中若石料卡住进料口，可以(　　)解决。
A. 停机检修，搬下大石块　　B. 用铁钩翻动使其下落
C. 用手移动使其下落　　D. 敲击振动使其下落

二、多选题

1. 圆盘锯及传动部位应安装下列(　　)防护装置。
A. 分料器　　B. 保护挡板
C. 皮带轮　　D. 防护罩
E. 绝缘胶带

2. 使用无齿锯时应注意(　　)。
A. 锯片的切线方向严禁站人　　B. 锯片无裂痕和变形

C. 无齿锯应有防护罩　　D. 不得在锯片侧面打磨物品

E. 禁止反转

3. 使用手锯应注意的安全问题有(　　)。

A. 必须调整锯条松紧适度　　B. 下班时锯条要放松

C. 防止在使用时锯条突然崩断伤人　　D. 戴绝缘手套

E. 必须穿戴防砸鞋

4. 操作圆盘锯应符合(　　)安全要求。

A. 圆盘锯操作前应进行检查,锯片不得有裂口,螺栓应上紧

B. 操作要戴防护眼镜,站在锯片一侧,禁止站在与锯片同一直线上,手臂不得跨越锯片

C. 短窄料应用推棍,接料使用刨钩;超过锯片半径的木料,禁止上锯

D. 进料必须紧贴靠山,不得用力过猛,遇硬节时要慢推,接料要待料出锯片 1 ~5cm,不得用手硬拉

E. 新购的圆盘锯需检测验收方可使用

5. 千斤顶不允许在(　　)的情况下使用。

A. 超载　　B. 超过行程范围

C. 垂直　　D. 水平

E. 几台同用

6. 路面施工中满载沥青的洒布车应(　　)。

A. 中速行驶　　B. 遇有弯道、下坡道时提前减速

C. 行驶中严禁使用加热系统　　D. 司机应避免疲劳驾驶

E. 司机不得吸烟

7. 混凝土搅拌机在班前检查中,其滚筒(　　)后,方可正式操作。

A. 转动平稳　　B. 不跳动

C. 不跑偏　　D. 无异常声响

E. 无生锈

8. 混凝土搅拌运输车作业前必须进行检查、确认(　　)信号系统灵敏有效,搅拌运输车滚筒和溜槽无裂纹和严重损伤,搅拌叶片磨损在正常范围内,底盘和副车架之间的 U 形螺栓连接良好。

A. 转向　　B. 灯光

C. 链接　　D. 制动

E. 里程表

9. 灰浆搅拌机作业前应检查(　　),确认无异常后方可试运转。

A. 电气设备　　B. 漏电保护器和可靠的接零或接地保护

C. 传动部分、安全防护装置齐全有效　　D. 拌和仓有无灰尘

E. 外壳有无掉漆

10. 钢筋弯曲机作业中,严禁(　　)。

A. 更换轴芯　　B. 变换角度

C. 调速　　D. 清扫

E. 敲击钢筋

11. 轨道行走式起重机在停止作业时，司机应完成下列(　　)工作才可以离开。

A. 将吊钩降至地面　　B. 卡紧轨钳

C. 关闭电源或发动机　　D. 锁好驾驶室门

E. 打开作业警示灯

12. 每月或连续大雨后，应对起重机轨道基础进行全面检查，检查内容包括(　　)。

A. 轨距偏差　　B. 钢轨顶面的倾度

C. 轨道基础的沉陷　　D. 钢轨的平面线形及轨道的通过性能

E. 轨道基础含水率

三、判断题

1. 在有支撑的沟坑中用机械挖土必须注意不使机械碰坏支撑。(　　)

2. 大雨、风力六级(含六级)以上天气不得架设钻机及进行高处作业。(　　)

3. 人工向搅拌机料斗内倒水泥时，脚应蹬在料斗上作为支撑。(　　)

4. 施工工地在室外，使用的电焊机应设有防水、防晒、防砸的机棚，并备有消防用品。(　　)

5. 机械操作中的"三工制度"是指工作前检查制度、工作中观察制度和工作后的保养制度。(　　)

6. 机械运转过程中出现故障时，必须立即停机、切断电源。(　　)

7. 操作机械时，工人应穿立架式工作服，袖口是松紧式。(　　)

8. 拖式混凝土输送泵作业完毕，应将液压系统卸压，并将全部控制开关回到原始位置。(　　)

9. 混凝土输送泵严禁在泵送时拆卸管道。(　　)

10. 严禁用混凝土输送泵车的臂架作起重工具。(　　)

11. 水泥混凝土搅拌站的搅拌机等机械旁应设置机械操作程序牌。(　　)

12. 混凝土输送泵车作业中应严格按顺序打开臂架。风力大于六级(含六级)时严禁作业。(　　)

13. 混凝土搅拌机运转中，严禁将头或手伸入料斗与机架之间查看或探摸。(　　)

14. 混凝土输送泵车泵送作业中，操作人员应注意观察施工作业区域和设备的工作状态。臂架范围内不得有人员停留。(　　)

15. 搬运电动夯机时，应切断电源，并将电线盘好，夯头绑住。往坑槽下运送时，应用绳索递送，严禁推、扔夯机。(　　)

16. 打夯机必须使用单向开关，禁止使用倒顺开关。(　　)

17. 使用混凝土振捣器前，必须经电工检验确认合格后方可使用。(　　)

18. 使用混凝土振捣器前，操作人员必须穿绝缘鞋(胶鞋)，戴绝缘手套。(　　)

19. 操作人员使用振动棒时应穿胶鞋，湿手不得接触开关，电源线不得有破皮漏电。（　）

20. 配合挖土机作业时，人员不能进入铲斗回转范围。（　）

21. 配合机械挖土清理基坑底土时，严禁进入铲斗回转半径范围，必须待挖掘机停止作业后，方可进入其内清土。（　）

22. 挖掘机作业前应进行检查，确认一切齐全完好，大臂和铲斗运动范围内无障碍和其他人员，鸣笛示警后方可作业。（　）

23. 使用机械挖土前，要先发出信号。挖土时，在挖土机挺杆旋动范围内不许进行其他工作。（　）

24. 使用机械挖土装车时，任何人都不能停留在装土的车辆上。（　）

25. 进入施工现场的钢筋机械，在使用前必须经安全部门验收合格方可使用，操作人员需持证上岗作业，并在钢筋机械旁挂牌注明安全操作规程。（　）

26. 钢筋弯曲机作业中，严禁更换芯轴、销子和变换角度以及调速等作业，应及时加油或清扫。（　）

27. 路面施工时，沥青操作人员均应进行体检，凡患有结膜炎、皮肤病及对沥青过敏反应者，不宜从事沥青作业。（　）

28. 路面施工中，洒布机作业时应设专人指挥，作业人员不得在沥青洒布机下风向作业或停留。（　）

29. 清除粘在车槽上的沥青混合料必须使用长柄工具，在车下进行操作，不能在车槽升起时上车清除。（　）

第三章　桥 梁 工 程

一、单选题

1. 钢桥拼装杆件起吊时,先提升(　　)m 左右,确认安全后再继续起吊。

A. 0.3　　B. 1.3　　C. 2.3　　D. 3.3

2. 在用的 SC 型施工升降机必须每(　　)做一次吊笼坠落试验。

A. 一个月　　B. 三个月　　C. 半年　　D. 一年

3. 轨道平车运输构件时,速度不宜超过(　　)km/h。

A. 1　　B. 2　　C. 3　　D. 4

4. 当有人在桩孔内作业时,离孔边(　　)m 范围内不得有机动车辆行驶和停放。

A. 1　　B. 2　　C. 3　　D. 4

5. 人工挖孔桩护壁的首层沿口护圈混凝土强度达到(　　)MPa 后,方可进行下层土方的开挖。

A. 3　　B. 4　　C. 5　　D. 6

6. 在桩孔内工作的人员,连续作业不得超过(　　)小时。

A. 2　　B. 3　　C. 4　　D. 5

7. 挖孔桩施工中,孔深超过(　　)m 或孔内存在有害气体时,必须采取强制通风措施。

A. 4.0　　B. 6.0　　C. 8.0　　D. 10.0

8. 打桩施工场地应按坡度不大于(　　)的要求进行平实。

A. 1%　　B. 3%　　C. 5%　　D. 10%

9. 当需人工开挖孔径大于(　　)mm 以上的桩时,施工企业必须具备总承包一级以上资质或地基与基础工程专业承包一级资质。

A. 100　　B. 500　　C. 800　　D. 1 000

10. 凡低于地面的桩孔或高于地面(　　)m 以下的管桩孔,必须设置安全护栏或盖板,并应设置安全警告标志。

A. 0.3　　B. 0.5　　C. 0.8　　D. 1.0

11.《公路工程施工安全技术规范》(JTG F90—2015)规定:桥梁基础施工中,当人工挖孔深度超过 10m 时,应采用机械通风。当使用风镐凿岩时,应加大送风量吹排凿岩产生的石粉。人工挖孔最深不宜大于(　　)m。

A. 15　　B. 20　　C. 25　　D. 30

12. 在桥涵基础施工中,对于拔出钢板桩顺序的要求是(　　)。

A. 顺时针方向　　B. 逆时针方向

C. 从上游向下游依次进行　　D. 从下游向上游依次进行

13.《施工现场临时用电安全技术规范》(JGJ 46—2005)规定:桥梁施工现场内所有防雷

装置的冲击接地电阻值不得大于(　　)Ω。

A. 1　　B. 4　　C. 10　　D. 30

14. 索塔高度达到(　　)m 时,必须安装防雷电设施。

A. 10　　B. 15　　C. 18　　D. 20

15. 桥梁施工中高处露天作业、缆索吊装及大型构件起重吊装时,应根据作业高度和现场风力大小对作业的影响程度,制定适于施工的风力标准。如遇有(　　)及以上大风时,上述施工应停止作业。

A. 六级　　B. 五级　　C. 四级　　D. 三级

16. 桩基工程作业中起落机架时,应设专人指挥,拆装人员应相互配合,指挥旗语,哨音准确、清楚。严禁任何人在(　　)穿行和停留。

A. 桩架旁　　B. 操作台旁　　C. 机架底下　　D. 机架前面

17. 在箱梁预应力束的切割中,对于预应力解除原则描述错误的是(　　)。

A. 预应力筋在切割过程中直接释放

B. 切割时应遵循缓慢释放的原则,钢绞线逐根切断

C. 双锚头先行释放

D. 为安全起见,用片锯切断钢绞线时,若发现封锚不密实,应立即暂停切割,改用链锯放慢速度切割

18. 关于桥梁工程支架施工的安全管理,下列说法错误的是(　　)。

A. 桥梁工程模板及支撑体系的安全专项施工方案必须履行“编制、审核、批准”等程序

B. 凡高度超过 8m 或跨度超过 18m 的桥梁工程模板及支撑体系,严禁使用扣件式钢管支架

C. 搭设支撑体系所使用的钢管、扣件等只要有产品合格证,可以不必提供检测报告

D. 预压是检验支架基础、架体承载力是否满足要求的重要工序

19. 对无抗浮措施的箱、筏基础,停止降水后的抗浮稳定系数不得小于(　　)。

A. 0.9　　B. 1.2　　C. 2　　D. 3

20. 对于无(　　)的桩机,雷电天气应停止作业。

A. 缆风绳　　B. 避雨棚　　C. 避雷装置　　D. 保险装置

21. 盆式橡胶支座安装施工中,下述做法中错误的是(　　)。

A. 保证支座填石平整　　B. 将梁底模板和废弃混凝土清除干净

C. 安装前查验支座出厂合格证　　D. 及时解除支座连接板

22.《建筑施工高处作业安全技术规范》(JGJ 80—1991)规定:绑扎(　　)m 以上的柱钢筋,必须搭设操作平台。

A. 3　　B. 4　　C. 5　　D. 6

23. 在打桩施工作业中,宜采用的打桩顺序是(　　)。

A. 从四周向中央打　　B. 从两端向中间对打

C. 从中央向四周打　　D. 从一端向另一端打

24.《公路桥涵施工技术规范》(JTG/T F50—2011)规定:护筒的埋置深度在旱地或筑岛处

宜为(　　)m。

A. 2 ~4　　B. 3 ~4　　C. 4 ~5　　D. 5 ~6

25.《公路桥涵施工技术规范》(JTG/T F50—2011)规定:钻孔灌注桩的护筒顶宜高于地面0.3m或水面(　　)m。

A. 0.2　　B. 0.3　　C. 1.0 ~2.0　　D. 1.0 ~1.5

26. 水泥如受潮,或存放时间超过(　　)个月时,应重新取样复验,并应按其复验结果使用。

A. 1　　B. 2　　C. 3　　D. 4

二、多选题

1.《公路工程施工安全技术规范》(JTG F90—2015)规定:下列说法正确的是(　　)。

A. 张拉作业应设警戒区

B. 张拉端后方应设立防护挡墙

C. 高处张拉作业应搭设张拉作业平台、张拉千斤顶吊架,平台应加设防护栏杆和上下扶梯

D. 已张拉的预应力钢筋不得电焊、站人

E. 管道压浆作业人员应佩戴护目镜

2.《公路工程施工安全技术规范》(JTG F90—2015)规定:下列关于钢筋加工说法正确的是(　　)。

A. 钢筋加工机械所有转动部件应有防护罩

B. 钢筋冷弯作业中,弯曲钢筋的作业半径内和机身不设固定销的一侧不得站人或通行

C. 钢筋冷拉作业区两端应装设防护挡板,冷拉钢筋卷扬机应置于视线良好的位置并应设置地锚,钢筋或牵引钢丝两侧3m内及冷拉线两端不得站人或通行

D. 作业高度超过2m的钢筋骨架应设置脚手架或作业平台,钢筋骨架应有足够的稳定性

E. 吊运预绑钢筋骨架或成捆钢筋应确定吊点的数量、位置和捆绑方法,不得单点起吊

3.《公路工程施工安全技术规范》(JTG F90—2015)规定:下列关于缆索吊机系统的规定说法错误的是(　　)。

A. 对吊塔、扣塔及相应索具、风缆、锚碇均应进行稳定性验算,其安全系数应满足最不利工况要求

B. 缆索吊机所用材料、设备等进场前,应进行验收,材料应无损伤、无变形,强度、刚度应满足设计要求;主缆宜采用钢丝绳,安全系数不得小于2

C. 吊塔、扣塔塔架前后及侧向应设置缆风索,缆风索安全系数应大于2

D. 缆索吊机正式吊装前应分别按设计荷载的静载和设计荷载的动载进行起吊试验

E. 塔架顶部应设置可靠的避雷装置;人员上下塔架应配备符合要求的电梯或爬梯,不得徒手攀爬

4. 对于已埋设护筒未开钻或已成桩护筒尚未拔除的,应该做好的事项有(　　)。

A. 在护筒内注水
B. 在护筒内注泥浆
C. 加设护筒顶盖
D. 铺设安全网遮罩
E. 在护筒边加设安全警示标识

5. 桥梁施工中,冬期钢筋加工应注意的安全事项有(　　)。

A. 冷拔、冷拉钢筋时,防止钢筋断裂
B. 负温下应注意有裂纹的预应力夹具出现破裂
C. 钢筋的延展性降低,要调整控制好拉伸量
D. 气焊氧气瓶嘴冻结后要用明火烤,用乙炔气回火
E. 钢筋的实际抗拉强度降低

6. 人工挖孔桩每班作业前要打开孔盖进行通风,当(　　)时要进行强制通风。

A. 深度超过 5m
B. 遇有黑色土层
C. 遇有深色土层
D. 碰到地下水
E. 碰到卵石土层

7. 桥梁施工中,高处作业人员(　　)。

A. 要定期或随时体检
B. 有不宜登高的病症不得从事高处作业
C. 严禁酒后登高作业
D. 身体过高不宜从事高处作业
E. 未佩戴安全带、安全帽等安全防护用品的,不准从事高处作业

8. 当有人在桩孔内作业时,孔上监护人员的职责是(　　)。

A. 监护孔壁变化
B. 监护孔内作业情况
C. 发现异常协助孔内人员撤离
D. 向领导报告
E. 准备好灭火器

9. 桥梁施工中,选择桩架高度应考虑(　　)的要求。

A. 桩长
B. 锤高
C. 桩帽
D. 安全距离
E. 垫板

三、判断题

1. 桥涵工程施工,应尽量避免双层或多层同时作业。(　　)

2. 钻孔机作业时,钻机的旋转部件要固定牢固,吊索具下方不得有人。(　　)

3. 桩机作业时,其周围应有明显的安全标志或围栏,严禁闲人进入。(　　)

4. 桩机作业时,操作人员应距桩锤中心 5m 以外监视。(　　)

5. 人工挖孔桩挖出的土石方应及时运离孔口,不得堆放在孔口周围,机动车辆的通行不得对井壁的安全造成影响。(　　)

6. 人工挖孔桩每日开工前,必须检测井下的是否有有毒气体,并应配备足够的安全防护措施。(　　)

7. 人工挖孔桩必须采用混凝土护壁,护壁必须挖一节、打一节,严禁一次挖完再补打护壁。(　　)

8. 采用人工挖孔桩的施工方法，一般比较适应于含水率大的软土和淤泥质土。　（　　）

9. 当有人在桩孔内作业时，孔上必须有专人监护，并随时与孔下人员联系，监护人员不得擅自离开岗位。　（　　）

10. 在挖孔桩施工中，当孔内的二氧化碳含量超过 0.3% 时，应采取通风措施。　（　　）

11. 人工挖孔桩当需要工人在孔下取水样时，下井前应点火试验方可下井作业。　（　　）

12. 工人在人工挖孔桩下面作业时，井下应设通风换气装置。　（　　）

13. 拱架拆除工作必须按设计程序进行，当实施拱架脱离拱圈的作业时，应先经检验确认安全后方可进行拱架拆除工作。拱架拆除作业，应听从统一指挥，严禁在拱架上、下同时进行作业，并严禁采用机械强拽拱架使之倾倒的做法。　（　　）

14. 旧桥加固作业时，应在施工车辆停放位置前后 5m 设置交通围护、警示标志和警示灯、安全路锥等设施，确保施工安全。　（　　）

15. 当采用轨道平车运输预制构件时，行进速度要缓慢，一般不宜超过 30km/h。　（　　）

16. 混凝土洒水养护时，应注意构筑物面的障碍物和孔洞，拉移洒水用的皮管时不得倒退行走，以防从孔洞内坠落。　（　　）

17. 工程施工现场运行的大车或小车，在运行接近终点时，应降低速度直至停止，严禁用终点开关作停车手段或用打反车的行为达到制动目的。　（　　）

18. 切断长 300mm 以下钢筋时，应采用将钢筋套入钢管内送料，以防发生事故。　（　　）

第四章　隧道工程

一、单选题

1. 在公路隧道施工中，遇到溶洞的处理原则可归纳为(　　)。

A. 早进洞、晚出洞　　B. 防、排、截、堵
C. 避、引、堵、越、绕　　D. 早支护、慎撤换

2.《公路工程施工安全技术规范》(JTG F90—2015)规定：隧道爆破作业中哑炮检查应在爆破15min后实施，发现哑炮应立即安全警戒，及时报告并由(　　)处理，确保安全。

A. 爆破负责人　　B. 原爆破人员
C. 爆破安全管理人员　　D. 项目安全员

3.《公路工程施工安全技术规范》(JTG F90—2015)规定：隧道施工应采取综合防尘措施，并应配备专用检测仪器及设备。隧道内存在矽尘的作业场所，每(　　)应至少取样分析空气成分一次、测定粉尘浓度一次。

A. 半个月　　B. 一个月　　C. 三个月　　D. 半年

4.《公路工程施工安全技术规范》(JTG F90—2015)规定：爆破作业中，下列说法错误的是(　　)。

A. 爆破时，应点清爆炸数量与装炮数量是否相符

B. 爆破时，确认炮响完并过15min后，方准爆破人员进入爆破作业点

C. 爆破作业必须有专人指挥

D. 人工打炮眼时，使锤人应站在掌钎人的对面，严禁侧脸使锤

5. 在隧道施工中，通过瓦斯煤层前后(　　)m的影响范围内，应按照瓦斯隧道施工安全要求进行作业。

A. 10　　B. 20　　C. 30　　D. 40

6. 隧道施工中，隧道内的空气成分、风速和含尘量必须每(　　)检测一次。

A. 月　　B. 周　　C. 3个月　　D. 半年

7. 隧道施工通风要求中，洞内工作人员最多时要能保证每人每分钟有(　　)m^3新鲜空气供应。

A. 1　　B. 2　　C. 3　　D. 4

8. 在隧道开挖、支撑、衬砌作业地段，其照明电压不应超过(　　)V。

A. 12　　B. 24　　C. 36　　D. 110

9. 隧道施工中，如设计文件中指明有不良地质情况时，必要时应进行(　　)，探明情况，采取预防措施。

A. 先护顶　　B. 强支护　　C. 早衬砌　　D. 超前探测

10. 在隧道施工中，洞内采取人力推斗车运输物料时，下列说法错误的是(　　)。

A. 翻转式斗车,在运行及装车时,必须将卡锁锁住

B. 人力推车时应在后方推行,上坡时不允许在前面帮助拖拉

C. 下坡时严禁溜放

D. 人力推斗车时,在视线不良及有障碍物的施工地段,应及时发出信号

11.《爆破安全规程》(GB 6722—2014)规定:石方爆破作业超过(　　)m 的深孔不得使用导火索起爆。

A. 3　　B. 4　　C. 5　　D. 6

12. 爆炸石方放炮后要经过(　　)分钟才可以前往检查。

A. 5　　B. 10　　C. 20　　D. 25

13. 爆炸石方遇有哑炮,应在距离原炮眼(　　)cm 的地方另行打眼放炮。

A. 15　　B. 30　　C. 60　　D. 100

14. 隧道爆破人员严禁穿着(　　)进行爆破作业。

A. 纯棉衣服　　B. 化纤衣物

C. 皮鞋　　D. 不易产生静电的衣物

二、多选题

1. 爆破作业场所有下列(　　)情形之一时,不应进行爆破作业。

A. 危险区边界未设警戒的

B. 支护规格与支护说明书的规定不符或工作面支护损坏的

C. 岩体有冒顶或边坡滑落危险的

D. 作业通道不安全或堵塞的

E. 光线不足、无照明或照明不符合规定的

2. 从事爆破施工的企业,应设(　　)人员。

A. 爆破工作领导人　　B. 爆破工程技术人员

C. 爆破段(班)长　　D. 安全员

E. 爆破员

3. 在隧道施工中采取的防尘措施有(　　)。

A. 湿式凿岩　　B. 机械通风

C. 喷雾洒水　　D. 个人防护

E. 逃生通道

4. 隧道施工中作业环境应符合下列卫生标准(　　)。

A. 坑道中氧气含量按体积计不应小于 20%

B. 坑道内气温不宜高于 40℃

C. 二氧化碳按体积计不得大于 0.5%

D. 一氧化碳一般不大于 30mg/m^3

E. 坑道内空气湿度要在 85% 以上

5. 隧道监控量测中,属于必测的项目是(　　)。

A. 地质和初期支护观测　　B. 地表下沉
C. 拱顶下沉　　D. 锚杆内力和抗拔力
E. 水平净空收敛

三、判断题

1.《公路工程施工安全技术规范》(JTG F90—2015)规定:隧道内供电线路架设应遵循“高压在上、低压在下,干线在上、支线在下,动力线在上、照明线在下”的原则。110V以下线路距地面不得小于2m,380V线路距地面不得小于2.5m,6~10kV线路距地面不得小于3.5m。 (　)

2.《公路工程施工安全技术规范》(JTG F90—2015)规定:隧道内施工不得使用以汽油为动力的机械设备。 (　)

3.《公路工程施工安全技术规范》(JTG F90—2015)规定:不良地质隧道地段应遵循“早预报、预加固、弱爆破、短进尺、强支护、早封闭、勤量测、快衬砌”的原则施工。 (　)

4.《公路工程施工安全技术规范》(JTG F90—2015)规定:洞口开挖应先支护后开挖、自上而下分层开挖、分层支护,不得掏底开挖或上下重叠开挖。 (　)

5.《公路工程施工安全技术规范》(JTG F90—2015)规定:隧道施工应配备应急救援机械设备、监测仪器、堵漏和清洗消毒材料、交通工具、个体防护设备、医疗设备和药品、生活保障和救援物资等,应进行定期检查、维护和更新。不得挪用救援物资及救援设备。 (　)

6. 根据隧道施工通风安全要求,在导坑开挖面风流中,按体积计氧气不得低于20%,二氧化碳不得超过0.5%。 (　)

7. 雷管和炸药不可以放在同一船内或车内运输。 (　)

8. 在城镇房屋较多的场所爆炸石方时,最好采用放药量较少的闷炮,并应在放炮前在石方上架设掩护物。 (　)

9. 为了加快施工进度,隧道洞口的土石方工程可以采用深眼大爆破施工。 (　)

10. 对复杂地质隧道施工,要把超前地质预测预报作为施工必需程序纳入作业循环当中,并贯穿整个施工过程。 (　)

11. 爆破法施工中,若遇有哑炮,为了省工,可在原炮眼内重装炸药。 (　)

12. 爆破石方的打眼、装药、放炮要由经过训练和考试合格的人员负责进行,并应有严格的组织和检查制度。 (　)

13. 在向爆炸石方的炮眼装填炸药时,严禁使用铁器,所用引线要加以检查。 (　)

14. 爆炸石方的同一工地必须由专人统一掌握放炮时间,放炮前必须使危险区内的全体人员退至安全地带,并在危险区四周设立岗哨和危险标志,禁止通行。 (　)

15. 使用电雷管爆炸石方时,连接雷管和引线要用特制的钳夹紧,严禁用牙齿咬紧和用力敲压。 (　)

16. 按规定,爆炸石方工作在闪电、打雷时,禁止装置炸药、雷管和连接电线。 (　)

17. 用于爆炸石方的一切爆炸物必须由专人负责运输。 (　)

18. 用于爆炸石方的一切爆炸物在运输途中,不许在人多的地方停留。（　　）

19. 用于爆炸石方的一切爆炸物在运输中,处于爆炸物直接和邻近的任何人严禁抽烟或者携带烟火等易燃物品。（　　）

20. 隧道施工中遇到塌方后,应先清除塌体,再加固未塌方地段。（　　）

21. 隧道施工中,遇到自稳性极差的围岩,一般采取的加固方法有:压注水泥砂浆或化学浆液加固。（　　）

第五章　航 道 工 程

一、单选题

1.《中华人民共和国内河交通安全管理条例》(国务院令〔2002〕第355号)第三条规定:内河交通安全管理应遵循(　　)的原则,保障内河交通安全、有序、畅通。

A. 安全第一、预防为主、警钟长鸣

B. 安全第一、预防为主、以物为本

C. 安全第一、预防为主、方便群众、依法管理

D. 以物为本、超前防范

2. 在进行水下障碍物探测时,潜水员下水作业必须(　　)。

A. 悬挂规定的信号球　　B. 悬挂规定的信号旗

C. 按规定鸣笛　　D. 以上 ABC 三项都要做到

3.《水运工程施工安全防护技术规范》(JTS 205-1—2008)规定:潜水作业现场应备有急救箱及相应的急救器具,水深超过(　　)m 应备有减压舱等设备。

A. 15　　B. 30　　C. 60　　D. 120

4. 拖航起航前,应进行一次(　　),明确每个船员在应变部署中的岗位职责和安全操作要领。

A. 劳动竞赛　　B. 消防、救生演习　　C. 座谈会　　D. 交流会

5. 当无设计备淤深度时,通航水域疏浚工程的中部水域应(　　)。

A. 严禁出现浅点

B. 允许浅值 <0.1m

C. 允许浅值 <0.3m

D. 精选点不得在同一断面或相邻断面的相同部位连续出现

6. 当有设计备淤深度时,通航水域疏浚工程的竣工水深图上各测点水深必须达到(　　)。

A. 严禁出现浅点　　B. 设计通航深度

C. 设计通航水位　　D. 设计最低通航水位

7. 挖槽的抛泥区应选择在(　　)。

A. 航道边缘　　B. 挖槽进口附近

C. 挖槽出口附近　　D. 下深槽沱口

8. 疏浚施工时,应定期对挖泥船的施工质量进行检测。一般情况下,斗式挖泥船、绞吸挖泥船每前进(　　)m 左右应检测一次。

A. 30　　B. 50　　C. 100　　D. 150

9.《疏浚工程技术规范》(JTJ 319—1999)规定:耙吸挖泥船挖泥作业时,应根据土质等选

择合理的航速，对淤泥、淤泥质土和松散的砂，对地航速宜采用(　　)kn。

A.1～2　B.2～3　C.3～4　D.4～5

10.水下炸礁工程完工后，必须进行(　　)，检验施工质量。

A.多波束测量　B.水下探摸　C.软式扫床　D.硬式扫床

11.硬式扫床是航道整治工程(　　)的质量检验内容。

A.筑坝　B.护岸　C.疏浚　D.水下炸礁

12.海水环境中航道工程混凝土结构的(　　)受海水氯离子的渗透最严重。

A.大气区　B.水位变动区　C.浪溅区　D.水下区

13.各种环境中的航道工程混凝土，均不得使用的水泥是(　　)。

A.矿渣硅酸盐水泥　B.火山灰质硅酸盐水泥

C.烧黏土质火山灰质硅酸盐水泥　D.粉煤灰硅酸盐水泥

二、多选题

1.泥驳船长应结合(　　)等情况制订相应的安全技术措施，组织全体船员进行安全技术交底。

A.物料伙食　B.施工工况

C.水域环境　D.通航密度

E.当地气象

2.防止水下触电的措施有(　　)。

A.施工前对作业人员进行用电安全教育　B.作业人员戴绝缘手套

C.对水下设备进行绝缘性检查　D.作业人员戴护目镜

E.水下作业接牢地线

3.在航行中，自航泥驳必须(　　)等的安全工作。

A.注意接收气象预报　B.打开水密舱盖通风

C.掌握有关航段的天气海况　D.做好海上防台风、防强风和雾航

E.使用无线电示位标定位

4.潜水作业区域和作业船舶，必须在明显处设(　　)，任何无关船舶严禁进入潜水作业区域。

A.信号灯　B.信号旗

C.宣传标语　D.企业标志

E.醒目标志

5.施工船舶必须严格遵守(　　)。

A.操作规程　B.船舶航行避让规则

C.技术交底的规定　D.调度指令

E.职代会决议

6.施工船舶在(　　)时，应停止作业，严禁超载作业，保持通信联络的畅通。

A.大风　B.超过船舶抗风能力

C. 雾天　　D. 能见度不良

E. 寒冷天气

7. 水上作业人员工作前或工作中不准饮酒,作业区域内严禁(　　)。

A. 游泳　　B. 跳水捞取失物

C. 吸烟　　D. 拍照

E. 喧哗

8. 带解缆和冲洗甲板人员必须规范(　　),严禁穿拖鞋作业。

A. 戴安全带　　B. 戴防护眼镜

C. 穿着救生衣　　D. 戴安全帽

E. 穿着短裤

9. 在中华人民共和国沿海水域从事水下(　　)活动,必须事先向所涉及的海区的区域主管机关申请发布海上航行警告、航行通告。

A. 改变航道、航槽　　B. 铺设、撤除、检修电缆和管道

C. 打捞沉船、沉物　　D. 设置、撤除系船浮筒及其他建筑物

E. 捕鱼

10. 水运工程施工组织设计中,安全管理和保证措施一般应包括以下内容:(　　)。

A. 项目安全管理体系　　B. 专项施工方案

C. 项目安全管理目标与指标　　D. 劳动力计划

E. 安全技术保证措施

11. 疏浚工程竣工测量的测深检查线布置要求有(　　)。

A. 垂直于主测深线　　B. 在航道内至少应布设3条检查线

C. 布置在挖槽边坡坡顶以外　　D. 长度不小于主测深线总长的5%

E. 布置在挖槽边坡的水位线上

12. 航道炸礁常用方法有(　　)。

A. 裸露爆破　　B. 钻孔爆破

C. 峒室爆破　　D. 水中爆破

E. 定向爆破

13. 在航道整治工程质量检验评定中,将分项工程检验项目划分为(　　)。

A. 主要项目　　B. 一般项目

C. 重要项目　　D. 检验项目

E. 允许偏差项目

14. 在我国通航安全水上水下施工作业的监督管理有关规定中,对于涉及(　　)法律责任时,海事局有权责令停止施工作业。

A. 与航行警告和航行通告不符的

B. 未按规定向海事局报备季度作业计划的

C. 未按规定及时向海事局提交竣工报告的

D. 未获得许可证或许可证失效而进行作业者

E. 作业水域内发生水上交通事故，危及周围生命、财产安全的

15. 绞吸挖泥船进入施工区就位时的安全操作要求是(　　)。

A. 待船停稳，开始下放钢桩

B. 船有一定速度时，下放两根钢桩

C. 船有一定速度时，先放桥架，再下钢桩

D. 如有水流，先抛横移锚再下钢桩

E. 如有水流，可先放桥架，船舶停稳后再下钢桩

16. 以泥泵为主设备的挖(吸)泥船，其常见的形式有(　　)。

A. 绞吸式　　B. 耙吸式

C. 链斗式　　D. 抓斗式

E. 铲斗式

三、判断题

1. 船上(或支架平台上)制造完成的浮式沉井，下水时宜在水面波浪较小时进；有船只驶过时，应暂缓入水。(　　)

2. 船坞底板和坞墙属大体积混凝土，应采取防裂措施，以防止渗水。(　　)

3. 严禁船员在船上工作期间饮酒，工作结束后，在船上休息期间可少量饮酒。(　　)

4. 疏浚前测量时，疏浚区的测量范围应包括设计疏浚区及其边坡线外图上 20mm 范围内的水深和地形。(　　)

5. 吹填区土围埝施工时，应一次修筑到设计埝顶高程并夯实。(　　)

第六章 码头工程

一、单选题

1. 沉箱拖运前应进行不小于(　　)小时的漂浮试验，检验沉箱是否有漏水、渗水现象。

A. 6　　B. 12　　C. 18　　D. 24

2.《重力式码头设计与施工规范》(JTS 167-2—2009)规定：重力式码头预制沉箱浮在水上接高时，必须及时(　　)以保证沉箱的浮游稳定。

A. 向箱舱加水　　B. 从箱舱抽水　　C. 调整压载　　D. 装模浇注

3.《重力式码头设计与施工规范》(JTS 167-2—2009)规定：沉箱拖运前，对沉箱进行压载宜采用(　　)。

A. 水压载　　B. 砂石压载　　C. 不压载　　D. 压载铁压载

4.《重力式码头设计与施工规范》(JTS 167-2—2009)规定：沉箱安放时的抽水或灌水，同一沉箱的各舱宜(　　)进行，其舱内液面高差限值通过验算确定。

A. 同步　　B. 对角　　C. 左右　　D. 对称

5. 当重力式码头基槽开挖时，如遇砂质或淤泥质土，宜选用(　　)挖泥船。

A. 抓斗式　　B. 绞吸式　　C. 链斗式　　D. 铲斗式

6. 重力式码头基床抛石前应先设置导标，下面所列(　　)属于纵向导标。

A. 移船导标　　B. 抛石分段标

C. 抛石起点标　　D. 基床顶面坡肩边导标

7. 高桩码头施工期的岸坡稳定性验算的工况是按可能出现的各种荷载情况与(　　)组合。

A. 设计低水位　　B. 设计高水位

C. 极端低水位　　D. 极端高水位

8. 重力式码头基床抛石前必须设置导标，其中横向导标是(　　)。

A. 移船导标　　B. 分段导标

C. 基床中心线导标　　D. 基床顶面坡肩导标

9. 当高桩码头基桩的设计桩尖土层为黏性土时，锤击沉桩应以(　　)控制。

A. 高程　　B. 贯入度　　C. 标贯击数　　D. 桩尖高程

10.《海港总体设计规范》(JTS 165—2013)规定：沉桩结束后应及时(　　)，加强桩之间的连接，以减小桩身位移，改善施工期受力状态。

A. 拉桩　　B. 浇注桩帽　　C. 进行上部施工　　D. 夹桩

11.《防波堤设计与施工规范》(JTS 154-1—2011)规定：当堤两侧有块石压载时，应(　　)。

A. 先抛堤身，后抛压载层　　B. 先抛压载层，后抛堤身

C. 在低潮时抛压载层　　D. 在高潮时抛压载层

12.《防波堤设计与施工规范》(JTS 154-1—2011)规定:斜坡堤堤心石水上抛填块石,应根据水深、水流和波浪等自然条件对块石的(　　)的影响,确定抛石船的船位。

A. 漂流　　B. 破坏　　C. 形变　　D. 侵蚀

13. 抛石前,进行技术交底并明确分工,作业人员之间的距离不能小于(　　)m。

A. 1.0　　B. 1.5　　C. 2.5　　D. 3.0

14. 绞吸挖泥船在最大挖深时,绞刀桥梁下方与水平面的倾斜角应为(　　)。

A. 30° ~ 40°　　B. 40° ~ 45°　　C. 50° ~ 55°　　D. 55°以上

15. 取土区风浪大、运距远的吹填工程应选择(　　)施工方式。

A. 绞吸船直接吹填　　B. 耙吸船吹填

C. 斗式船—泥驳—吹泥船吹填　　D. 绞吸船加泵站吹填

16. 基建性疏浚实施前,宜进行(　　),确保施工人员和疏浚设备安全。

A. 测量　　B. 踏勘　　C. 扫床　　D. 技术交底

17. 板桩码头拉杆安装时,其高程允许偏差为(　　)mm。

A. ±30　　B. ±40　　C. ±50　　D. ±60

18. 水上抛填块石,具有装石量大、稳定性好、抗风浪能力强等优点的抛石船是(　　)。

A. 民船　　B. 方驳　　C. 开底驳　　D. 起重驳船

19. 船舶施工作业必须编制(　　)。

A. 应急救援预案　　B. 危险源清单

C. 安全管理体系图　　D. 安全生产责任制

二、多选题

1. 凡是抛石作业的船舶应配备相应的救生设备,包括(　　)。

A. 救生衣　　B. 救生圈

C. 救生筏　　D. 游泳衣

E. 安全带

2. 预制沉箱底模表面应采取妥善的脱模措施,不应采用会降低沉箱底面摩擦系数的(　　)材料作脱模层。

A. 油毡　　B. 塑料布

C. 牛皮纸　　D. 土工布

E. 纤维板

3. 沉箱浮运拖带前的准备工作有(　　)。

A. 必要的技术准备工作　　B. 拖带、辅助船舶及设备的准备

C. 拖带航线、航速的确定　　D. 水文气象条件的调查

E. 发布航海通告

4. 沉箱预制吊运钢筋骨架、钢筋前,应检查(　　)等是否安全可靠,否则禁止使用。

A. 吊点　　B. 钢筋型号

C. 钢丝绳　　D. 卡环

E. 铁丝

5. 在沉箱纵、横移及溜放过程中，指挥人员必须注意平台、(　　)各部位操作人员的安全，卷扬机操作人员必须听从指挥。

A. 横移车　　B. 大平车

C. 纵移车　　D. 斜架车

E. 泵车

6. 海港工程的设计潮位应包括(　　)。

A. 设计高水位　　B. 设计低水位

C. 平均设计水位　　D. 极限高水位

E. 极限低水位

7. 在抛石坝施工过程中，应随时对(　　)进行检查。

A. 坝位　　B. 坝身

C. 水深　　D. 边坡

E. 水质

8. 重力式码头基槽开挖的质量控制要点包括(　　)。

A. 勤对标　　B. 基槽深度较大的应分层开挖

C. 干地施工必须做好基坑防水　　D. 挖至设计深度应核对土质

E. 开工前复测水深，挖泥时可不测水深

9. 海港工程钢结构防腐蚀措施中的阴极防护对(　　)是无效的。

A. 泥下区　　B. 水下区

C. 水位变动区　　D. 浪溅区

E. 大气区

10. 对于高桩码头桩基施工，在沉桩之前，应进行的检验工作有(　　)。

A. 选择打桩船

B. 确定沉桩方式

C. 校核各桩是否相碰

D. 检查沉桩区有无障碍

E. 检查沉桩区泥面高程和水深是否符合沉桩要求

11. 当采用浮运拖带法进行沉箱的海上浮运时，拖带前应进行沉箱(　　)的验算。

A. 吃水　　B. 外墙强度

C. 压载　　D. 浮游稳定

E. 局部强度

12.《中华人民共和国港口法》(主席令 23 号 2015 年修正版)第四十五条规定：(　　)，由县级以上地方政府或者港口行政管理部门责令限期改正；逾期不改正的，由作出限期改正决定的机关申请人民法院强制拆除违法建设的设施；可处 5 万元以下罚款。

A. 施工图未出齐，进行港口、码头建设的

B. 违反港口规划，建设港口、码头或者其他港口设施的

C. 未经依法批准，建设港口设施使用港口岸线的

D. 未发布航行通告，进行港口、码头建设的

E. 未签施工合同，进行港口、码头设施施工的

三、判断题

1.《防波堤设计与施工规范》（JTS 154-1—2011）规定：斜坡堤在软土地基的抛石时，当堤侧有块石压载层时，应先抛堤身，后抛压载层。（　）

2.《防波堤设计与施工规范》（JTS 154-1—2011）规定：斜坡堤软土地基上的抛石，当有挤淤要求时，应从断面两侧逐渐向中间抛填。（　）

3.《防波堤设计与施工规范》（JTS 154-1—2011）规定：斜坡堤堤心石抛填，当采用陆上推进法时，堤根的浅水区可一次抛填到顶，堤身和堤头视水深、地基土的强度、波浪影响程度可一次或多次抛填到顶。（　）

4.《港口及航道护岸工程设计与施工规范》（JTJ 300—2000）规定：对岸坡较陡、水深较深、地基较好、用地紧张的地段宜采用直立式护岸。（　）

5.《港口及航道护岸工程设计与施工规范》（JTJ 300—2000）规定：对岸坡较缓、水深较浅、地基较差、石料来源丰富、用地不紧张的地段宜采用斜坡式护岸。（　）

6. 预制沉箱在高处进行钢筋绑扎时，钢筋脚手板安放的位置要正确、牢固，工具用后应放置在脚手板上。（　）

7. 预制沉箱模板吊装必须有专人指挥，指挥人员可以站在就近位置，按规定使用统一信号进行指挥。（　）

8. 沉箱拖带前，施工单位应提前向所在地港监部门正式提出发布航行通告的书面要求。（　）

9. 施工码头横梁邻水、邻边作业，当与水面高差不大时，可以不设安全防护设施。（　）

10. 潜水作业必须持证上岗，无证人员严禁从事潜水作业。（　）

11. 整治浅滩，就是消除浅滩，从而满足该河段设计的航深要求。（　）

12. 水上沉桩施工前，应调查作业现场水域的水深及水下障碍物情况，以保证移船安全。（　）

第七章　船 闸 工 程

一、单选题

1. 我国船闸按其设计最大船舶吨级分为(　　)级。

A. 五　　B. 六　　C. 七　　D. 八

2. 船闸施工时,混凝土潮湿养护的时间不应少于(　　)d。

A. 7　　B. 14　　C. 21　　D. 28

3. 船闸主要由(　　)三个基本部分及相应的设备组成。

A. 闸室、输水廊道、引航道　　B. 闸室、闸首、输水廊道

C. 闸室、输水廊道、导航墙　　D. 闸室、闸首、引航道

4. 港口的混凝土配合比设计应采用试验—计算法,并按规定的顺序进行。其中,首先要做的工作是(　　)。

A. 选择水灰比　　B. 选择用水量

C. 确定水泥用量　　D. 确定最佳砂率

二、多选题

1. 船闸渗流会造成(　　)。

A. 对建筑物产生向上的渗透压力　　B. 土壤渗流变形

C. 水量的损失　　D. 增加对闸墙的压力

E. 对建筑物的稳定性没有影响

2. 船闸基槽开挖检验内容主要是(　　)。

A. 设计高程　　B. 地质情况

C. 帷幕灌浆　　D. 固液灌浆

E. 开挖过程

3. 在进行船闸地基处理时,对于岩基的帷幕灌浆的检验内容主要有(　　)。

A. 洗孔　　B. 压水

C. 孔数　　D. 吸水率

E. 孔深

三、判断题

在混凝土和钢筋混凝土船闸中,沿闸室长度方向应设置伸缩—沉降缝,伸缩—沉降缝一般做成垂直贯通的永久缝。　　(　　)

第八章　附属工程

单选题

1. 装运钢筋混凝土扶壁采用方驳,为防止在装驳时方驳发生横向倾斜,扶壁的肋应平行于方驳的(　　),且扶壁的重心位于方驳的纵轴线。

A. 横轴线　B. 纵轴线　C. 前边线　D. 后边线

2. 整治建筑物堤或坝的施工顺序是(　　)。

A. 护底—平抛—理坡　B. 平抛—护底—理坡

C. 护底—理坡—平抛　D. 理坡—平抛—护底

3. 斜坡堤软土地基处理方法为(　　)。

A. 爆破排淤填石　B. 控制加荷速率

C. 分段抛填砂垫层　D. 搭接铺设土工布垫层

4. 斜坡堤在软土地基上抛石,当有挤淤要求时,抛石顺序为(　　)。

A. 从断面中心向两侧抛　B. 先抛压载层,后抛堤身

C. 抛填后及时理坡和覆盖　D. 设置沉降观测点以控制加荷间歇时间

第五篇　养护技术篇

一、单选题

1.《公路养护安全作业规程》(JTG H30—2015)规定:限速应采用逐级限速或重复提示限速方法。逐级限速宜每100m降低10km/h,相邻限速标志间距不宜小于(　　)m。

A.200　　B.300　　C.400　　D.500

2.《公路养护安全作业规程》(JTG H30—2015)规定:导向交通标线应为醒目的(　　)实线。

A.黄色　　B.橙色　　C.红色　　D.绿色

3.《公路养护安全作业规程》(JTG H30—2015)规定:在进行高速公路及一级公路养护作业控制区布置时,养护作业控制区两侧应异化布置安全设施,并符合下列规定:路肩养护作业时,在封闭路肩一侧的(　　)应布设施工标志和限速标志,在另一侧仅在(　　)起点布设施工标志。(　　)

A.缓冲区、上游过渡区　　B.警告区、缓冲区

C.警告区、警告区　　D.警告区、上游过渡区

4.《公路养护安全作业规程》(JTG H30—2015)规定:在进行高速公路及一级公路养护作业控制区布置时,立交出、入口匝道附近及匝道上养护作业控制区布置,应根据工作区在匝道上的具体位置而定。匝道养护作业警告区长度不宜小于(　　)m。

A.100　　B.200　　C.300　　D.400

5.《公路养护安全作业规程》(JTG H30—2015)规定:高速公路及一级公路养护作业控制区布置时,临时养护作业控制区布置可采用单一限速控制,警告区长度宜取长、短养护作业警告区长度的一半,但应配备交通引导人员,当布设移动式标志车时,可不布设(　　)。

A.警告区　　B.上游过渡区　　C.缓冲区　　D.下游过渡区

6.《公路养护安全作业规程》(JTG H30—2015)规定:在进行高速公路及一级公路养护作业控制区布置时,当占用路面进行人工移动养护作业时,宜封闭一定范围的养护作业区域,并按临时养护作业的有关规定执行。对于路肩清扫等人工移动养护作业,宜布设移动式标志或交通锥,其距人工移动养护作业起点不宜小于(　　)m。

A.50　　B.100　　C.150　　D.200

7.《公路养护安全作业规程》(JTG H30—2015)规定:二、三级公路养护作业控制区布置时,警告区应布设施工标志及限速标志,车道封闭养护作业尚应布设改道标志;上游过渡区应布设交通锥、闪光箭头、交通引导人员等;上游过渡区和缓冲区交界处应布设附设警示灯的(　　)。

A.水马　　B.移动式标志车　　C.防撞桶　　D.路栏

8.《公路养护安全作业规程》(JTG H30—2015)规定:特大、大桥养护作业控制区布置应

符合下列规定:工作区起点距桥头小于(　　)m时,纵向缓冲区起点应提前至桥头。

A. 200　　B. 300　　C. 400　　D. 500

9.《公路养护安全作业规程》(JTG H30—2015)规定:隧道养护作业控制区中交通锥的布设间距不宜大于(　　)m,缓冲区和工作区照明应满足养护作业照明要求。

A. 4　　B. 6　　C. 8　　D. 10

10.《公路养护安全作业规程》(JTG H30—2015)规定:主线收费广场养护作业控制区可简化,应符合下列规定:工作区在收费车道出口处可仅布置工作区和(　　),并关闭对应的收费车道。

A. 警告区　　B. 上游过渡区　　C. 下游过渡区　　D. 缓冲区

11.《公路养护安全作业规程》(JTG H30—2015)规定:匝道收费广场养护作业,应按作业位置确定作业控制区布置,并应符合下列规定:匝道收费口前养护作业,应在匝道入口布设施工标志,并关闭养护作业的收费车道,上游过渡区和缓冲区长度均可取(　　)m。

A. 10~20　　B. 30~40　　C. 50~60　　D. 70~80

12.《公路养护安全作业规程》(JTG H30—2015)规定:雾天及沙尘天气养护安全作业应符合下列规定:应急抢险、抢修作业时,应会同有关部门封闭交通,安全设施上应间隔布设黄色警示灯,相邻警示灯间距不应超过相邻交通锥间距的(　　)倍。

A. 1　　B. 2　　C. 3　　D. 4

13.《公路养护安全作业规程》(JTG H30—2015)规定:纵向缓冲区是(　　)终点到工作区起点之间的安全缓冲区域。

A. 警告区　　B. 下游过渡区　　C. 终止区　　D. 上游过渡区

14.《公路养护技术规范》(JTG H10—2009)规定:高速公路和一级公路隧道的经常性检查频率宜不少于(　　)次/周,其他公路隧道宜不少于(　　)次/月。在雨季或冰冻季节,应加强经常性检查。平时应加强对隧道的巡查,发现隐患,及时排除。(　　)

A. 1;1　　B. 1;2　　C. 2;2　　D. 2;3

15.《公路养护技术规范》(JTG H10—2009)规定:隧道洞口周围(　　)m范围内,不得挖沙、采石、取土、倾倒废弃物,不得进行爆破作业及其他危及公路隧道安全的活动。

A. 200　　B. 300　　C. 400　　D. 500

16.《公路养护技术规范》(JTG H10—2009)规定:凡在公路上进行养护维修作业和管理的人员必须穿着带有反光标志的(　　)工作服装。

A. 黄色　　B. 荧光绿　　C. 橘红色　　D. 红色

17.《公路养护技术规范》(JTG H10—2009)规定:清扫、绿化养护及道路检测作业,应遵守下列规定:道路检测车、路面清扫车、护栏清洗车等在高速公路、一级公路进行道路性能检测和作业时,凡行进速度低于(　　)km/h时,应按临时定点或移动养护维修作业控制区布置,或在设备尾部安装发光可变标志。

A. 20　　B. 30　　C. 40　　D. 50

18.《公路养护技术规范》(JTG H10—2009)规定:钢桥的养护应符合下列要求:定期对钢桥构件进行防锈、油漆,一般应(　　)年进行一次。如钢桥所处环境属严重污染区,则防锈、油漆间隔时间应适当缩短。

A.1~2　　B.3~4　　C.5~6　　D.7~8

19.《公路沥青路面养护技术规范》(JTJ 073.2—2001)规定:一般公路沥青路面日常维护时,初期养护应按下列规定进行:摊铺、压实后的热拌沥青混合料路面,待摊铺层自然冷却,混合料表面温度低于(　　)后方可开放交通。

A.30℃　　B.40℃　　C.50℃　　D.60℃

20.《公路养护安全作业规程》(JTG H30—2015)规定:(　　)是为了将车流再引入正常车道的一个过渡路段。

A.上游过渡区　　B.下游过渡区　　C.缓冲区　　D.终止区

21.《公路沥青路面养护技术规范》(JTJ 073.2—2001)规定:高速公路沥青路面日常养护时,路面除雪应以机械作业为主、人工作业为辅。在降雪过程中,当路面积雪厚度超过(　　)cm 时,即可开始除雪作业。

A.1　　B.2　　C.3　　D.4

22.《公路沥青路面养护技术规范》(JTJ 073.2—2001)规定:基层加宽施工时,应做好基层接茬处的处理,(　　)接茬应与路中线平行。

A.横向　　B.垂直　　C.水平　　D.纵向

23.《公路桥涵养护规范》(JTG H11—2004)第3.2条规定:经常检查的周期根据桥梁技术状况而定,一般每月不得少于(　　)次,汛期应加强不定期检查。

A.1　　B.2　　C.3　　D.4

24.《公路桥涵养护规范》(JTG H11—2004)规定:桥梁实用性判定对桥梁的承载能力、通行能力、抗洪能力应周期性地进行评定。评定周期一般为(　　)年。

A.1~2　　B.2~3　　C.4~7　　D.3~6

25.《公路桥涵养护规范》(JTG H11—2004)规定:人行道、栏杆、护栏、防撞墙护栏、防撞墙应牢固、可靠,若有损坏应及时修理或更换。钢护栏与钢筋混凝土护栏上的外露钢构件应定期涂漆防锈,频率宜为(　　)。

A.1次/年　　B.1次/半年　　C.1次/季度　　D.1次/2年

26.《公路桥涵养护规范》(JTG H11—2004)规定:日常养护支座各部应保持完整、清洁,每(　　)至少清扫一次。清除支座周围的油污、垃圾,防止积水、积雪,保证支座正常工作。

A.半年　　B.1年　　C.2年　　D.3年

27.《公路桥涵养护规范》(JTG H11—2004)规定:超重车辆过桥时,应遵循以下规定:车辆以不大于(　　)km/h 的速度匀速行驶。

A.3　　B.4　　C.5　　D.6

28.《公路桥涵养护规范》(JTG H11—2004)规定:桥梁抗洪能力评定一般每(　　)年进行一次。如遇设计洪水或超过设计的更大洪水,宜结合水毁调查,于当年进行一次抗洪能力评定。对经常受洪水威胁的山区公路桥梁,宜每年进行一次抗洪能力评定。

A.1~3　　B.3~6　　C.2~5　　D.2~6

29.《公路桥涵养护规范》(JTG H11—2004)规定:涵洞的经常检查每月至少进行(　　)

次,在洪水、冰雪前后及行洪期间应加强检查。

A. 1　　B. 2　　C. 3　　D. 4

30.《公路养护安全作业规程》(JTG H30—2015)规定:移动式标志车的颜色必须是醒目的(　　)色。

A. 黄　　B. 橙　　C. 红　　D. 蓝

31.《公路养护技术规范》(JTG H10—2009)规定:漫水桥与过水路面的行车道两侧应设置整齐、醒目的(　　)。

A. 导向标柱　　B. 警示灯　　C. 交通导线　　D. 防撞桶

32.《公路养护技术规范》(JTG H10—2009)规定:养护维修作业安全设施的设置与撤除应遵循(　　)。

A. 进行养护作业时,顺着交通流方向设置安全设施

B. 随意设置安全设施

C. 作业完成后,顺着交通流方向撤除为养护维修作业而设置的有关安全设施,恢复正常交通

D. 作业前及结束后都应顺着交通流方向设置安全设施

33.《公路养护安全作业规程》(JTG H30—2015)规定:人工除冰雪作业,尚应增设施工标志,且第一块施工标志与工作区净距应为(　　)m。

A. 30 ~ 80　　B. 40 ~ 90　　C. 50 ~ 100　　D. 60 ~ 110

34.《公路养护安全作业规程》(JTG H30—2015)规定:在隧道养护作业控制区布置中,临时和移动养护作业宜布设移动式标志车,并在隧道两端布设(　　),必要时配备交通引导人员。

A. 施工标志　　B. 警告标志

C. 附设警示灯的路栏　　D. 水马

35.《公路养护安全作业规程》(JTG H30—2015)规定:在二、三级公路养护作业控制区布置中,工作区在封闭车道行车方向的下坡路段时,在工作区或上游过渡区与缓冲区之间应布设(　　)等安全设施。

A. 防撞桶、警示灯、防撞墙、隔离墩　　B. 防撞桶、水马、防撞墙、隔离墩

C. 路栏、水马、防撞墙、防撞桶　　D. 路栏、水马、防撞墙、隔离墩

36.《公路养护安全作业规程》(JTG H30—2015)规定:在高速公路及一级公路养护作业控制区布置中,封闭车道养护作业控制区与被借车道上的养护作业控制区净距不宜小于(　　)km。

A. 5　　B. 10　　C. 15　　D. 20

37.《公路养护安全作业规程》(JTG H30—2015)规定:公路检测宜根据(　　)按相应的养护作业类型布置作业控制区,并应加强现场检测作业管理。

A. 作业时间　　B. 作业资金　　C. 作业风险　　D. 作业强度

38.《公路养护安全作业规程》(JTG H30—2015)规定:在公路养护作业控制区中,养护作业控制区限速过程应在(　　)内完成。

A. 上游过渡区　　B. 下游过渡区　　C. 警告区　　D. 缓冲区

39.《公路养护安全作业规程》(JTG H30—2015)规定:在公路养护作业控制区中,除借用对向车道通行的高速公路及一级公路养护作业外,工作区的最大长度不宜超过(　　)km。

A. 1　　B. 2　　C. 3　　D. 4

40.《公路养护安全作业规程》(JTG H30—2015)规定:在公路养护安全设施中,防撞桶宜布设在工作区或(　　)之间。

A. 上游过渡区与缓冲区　　B. 下游过渡区与缓冲区

C. 警告区与上游过渡区　　D. 下游过渡区与终止区

41.《公路养护安全作业规程》(JTG H30—2015)规定:在公路养护安全设施中,冰冻季节时,防撞桶可采用(　　)的方法。

A. 灌水　　B. 灌铅　　C. 固定底端　　D. 灌沙

42.《公路养护安全作业规程》(JTG H30—2015)规定:在公路养护安全设施中,水马颜色应为(　　)。

A. 橙色或红色　　B. 橙色或黄色　　C. 红色或黄色　　D. 橙色或绿色

43.《公路养护安全作业规程》(JTG H30—2015)规定:在公路养护安全设施中,临时交通控制信号设施灯光颜色应为(　　) 两种。

A. 红、蓝　　B. 黄、蓝　　C. 红、绿　　D. 黄、绿

44.《公路养护安全作业规程》(JTG H30—2015)规定:车载式防撞垫颜色应为黄、黑相间,可安装在养护作业车辆或(　　)。

A. 移动式标志车尾部　　B. 移动式标志车顶部

C. 公司的小车上　　D. 路栏的顶部

45.《公路养护安全作业规程》(JTG H30—2015)规定:防撞墙和施工隔离墩颜色应为黄、黑相间,可用于三级及三级以上公路下坡路段养护作业,宜布设在工作区或(　　)之间,并宜组合使用。

A. 上游过渡区与缓冲区　　B. 下游过渡区与缓冲区

C. 警告区与上游过渡区　　D. 下游过渡区与终止区

46.《公路养护安全作业规程》(JTG H30—2015)规定:高速公路及一级公路养护作业控制区布置,借用车道双向通行分隔宜采用带有链接的车道渠化设施,并在前一出口或平面交叉口布设长大车辆(　　)。

A. 警告标志　　B. 限速标志

C. 绕行标志　　D. 重车靠右停靠区标志

47.《公路养护安全作业规程》(JTG H30—2015)规定:二、三级公路养护作业控制区布置中,不满足超车视距的弯道或纵坡路段养护作业控制区布置,应提前布置(　　)。

A. 警告区　　B. 警告标志　　C. 上游过渡区　　D. 缓冲区

48.《公路养护安全作业规程》(JTG H30—2015)规定:二、三级公路养护作业控制区布置中,全封闭路段养护作业,应采取(　　)或修筑临时交通便道。

A. 限速措施　　B. 分流措施　　C. 绕行措施　　D. 封闭措施

49.《公路养护安全作业规程》(JTG H30—2015)规定:二、三级公路养护作业控制区布置中,回头曲线段的作业车道应作为(　　)。

A. 上游过渡区　　B. 下游过渡区　　C. 缓冲区　　D. 警告区

50.《公路养护安全作业规程》(JTG H30—2015)规定:当预判桥梁养护作业会出现车辆排队时,应利用桥梁检查站、收费站、正常路段或警告区布置大型载货汽车停靠区,并布设(　　),间隔放行大型载货汽车,不得集中放行。

A. 限速标志　　B. 绕行标志

C. 警告标志　　D. 重车靠右停靠区标志

51.《公路养护安全作业规程》(JTG H30—2015)规定:中、小桥和涵洞养护作业应封闭整条作业车道作为工作区,(　　)终点宜止于桥头。

A. 纵向缓冲区　　B. 横向缓冲区

C. 上游过渡区　　D. 下游过渡区

52.《公路养护安全作业规程》(JTG H30—2015)规定:特大、大桥中央分隔带不能设开口时,(　　)终点应止于桥头。

A. 终止区　　B. 上游过渡区　　C. 下游过渡区　　D. 缓冲区

53.《公路养护安全作业规程》(JTG H30—2015)规定:桥梁半幅封闭养护作业控制区布置中,机动车道与非机动车道分隔的桥梁,非机动车道养护作业过程中,非机动车借用机动车道行驶时,可将(　　)并入工作区。

A. 上游过渡区　　B. 下游过渡区　　C. 缓冲区　　D. 警告区

54.《公路养护安全作业规程》(JTG H30—2015)规定:中、短单洞双向隧道养护作业应封闭隧道内整条作业车道,(　　)宜布置在隧道出口外。

A. 上游过渡区　　B. 下游过渡区　　C. 缓冲区　　D. 警告区

55.《公路养护安全作业规程》(JTG H30—2015)规定:平面交叉入口或出口封闭车道改为双向通行时,应画出(　　)临时标线。

A. 橙色　　B. 红色　　C. 黄色　　D. 绿色

56.《公路养护安全作业规程》(JTG H30—2015)规定:在匝道收费口前进行养护作业,应在匝道入口布设施工标志,并关闭养护作业的收费车道,上游过渡区和缓冲区长度均可取(　　)m。

A. 10 ~ 20　　B. 20 ~ 30　　C. 30 ~ 40　　D. 40 ~ 50

57.《公路养护安全作业规程》(JTG H30—2015)规定:双向通行车道分隔标线的养护作业,应将移动式标志车布设在施工车辆之前,并应在施画标线的路段起终点布设(　　)。

A. 警告标志　　B. 施工标志　　C. 减速标志　　D. 绕行标志

58.《公路养护安全作业规程》(JTG H30—2015)规定:高速公路及一级公路匝道养护作业警告区长度不宜小于(　　)m。

A. 200　　B. 300　　C. 400　　D. 500

59.《公路养护安全作业规程》(JTG H30—2015)规定:高速公路及一级公路对于路肩清扫等人工移动养护作业,宜布设移动式标志或交通锥,其距人工移动养护作业起点不宜小于(　　)m。人工移动养护作业应避开高峰时段。

A. 100　　B. 150　　C. 200　　D. 250

60.《公路养护安全作业规程》(JTG H30—2015)规定:锥形交通路标布设间距不宜大于(　　)m。

A. 5　　B. 10　　C. 15　　D. 20

61.《公路养护安全作业规程》(JTG H30—2015)规定:S 符号表示(　　)。

A. 封闭车道宽度　　B. 工作区长度

C. 警告区长度　　D. 终止区长度

62.《公路养护安全作业规程》(JTG H30—2015)规定:移动式标志车的颜色必须是醒目的(　　)色。

A. 黄　　B. 橙　　C. 红　　D. 蓝

63.《公路养护安全作业规程》(JTG H30—2015)规定:警告区是从最前面的施工标志牌开始到(　　)起点之间的区域。

A. 缓冲区　　B. 工作区　　C. 上游过渡区　　D. 终止区

64.《公路养护安全作业规程》(JTG H30—2015)规定:下游过渡区的最小长度宜取(　　)m。

A. 20　　B. 30　　C. 40　　D. 50

65.《公路养护安全作业规程》(JTG H30—2015)规定:缓冲区的最小长度宜取(　　)m。

A. 30　　B. 40　　C. 50　　D. 60

66.《公路养护安全作业规程》(JTG H30—2015)规定:终止区的最小长度宜取(　　)m。

A. 10　　B. 20　　C. 30　　D. 40

67.《公路养护安全作业规程》(JTG H30—2015)规定:当车道封闭,封闭车道宽度为3.75m,限制车速为60km/h,则上游过渡区的最小长度为(　　)m。

A. 60　　B. 80　　C. 100　　D. 120

68.《公路养护安全作业规程》(JTG H30—2015)规定:工作区应设置专门的工程车辆进口和出口,出入口应设在顺行车方向的(　　)内。

A. 缓冲区　　B. 工作区　　C. 下游过渡区　　D. 终止区

69.《公路养护技术规范》(JTG H10—2009)规定:道路检测车在高速公路、一级公路进行道路性能检测时,凡行进速度低于(　　)km/h时,均应按临时定点或移动养护维修作业控制区布置,或在检测设备尾部安装发光可变标志牌。

A. 50　　B. 60　　C. 70　　D. 80

70.《公路养护安全作业规程》(JTG H30—2015)规定:在进行养护作业控制区布置时,在上游过渡区起点至下游过渡区终点之间应放置(　　)。

A. 可变标志牌　　B. 锥形交通路标　　C. 路栏　　D. 防撞桶(墙)

71.《公路桥涵养护规范》(JTG H11—2004)规定:桥梁经常性检查是指(　　)。

A. 桥梁养护管理系统中,采集结构技术状况动态数据的工作

B. 查清桥梁病害原因、破损程度、承载能力、抗灾能力,确定桥梁技术状况的工作

C. 对桥面设施、上下部结构及其附属设施进行的一般性检查

D. 主要是通过人工目测检查、手工记录打分,来判定桥梁结构状况

72.《公路沥青路面养护技术规范》(JTJ 073.2—2001)规定:在沥青路面的巡查作业中,巡查车速一般控制在(　　)km/h。

A. 20~30　　B. 40~50　　C. 60~70　　D. 80~90

73.《公路养护安全作业规程》(JTG H30—2015)规定:在高速公路及一级公路养护作业控制区布置中,六车道及以上公路养护作业封闭中间车道时,宜同时封闭相邻一侧车道,并应布置两个(　　)。

A. 上游过渡区　　B. 下游过渡区

C. 缓冲区　　D. 警告区

74.《公路养护安全作业规程》(JTG H30—2015)规定:二、三级公路养护作业控制区布置时,本向应布置警告区、上游过渡区、缓冲区、工作区、下游过渡区和终止区,对向应布置(　　)。

A. 警告区和终止区　　B. 警告区和缓冲区

C. 警告区和上游过渡区　　D. 警告区和下游过渡区

75.《公路养护安全作业规程》(JTG H30—2015)规定:桥涵养护作业控制区布置中,机动车道与非机动车道分隔的桥梁,非机动车道养护作业,非机动车借用机动车道行驶时,可将(　　)并入工作区。

A. 缓冲区　　B. 上游过渡区　　C. 下游过渡区　　D. 警告区

76.《公路养护安全作业规程》(JTG H30—2015)规定:特长、长隧道养护作业应全时段配备交通引导人员,轮换时间不应超过(　　)h。

A. 1　　B. 2　　C. 3　　D. 4

77.《公路养护安全作业规程》(JTG H30—2015)规定:双洞单向的特长、长隧道入口处应增设(　　)。

A. 警告标志　　B. 施工标志　　C. 减速标志　　D. 改道标志

78.《公路养护安全作业规程》(JTG H30—2015)规定:夜间养护作业可视效果不佳,且驾驶员可能存在疲劳驾驶,为引起过往车辆驾驶员的注意,应充分保证工作区的照明亮度,并布设(　　)来引起驾驶员注意到前方的养护作业。

A. 警示频闪　　B. 交通导线

C. 附设警示灯的路栏　　D. 附设警示灯的防撞桶

79.《公路养护安全作业规程》(JTG H30—2015)规定:警告区的最小长度根据公路(　　)确定。

A. 等级、设计速度、交通量　　B. 等级、资金、交通量

C. 资金、交通量、设计速度　　D. 资金、路面、等级

80.《公路养护安全作业规程》(JTG H30—2015)规定:交通锥在上游过渡区和工作区的布设间距不宜大于(　　)m。

A. 1　　B. 2　　C. 3　　D. 4

二、多选题

1.《公路养护技术规范》(JTG H10—2009)规定:公路路基养护应符合(　　)要求。

A. 通过日常巡查,发现病害及时处治,保持良好稳定的技术状况

B. 路肩无病害,边坡稳定

C. 排水设施无淤塞、无损坏,排水畅通

D. 挡土墙等附属设施良好

E. 加强不良地质中期边坡崩塌、滑坡、泥石流等灾(病)害的巡查、防治、抢修工作

2.《公路养护技术规范》(JTG H10—2009)规定:砌块路面分为水泥混凝土预制块路面及块石路面两大类,其养护应符合下列要求(　　)。

A. 砌块路面的填缝料应无散失、损坏

B. 砌块路面应保持平整,无严重破碎块

C. 砌块路面应排水良好,无积水

D. 砌块路面应定期清扫保洁

3.《公路养护技术规范》(JTG H10—2009)规定:公路交通标志的养护应符合下列要求(　　)。

A. 应保持交通标志设置合理、结构安全,板面内容整洁、清晰

B. 标志板、支柱、连接件、基础等标志部件应完整、无缺损且功能正常

C. 标志应无明显歪斜、变形,钢构件无明显剥落、锈蚀

D. 标志面应平整,无明显褪色、污损、起泡、起皱、裂纹、剥落等病害

E. 标志的图案、字体、颜色等应符合相关标准要求

4.《公路养护安全作业规程》(JTG H30—2015)规定:养护作业控制区分为(　　)。

A. 警告区

B. 上游、下游过渡区

C. 缓冲区

D. 工作区

E. 终止区

5.《公路养护安全作业规程》(JTG H30—2015)规定:在进行二、三级公路养护作业控制区布置时,警告区应布设施工标志及限速标志,车道封闭养护作业尚应布设改道标志;上游过渡区应布设(　　)及交通引导人员等;上游过渡区和缓冲区应布设附设警示灯的路栏;终止区应布设解除限速标志。

A. 交通锥

B. 闪光箭头

C. 限速标志

D. 警示灯

E. 施工标志

6.《公路养护技术规范》(JTG H10—2009)规定:公路检查的内容包括(　　)。

A. 公路技术状况

B. 日常养护情况

C. 养护工程实施情况

D. 养护计划

E. 管理制度的执行情况

7.《公路沥青路面养护技术规范》(JTJ 073.2—2001)规定:沥青路面养护对策应根据(　　)确定。

A. 公路等级

B. 交通量

C. 资金　　D. 使用年限

E. 分项路况评价结果

8.《公路桥涵养护规范》(JTG H11—2004)规定:桥梁适应性评定包括以下内容:依据桥梁定期及特殊检查资料,结合试验与结构受力分析,评定桥梁的(　　),提出桥梁养护、改造方案。

A. 通行能力　　B. 抗洪能力

C. 实际承载能力　　D. 使用年限

E. 耐腐蚀能力

9.《公路桥涵养护规范》(JTG H11—2004)规定:钢筋混凝土梁桥日常养护维修内容包括(　　)。

A. 清除表面污垢

B. 修补混凝土空洞、破损、剥落、表面风化以及裂缝

C. 清除暴露钢筋的锈渍,恢复保护层

D. 完善涂装

E. 处理各种横、纵构件的开裂、开焊和锈蚀

10.《公路桥涵养护规范》(JTG H11—2004)规定:超重车辆过桥时,应遵循以下规定:(　　)。

A. 一般情况下,超重车辆应沿桥梁中心线行驶

B. 车辆以不大于 30km/h 的速度匀速行驶

C. 不得在桥上制动、变速、停留

D. 必要时可调整牵引车与平板挂车的行驶距离或让其分别通过桥梁

E. 超重车辆过桥时,可酌情临时禁止其他车辆及行人通过

11.《公路隧道养护技术规范》(JTG H12—2015)规定:隧道内路面清洁应满足下列要求(　　)。

A. 路面应保持干净、整洁,两侧边沟不应有残留垃圾等物品

B. 高速公路和一级公路宜以机械清扫为主,清扫时应防止产生扬尘

C. 高速公路和一级公路宜以人工清扫为主,清扫时应防止产生扬尘

D. 路面被油类物质或其他化学品污染时,应采取措施清除

E. 全天任何时段都可以进行清洁作业

12.《公路隧道养护技术规范》(JTG H12—2015)规定:照明设施检修应配备(　　)等相关设备。

A. 电工工具　　B. 高空作业车

C. 照度仪　　D. 清洁卫生用具

E. 亮度仪

13.《公路养护技术规范》(JTG H10—2009)规定:公路养护应注意防治下列(　　)生活环境污染。

A. 养护施工作业噪声对声环境的污染

B. 搅拌站(场)的烟尘、施工扬尘、路面清扫扬尘对环境空气的污染

C. 公路服务区等的生活污水、路面径流、施工废水和废渣等对水环境的污染

D. 养护施工中的废弃物对环境的污染

E. 养护施工作业灯光对环境的污染

14.《公路养护技术规范》(JTG H10—2009)规定:交通工程及沿线设施中护栏的养护应符合(　　)等部位完整、无缺损。

A. 护栏板　　B. 立柱

C. 柱帽　　D. 防阻块

E. 坚固件

15.《公路养护安全作业规程》(JTG H30—2015)规定:临时标志应包括施工标志、限速标志等,其使用应符合下列规定(　　)。

A. 施工标志宜布设在警告区起点

B. 限速标志宜布设在警告区的不同断面处

C. 解除限速标志宜布设在下游缓冲区末端

D. "重车靠右停靠区"标志应用于控制大型载货汽车在特大、大桥和特殊结构桥梁上的通行

E. 解除限速标志宜布设在终止区末端

16.《公路养护安全作业规程》(JTG H30—2015)规定:公路养护作业可分为(　　),并应根据养护作业类型制订相应的安全保通方案。

A. 长期养护作业　　B. 短期养护作业

C. 临时养护作业　　D. 移动养护作业

E. 中期养护作业

17.《公路养护安全作业规程》(JTG H30—2015)规定:雨季养护安全作业应符合下列规定(　　)。

A. 应加强作业现场管理,及时排除作业现场积水

B. 应在人行道上下坡挖步梯或铺沙,手脚板、斜道板、跳板上应采取防滑措施,加强对临时设施和土方工程的检查,防止倾斜和坍塌

C. 应对处于洪水可能淹没地带的机械设备、施工材料等做好防范措施,作业人员应提前做好全面撤离的准备工作

D. 雨季长时间进行养护作业的工程,应根据条件搭设防雨棚,遇暴风雨时应立即停止养护作业

E. 暴雨、台风前后,应检查工地临时设施、脚手架、机电设备、临时线路,发现倾斜、变形、下沉、漏电、漏雨等现象,应及时维修加固。暴雨、台风天气,除应急抢险、抢修作业外,严禁进行公路养护作业

18.《公路养护安全作业规程》(JTG H30—2015)规定:下列关于公路养护作业说法正确的是(　　)。

A. 公路养护作业应在保障养护作业人员、设备和车辆运行安全的前提下,充分考虑养

护作业对交通安全保通状况的影响，保障交通通行

B. 公路长期养护作业应组织制订养护安全作业应急预案，当发生突发事件时，应及时启动应急预案

C. 公路养护作业开始前应覆盖与养护安全设施相冲突的既有公路设施，结束后应及时恢复被覆盖的既有公路设施

D. 公路养护作业未完前，不得擅自改变作业控制区的范围和安全设施的布设位置

E. 交通引导人员应面向来车方向，站在可视性良好的行车区域内

19.《公路养护安全作业规程》（JTG H30—2015）规定：下列关于四级公路养护作业控制区布置说法正确的是（　　）。

A. 单车道四级公路通行状态下的养护作业，应在工作区两端的错车台或平面交叉处各配备一名手持“停”标志的交通引导人员

B. 四级公路全封闭车道养护作业，在作业控制区前后的交叉路口应布设道路封闭或改道标志；无法改道时，车辆等待时间不宜超过2h

C. 四级公路全封闭车道养护作业，在作业控制区前后的交叉路口应布设道路封闭或警告标志；无法改道时，车辆等待时间不宜超过2h

D. 四级公路临时养护作业，应在工作区及前后两端布设标志及安全设施，可配备交通引导人员

E. 四级公路临时养护作业，应在工作区及左右两端布设标志及安全设施，可配备交通引导人员

20.《公路养护安全作业规程》（JTG H30—2015）规定：下列关于高速公路及一级公路养护作业控制区布置说法正确的是（　　）。

A. 当占用路面进行人工移动养护作业时，应封闭一定范围的养护作业区域，并按临时养护作业的有关规定执行

B. 对于路肩清扫等人工移动养护作业，宜布设警告标志或交通锥

C. 对于路肩清扫等人工移动养护作业，宜布设移动式标志或交通锥

D. 在高峰时段作业时应设置移动式标志车

E. 人工移动养护作业应避开高峰时段

21.《公路养护安全作业规程》（JTG H30—2015）规定：二、三级公路养护作业控制区布置中，下列关于弯道路段养护作业说法正确的是（　　）。

A. 工作区在弯道前，下游过渡区宜布置在弯道后的直线段

B. 工作区在弯道前，下游过渡区宜布置在弯道前的直线段

C. 工作区在弯道后，上游过渡区宜布置在弯道前的直线段

D. 工作区在弯道后，上游过渡区宜布置在弯道后的直线段

E. 无论工作区在弯道前后，上游过渡区都宜布置在弯道前的直线段

22.《公路养护安全作业规程》（JTG H30—2015）规定：下列关于养护作业控制区限速说法正确的是（　　）。

A. 限速过程应在警告区内完成

B. 限速应采用逐级限速或重复提示限速方法，逐级限速宜每 100m 降低 10km/h。相邻限速标志间距不宜小于 200m

C. 当最终限速值对应的预留行车宽度不符合要求时，应降低最终限速值

D. 不满足超车视距的二、三级公路弯道或纵坡路段养护作业，最终限速值宜取 40km/h

E. 隧道养护作业，最终限速值不宜小于 20km/h

23.《公路沥青路面养护技术规范》(JTJ 073.2—2001)规定：高速公路路面日常养护的工作程序应符合下列要求(　　)。

A. 建立完善的巡视检查制度和技术监测系统，建立完善的信息网络

B. 及时、准确地掌握路面状况及相关信息，科学、客观地评定路面使用品质，有依据、有计划、有针对性地安排养护项目

C. 树立高度的交通服务意识和安全意识，在路面养护作业中，应满足正常行车的需要，尽量避免完全封闭交通

D. 严格按照有关技术规范和标准进行养护作业，宜采取机械化养护作业方式，迅速、优质、高效地处理各类路面损害和障碍，确保运行质量

E. 不断探索和应用新材料、新设备、新技术、新工艺，提高养护作业的时效性、机动性、安全性和可靠性

24.《公路沥青路面养护技术规范》(JTJ 073.2—2001)规定：高速公路沥青路面巡视检查分为(　　)几类巡查。

A. 日常巡查　　B. 定期巡查

C. 特殊巡查　　D. 专项巡查

E. 节假日巡查

25.《城镇道路养护技术规范》(CJJ 36—2006)规定：出现下列哪些情况时需要进行特殊检测(　　)。

A. 道路大修、进行改扩建时

B. 道路发生不明原因的沉陷、开裂、冒水

C. 在道路下进行管涵顶进、降水作业、隧道开挖等工程施工期间

D. 道路超过设计使用年限时

E. 每三年要进行一次特殊检测

26.《公路养护安全作业规程》(JTG H30—2015)规定：下列说法正确的是(　　)。

A. 公路养护作业未完成前，不得擅自改变作业控制区的范围和安全设施的布设位置

B. 养护作业人员应按有关规定穿着反光服，佩戴安全帽

C. 交通引导人员应面向来车方向，站在可视性良好的非行车区域内

D. 公路养护作业人员必须在作业控制区内进行养护作业

E. 人员上下作业车辆或装卸物资必须在工作区内进行

27.《公路养护安全作业规程》(JTG H30—2015)规定：下列关于高速公路及一级公路养护作业控制区说法正确的是(　　)。

A. 养护作业控制区布置应考虑养护作业的内容与要求、时间和周期、交通量、经济效益等因素

B. 同一行车方向不同断面同时进行养护作业时,相邻两个作业区净距不宜小于 5km

C. 封闭车道养护作业控制区与被借用车道上的养护作业控制区净距不宜小于 10km

D. 养护作业控制区应设置工程车辆专门出、入口,应该设置在顺行车方向的上游过渡区内

E. 当工程车辆需经上游过渡区或工作区进入时,应布设警告标志并配备交通引导人员

28.《公路养护技术规范》(JTG H10—2009)规定:山区养护维修作业时,应遵循(　　)。

A. 在视距条件较差或坡度较大的路段进行养护维修作业,必要时应设专人指挥交通,作业控制区应增加有关交通设施

B. 控制区的施工应与急弯标志、反向标志或连续弯标志等并列设置

C. 在同一弯道不得同时设置两个或两个以上养护维修作业控制区

D. 养护维修作业人员在作业时应戴安全帽

E. 养护作业控制区长度受限时,可适当缩短各控制区长度

29.《道路交通标志和标线　第 2 部分:道路交通标志》(GB 5768.2—2009)规定:交通标志主要有(　　)。

A. 警告标志　　B. 禁令标志

C. 指示标志　　D. 施工区标志

E. 提醒标志

30.《公路养护安全作业规程》(JTG H30—2015)规定:下列关于二、三级公路养护作业控制区布置中修筑临时交通便道的作业控制区布置说法正确的是(　　)。

A. 控制区内应布设附设警示灯的路栏

B. 作业车辆应配备警示灯或反光标志

C. 临时修建的交通便道,宜施画临时标线,可设置交通安全设施

D. 交通便道不需要画标线

E. 作业控制区可不做围挡

三、判断题

1.《公路养护安全作业规程》(JTG H30—2015)规定:交通锥应布设在上游过渡区、缓冲区、工作区和下游过渡区。(　　)

2.《公路养护安全作业规程》(JTG H30—2015)规定:交通锥布设间距不宜大于 10m,其中上游过渡区和工作区布设间距不宜大于 4m。(　　)

3.《公路养护安全作业规程》(JTG H30—2015)规定:高速公路及一级公路养护作业控制区布置时,同一行车方向不同断面同时进行养护作业时,相邻两个工作区净距不宜小于 3km。(　　)

4.《公路养护安全作业规程》(JTG H30—2015)规定:在进行高速公路及一级公路养护作

业控制区布置时,机械移动养护作业宜布设移动式标志车;当作业机械配备闪光箭头或车辆闪光灯时,可不布设移动式标志车。 (　)

5.《公路养护安全作业规程》(JTG H30—2015)规定:在进行高速公路及一级公路养护作业控制区布置时,中央分隔带或边坡绿化内的植被灌溉养护作业,应在灌溉车辆上配备醒目的闪光箭头或车辆闪光灯,也可在灌溉车辆后布设移动式标志车。当中央分隔带中多人集中作业时,作业人员不得在中央分隔带休息。 (　)

6.《公路养护安全作业规程》(JTG H30—2015)规定:工作区是从横向缓冲区终点到下游过渡区起点之间的施工作业区域。 (　)

7.《公路养护安全作业规程》(JTG H30—2015)规定:H 是横向缓冲区宽度。 (　)

8.《公路养护安全作业规程》(JTG H30—2015)规定:夜间进行养护作业应布设照明设施和警示频闪灯,并应加强养护作业的现场管理。 (　)

9.《公路养护安全作业规程》(JTG H30—2015)规定:在进行高速公路及一级公路养护作业控制区布置时,工作区应设置工程车辆专用进口和出口,出入口应设在顺行车方向的终止区内。 (　)

10.《公路养护安全作业规程》(JTG H30—2015)规定:临时养护作业控制区可简化为警告区、上游过渡区、工作区和下游过渡区,警告区长度宜取长、短期养护作业警告区长度的三分之一。 (　)

11.《公路养护安全作业规程》(JTG H30—2015)规定:特大、大桥养护作业控制区布置,当工作区起点距桥头小于300m时,纵向缓冲区起点应提前至桥头。 (　)

12.《公路养护安全作业规程》(JTG H30—2015)规定:隧道养护作业控制区中交通锥的布设间距不宜大于10m,缓冲区和工作区照明应满足养护作业照明要求。 (　)

13.《公路养护安全作业规程》(JTG H30—2015)规定:当工作区上游存在交叉,且其在养护作业控制区内时,可将警告区起点移至其出口处。 (　)

14.《公路养护安全作业规程》(JTG H30—2015)规定:收费广场养护作业应关闭受养护作业影响的收费车道,并布置养护作业控制区。 (　)

15.《公路养护技术规范》(JTG H10—2009)规定:在同一弯道上可同时设置两个或两个以上养护维修作业控制区。 (　)

16.《公路养护技术规范》(JTG H10—2009)规定:高速公路和一级公路隧道的经常性检查频率宜不少于 1 次/周,其他公路隧道宜不少于 1 次/月;在雨季或冰冻季节,应加强经常性检查;平时应加强对隧道的巡查,发现隐患,及时排除。 (　)

17.《公路沥青路面养护技术规范》(JTJ 073.2—2001)规定:高速公路沥青路面日常养护规定巡查作业中,巡查人员应强化自身保护意识,按规定穿着安全标志服。巡查车速一般控制在40~50km/h,并按规定开启警示灯。 (　)

18.《公路沥青路面养护技术规范》(JTJ 073.2—2001)规定:关于高速公路沥青路面日常养护,路面除雪应以机械作业为主、人工作业为辅。在降雪过程中,当路面积雪厚度超过2cm时,即可开始除雪作业。 (　)

19.《公路沥青路面养护技术规范》(JTJ 073.2—2001)规定:只有轻微泛油的路段,可撒

上 3 ~ 5mm 粒径的石屑或粗砂，并用压路机或控制行车碾压。（　　）

20.《公路养护安全作业规程》(JTG H30—2015)规定：雾天及沙尘天气进行应急抢险、抢修作业、公路养护作业必须布设齐全的照明设施以及相应的警示标志。（　　）

21.《公路隧道养护技术规范》(JTG H12—2015)规定：土建结构日常巡查频率宜不少于 1 次/d，雨季、冰冻季节和极端天气，应增加日常巡查，可与路段日常巡查一起进行。（　　）

22.《公路养护技术规范》(JTG H10—2009)规定：公路养护维修作业的安全设施始终处于良好的工作状态，在未完成养护维修作业之前，任何人不得随意撤除或改变安全设施的位置、扩大或缩小控制区范围。（　　）

23.《公路桥涵养护规范》(JTG H11—2004)规定：跨线桥与道路交叉部分应设限高标志并保持完好。跨线桥的墩柱及侧墙端面应涂设立面标记，并保持颜色鲜明，一般每半年涂刷一次。（　　）

24.《公路桥涵养护规范》(JTG H11—2004)规定：漫水桥、漫水路面的行车道两侧应竖立水深导向标桩，保持完好，鲜明醒目。水深导向标桩间距宜为 4m，高处行车道顶面 60cm 应定期涂刷油漆。（　　）

25.《公路养护技术规范》(JTG H10—2009)规定：当中期的局部改建在维持通车的情况下进行时，宜采取半幅施工、半幅养护通车的方式交替施工。施工长度不宜过长。（　　）

26.《公路养护技术规范》(JTG H10—2009)规定：水泥混凝土路面的接缝应保持良好，表面平顺。填缝料凸出板面的高度，高速公路及一级公路不得超过 3mm，其他等级公路不得超过 5mm。（　　）

27.《公路养护技术规范》(JTG H10—2009)规定：对于桥梁、涵洞与渡口，定期检查周期视桥梁技术状况而定，最长不得超过 3 年。对于新建桥梁，缺陷责任期满时，进行第一次全面检查；对于临时性桥梁，每年检查不少于 1 次。（　　）

28.《公路养护技术规范》(JTG H10—2009)规定：隧道监控设施养护主要指标应按相应设备的产品说明要求进行，高速公路隧道监控设施设备完好率应不低于 98%，其他各级公路隧道应不低于 95%。（　　）

29.《公路养护技术规范》(JTG H10—2009)规定：公路立交的跨线桥桥墩在路面范围内时，桥墩前后一定范围内(一般为 20 ~ 30m)应设置柔性防撞设施。（　　）

30.《公路养护安全作业规程》(JTG H30—2015)规定：在隧道养护作业控制区布置中，隧道养护作业人员应穿反光服装和戴安全帽，养护作业机械应配备反光标志，施工台架应布设防眩灯。（　　）

31.《公路养护安全作业规程》(JTG H30—2015)规定：在公路养护作业控制区中，临时养护作业控制区布置可在长、短期养护作业基础上减小区段长度，有移动式标志车时也可不布置上游过渡区。（　　）

32.《公路养护安全作业规程》(JTG H30—2015)规定：在公路养护作业控制区中，移动养护作业控制区可仅布置警告区和工作区，警告区长度不可减小。（　　）

33.《公路养护安全作业规程》(JTG H30—2015)规定：在公路养护安全设施中，照明设施应布设在工作区侧面，照明方向应面对封闭车道。（　　）

34.《公路养护安全作业规程》(JTG H30—2015)规定:高速公路及一级公路养护作业控制区布置,当借用对向车道通行时,应结合中央分隔带开口位置,利用靠近养护作业一侧的车道通行,双向车道都应布置作业控制区。 ( )

35.《公路养护安全作业规程》(JTG H30—2015)规定:高速公路及一级公路养护作业控制区布置,当匝道长度小于警告区最小长度时,作业控制区最前端的交通标志应布设在匝道前方5km处。 ( )

36.《公路养护安全作业规程》(JTG H30—2015)规定:二、三级公路养护作业控制区布置中,警告区可仅布设一块限速标志,工作区工作车辆上应配备警示频闪灯或反光标志。 ( )

37.《公路养护安全作业规程》(JTG H30—2015)规定:二、三级公路养护作业控制区布置中,反向弯道路段养护作业,上游过渡区应布置在反向弯道中间的平直路段。 ( )

38.《公路养护安全作业规程》(JTG H30—2015)规定:二、三级公路养护作业控制区布置中,当警告区起点在弯道上时,应将其提前至该弯道起点。 ( )

39.《公路养护安全作业规程》(JTG H30—2015)规定:二、三级公路养护作业控制区布置中,纵坡路段养护作业,应在竖曲线定点配备交通引导人员。 ( )

40.《公路养护安全作业规程》(JTG H30—2015)规定:二、三级公路养护作业控制区布置中,人工移动养护作业,宜封闭一定范围的养护作业区域,并按临时养护作业的有关规定执行。 ( )

41.《公路养护安全作业规程》(JTG H30—2015)规定:二、三级公路养护作业控制区布置中,机械移动养护作业宜布设移动式标志车,弯道路段养护作业应将移动式标志车移至弯道后。 ( )

42.《公路养护安全作业规程》(JTG H30—2015)规定:四级公路养护作业控制区布置中,临时和移动养护作业控制区可仅布置警告区和工作区。 ( )

43.《公路养护安全作业规程》(JTG H30—2015)规定:在进行桥梁养护作业时,经批准允许通行的危险品运输车可自行通过。 ( )

44.《公路养护安全作业规程》(JTG H30—2015)规定:桥梁半幅封闭养护作业控制区布置,应符合下列规定:借用对向车道通行的桥梁养护作业,应在高峰时段配备交通引导人员。 ( )

45.《公路养护安全作业规程》(JTG H30—2015)规定:双洞单向通行的隧道群养护作业,当警告区标志位于前方隧道内时,应将标志提前至前方隧道入口处。 ( )

46.《公路养护安全作业规程》(JTG H30—2015)规定:护栏、防眩板和视线诱导标交通工程及沿线设施养护作业,可按封闭内侧车道或封闭路肩的临时养护作业控制区布置,交通锥宜布设在车道分隔标线内侧,可布设移动式标志车。 ( )

47.《公路养护安全作业规程》(JTG H30—2015)规定:大风天气下,公路养护作业应防范沿线架设各类设施的高空坠落。 ( )

48.《公路沥青路面养护技术规范》(JTJ 073.2—2001)规定:养护机械应配备具有上岗证书的技术工人,并注意做好机械的保养维修工作,确保安全使用,提高机械设备的完好率和使用率。 ( )

49.《城镇道路养护技术规范》(CJJ 36—2006)规定:定期检测分常规检测和结构强度检测,常规检测每年一次;结构强度检测,快速路、主干路 2~3 年一次,次干路、支路 3~4 年一次。 (　　)

50.《城镇道路养护技术规范》(CJJ 36—2006)规定:城镇道路的掘路开挖断面严禁上窄下宽。 (　　)

51.《公路沥青路面养护技术规范》(JTJ 073.2—2001)规定:冷拌再生沥青混合料必须采用机械拌和,任何情况下不得采用人工拌和。 (　　)

52.《公路养护安全作业规程》(JTG H30—2015)规定:养护作业前应了解埋设在公路沿线或架设在公路沿线、桥梁上和隧道内的各种设施,并与有关设施管理部门取得联系,采取必要的保护措施。当通航桥梁养护作业影响到航运安全时,应在养护作业前向有关部门通报。 (　　)

53.《公路养护安全作业规程》(JTG H30—2015)规定:公路养护安全设施在试用期间应定期检查维护,保持设施完好并能正常使用。用于夜间养护作业的安全设施必须具有反光性或发光性。 (　　)

54.《公路养护安全作业规程》(JTG H30—2015)规定:H 符号表示终止区。 (　　)

55.《公路养护安全作业规程》(JTG H30—2015)规定:养护维修作业控制区布置应考虑养护维修作业的内容与要求、时间和周期、交通量、经济效益等因素,控制区内交通标志的设置必须合理、前后协调,起到引导车流平稳变化的作用。 (　　)

56.《公路养护安全作业规程》(JTG H30—2015)规定:当需要布置改变交通流方向的作业控制区时,可与中央分隔带开口位置相结合,利用非作业控制区一侧的车道。 (　　)

57.《公路养护技术规范》(JTG H10—2009)规定:浇水作业时,浇水车辆尾部必须安装发光可变标志牌或按移动养护维修作业控制区布置。 (　　)

58.《公路养护技术规范》(JTG H10—2009)规定:养护维修作业的安全设施始终处于良好的工作状态,在未完成养护维修作业之前,任何人不得随意撤除或改变安全设施的位置、扩大或缩小控制区范围。 (　　)

59.《公路养护技术规范》(JTG H10—2009)规定:大雾天不宜进行养护维修作业,当必须进行抢修作业时,应采取封闭交通,并在安全设施上设置黄色施工警告灯等安全设施。 (　　)

60.《公路养护技术规范》(JTG H10—2009)规定:在同一弯道上可同时设置两个或两个以上养护维修作业控制区。 (　　)

61.《公路养护安全作业规程》(JTG H30—2015)规定:带有动力装置或可移动装置(拖车)的安全防护设施,颜色应为醒目的红色。 (　　)

62.《公路养护安全作业规程》(JTG H30—2015)规定:在对收费广场养护维修作业时,若工作区在收费亭的上游,则应关闭所对应的收费车道;若工作区在收费亭的下游,则不必关闭所对应的收费车道。 (　　)

63.《公路养护安全作业规程》(JTG H30—2015)规定:当工作区位于下坡路段时,纵向缓冲区的最小长度应适当延长。 (　　)

64.《公路养护安全作业规程》(JTG H30—2015)规定:在保障行车道宽度的前提下,工作

区和纵向缓冲区与封闭车道之间宜布置横向缓冲区，其宽度不宜大于2m。（ ）

65.《公路养护安全作业规程》(JTG H30—2015)规定：下游过渡区的长度不宜小于30m。（ ）

66.《公路养护安全作业规程》(JTG H30—2015)规定：高速公路及一级公路养护作业控制区布置时，人工移动养护作业如遇高峰时段，应设立相关的警告标志。（ ）

67.《公路养护安全作业规程》(JTG H30—2015)规定：二、三级公路养护作业控制区布置中，全封闭路段养护作业，应采取分流措施或修筑临时交通便道。（ ）

68.《公路养护安全作业规程》(JTG H30—2015)规定：立交桥上养护作业影响桥下净空时，应在立交桥下方公路上布设施工标志、限高及限宽标志，并不得向下抛投任何物品。（ ）

69.《公路养护安全作业规程》(JTG H30—2015)规定：立交桥上养护作业占用下方公路路面时，立交桥下方公路应布置养护作业控制区。（ ）

70.《公路养护安全作业规程》(JTG H30—2015)规定：桥梁养护作业影响桥下通航净空时，应按有关规定布设标志及安全设施。（ ）

71.《公路养护安全作业规程》(JTG H30—2015)规定：特长、长隧道养护作业时，应间隔放行大型载货汽车。（ ）

72.《公路养护安全作业规程》(JTG H30—2015)规定：高速公路及一级公路养护作业控制区布置，由于临时养护作业时间较短，对交通的影响不大，作业控制区也可不采用单一限速方法，并可减小警告区长度，在保障作业人员安全的同时，可有效提高工作效率。（ ）

73.《公路养护安全作业规程》(JTG H30—2015)规定：被交道为单车道四级公路的十字交叉养护作业，主线养护作业的终止区应布置在通过被交道后的位置，被交道可简化作业控制区布置。（ ）

74.《公路养护安全作业规程》(JTG H30—2015)规定：中间渠化交通标线养护作业时，对两侧车辆行驶均会造成影响，故需采取单侧导流交通的方法。（ ）

75.《公路养护安全作业规程》(JTG H30—2015)规定：夜间养护维修作业时，必须设置照明灯，所设置的交通标志必须具有反光功能。（ ）

76.《公路养护安全作业规程》(JTG H30—2015)规定：收费广场养护维修作业工作区在收费亭的下游，须设警告区和上游过渡区，应关闭所对应的收费车道。（ ）

77.《公路养护安全作业规程》(JTG H30—2015)规定：车辆在通过过渡区时经常有紧急制动或在过渡区附近拥挤较为严重，则有可能是前方的交通标志设置不当或上游过渡区长度过短。（ ）

第六篇　案 例 警 示

案例一:隧道工人矽肺病案

××年8月,经批准,温州薛某投资56万元人民币与合伙人设立了隧道工程公司。××年,以隧道工程公司的名义向当地矿务局矿建工程处承包了一个一级汽车专用公路隧道施工工程。

此隧道工程公司在承包上述隧道工程的施工过程中,先后招募了数百名工人到该工地工作,未经劳动安全培训,未采取切实有效的劳动安全保障措施,未对工人进行防尘知识教育和考核,也未定期对作业场所的粉尘含量进行测定和对工人的身体健康进行检查,让工人长期从事粉尘作业。最终导致在该工地务工的279位工人均患有不同程度的矽肺病,其中13名工人得病死亡,1名工人因不堪忍受病痛折磨和治疗费用的负担而服毒自杀,酿成当时这起国内最大矽肺病案。

根据本案例,回答下列问题:

1.《中华人民共和国职业病防治法》(主席令〔2011〕第52号)第二十三条规定:用人单位必须为劳动者提供个人使用的(　　)。

A. 职业病防护用品　B. 安全网　C. 绝缘手套　D. 生活物品

2. 矽肺是由于大量吸入(　　)导致的。

A. 飞灰　B. 二氧化硅　C. PM2.5　D. 二氧化碳

3. 该起案件中薛某犯责任事故罪。(　　)

4. 隧道工程公司没有对工人进行培训是事故发生的直接原因。(　　)

5. 根据《中华人民共和国刑法》规定,薛某所犯罪行最高可判7年。(　　)

6. 以薛某为代表的施工企业负责人缺乏以人为本的安全文化观念是这起案件留给我们应有的反思。(　　)

案例二:农民钻孔伤残事故

××年6月,农民孙某经人介绍,到某高速公路工地,跟随一名李姓工头做临时工,具体工作是钻孔。8月2日下午5时许,因钻孔需要更换钻杆,孙某爬上6m高井架处准备更换钻杆,由于竖立的钻井架无任何安全保护设施,而且井架未安装保险螺栓,在另一名工人魏某按下开关后,井架被拔起,向地上倾斜。孙某随着20多米高的井架倒在机车驾驶室上,双腿被井架压住,经诊断,孙某左小腿挫灭性损伤,右胫中上段开放性骨折,左内踝骨折,并伴失血性贫血。工头李某给孙某送去1万元医疗费后,再也没有下落,但孙某的医疗费还需要5万元左右。无奈,孙某向安全生产监督管理部门递上申请书,请求查处这次事故,并要求相关责任单位支付医疗费。但没有回音。后孙某家人提请劳动仲裁部门对其工伤进行认定,但劳动仲裁部门以孙某没有劳动合同为由,拒绝受理。9月3日,孙某一纸诉状将承揽该高速公路的辽宁省某建设公司及装饰有限公司和工头王某、李某告到了当地法院,要求赔偿医疗费、误工费、营养费等共计10万余元。

法院经审理查明,辽宁省某建设公司在承揽了某高速公路土建工程后,与某装饰有限公司签订了劳务合同,由某装饰有限公司承包其部分工程。某装饰有限公司又与王某签订了《内部施工劳务协议书》,将承包的钻孔灌注桩工程交由王某施工。王某又与李某签订了《承揽钻孔合同》,而孙某受李某雇用。孙某的伤情经法医鉴定,被综合评定为重伤,其继续治疗费仍需5.3万元。

诉讼过程中,孙某的伤残等级和护理依赖程度鉴定也被作出,结论是:左下肢伤残四级、右下肢伤残十级,日常生活部分护理依赖,护理人数需1人。请对此事故案例进行分析判断。

根据本案例,回答下列问题:

1. 凡从事2m以上高处作业人员应穿戴(　　),穿好防滑软底鞋,扎紧袖口,衣着灵便。

A. 防护面罩　　B. 安全带　　C. 救生衣　　D. 绝缘靴

2. 孙某没有注意自我保护,应承担部分责任。(　　)

3. 辽宁省某公司应对孙某履行教育培训义务。(　　)

4. 辽宁省某公司应承担民事赔偿责任。(　　)

5. 辽宁省某公司在承担民事赔偿责任后,不可再向其他责任人或单位进行追偿。(　　)

案例三:某地铁施工工地吊斗坠落事故

××年2月27日,某市地铁施工工地“固定式葫芦式起重机设备”在使用中钢丝绳崩断,导致吊斗坠落,将正在井下施工的3名工人当场砸死,涉案的共5名嫌疑人:

王某(未成年人):任该工地“固定式葫芦式起重机”司机;

张某:在任某市地铁施工工地带班班长;

杨某:工地劳务队施工队队长;

李某:工地项目经理部设备科负责人;

向某:工地维修班长,持伪造的特种作业操作证。

经法院审理查明:张某安排没有经过专门培训且持假证的外甥王某(未成年人)任该工地“固定式葫芦式起重机”司机,并在明知该设备存在安全隐患的情况下让工人照常施工,造成了此次事故的发生;杨某在明知“固定式葫芦式起重机”存在安全隐患的情况下,签署了维修验收合格意见,致使该起重机照常施工运转,造成了此次事故的发生;李某没有仔细检查“固定式葫芦式起重机”是否存在安全隐患的情况下签署了验收合格意见,造成了此次事故的发生;向某持伪造的特种作业操作证,在明知该工地“固定式葫芦式起重机”存在安全隐患的情况下,没有阻止该起重机施工运转,造成了此次事故的发生。

根据本案例,回答下列问题:

1. 起重机上常用的钢丝绳捻向是(　　)。

A. 右同向捻　　B. 左同向捻　　C. 交互捻　　D. 无规定

2. 钢丝绳编结时,编结长度不应小于钢丝绳直径的(　　)倍。

A. 10　　B. 15　　C. 20　　D. 25

3. 钢丝绳接头连接强度不应小于破断拉力的(　　)。

A. 60%　　B. 70%　　C. 80%　　D. 90%

4. 钢丝绳断丝数在一个节距内达到总丝数的(　　)应报废。

A. 5%　　B. 10%　　C. 15%　　D. 20%

5. 张某、杨某、李某和向某在施工过程中违反有关规章制度,致此次事故发生,已构成犯罪。(　　)

6. 持伪造的起重机类别“特种作业操作证”操作“固定式葫芦式起重机”的未成年人王某不构成犯罪。(　　)

7. 如果嫌疑人的行为构成犯罪,按照《中华人民共和国刑法》规定应为劳动安全事故罪。(　　)

8. 特种作业人员必须经专门的安全技术培训并考核合格,取得《中华人民共和国特种作业操作证》后,方可上岗作业。(　　)

案例四:某市轨道交通工程事故

××年7月1日凌晨,某市轨道交通在隧道区间用于连接上下行线的安全联络通道的施工作业面内,因大量的水和流沙涌入,引起隧道部分结构损坏及周边地区地面沉降,造成3栋建筑物严重倾斜,防汛墙局部坍塌,并引起管涌。直接经济损失1.5亿元左右,所幸由于报警及时,隧道和地面建筑物内所有人员全部安全撤离,没有造成伤亡。

据调查,引发事故的原因是:施工单位在用于冷冻法施工的制冷设备发生鼓胀、险情征兆出现、工程已经停工的情况下,没有及时采取有效措施排除险情,直接导致了这起事故的发生。

根据本案例,回答下列问题:

1. 这是一起造成重大经济损失的工程责任事故。(　　)

2. 由于当时工程已经停工,所以现场管理人员没有责任。(　　)

3. 施工单位的施工方案本身并不存在欠缺。(　　)

4. 总包单位现场管理失控,监理单位现场监理失职。(　　)

5. 隧道渗漏水大部分与施工缝和沉降缝有关。(　　)

案例五:某高速公路立柱倒塌事故

××年10月15日下午,由某公路桥梁工程公司承建、某交通建设工程监理公司监理的某高速公路,施工现场8名工人在浇筑约14m高的桥梁立柱时,发生立柱倒塌造成3人死亡、1人重伤、1人轻伤的较大安全生产事故,直接经济损失100余万元。

一、事故发生经过

10月15日7时左右,该桥北岸引桥11号桥墩右幅1号至3号(直径为1.6m,高度为11.72m)立柱开始浇筑施工。11时30分,右2号和右3号立柱已浇筑完工。11时50分许,开始对右1号立柱进行浇筑。13时20分左右,当浇筑到9米多高时,立柱下部模板联结处突然开裂,并发生倾斜倒塌。慌乱之中,正在立柱顶部作业的8名工人,1人跳到相邻的右2号立柱平台上,另2人本能地抓住正在下料的料斗边沿,被悬挂在空中,1人掉入模板开裂后的钢筋混凝土里,其余4人随同倒塌的立柱坠落至地面。事故造成1人当场死亡,4人受伤。事故发生后,受伤人员立即被送往第一人民医院抢救。其中2人因伤势过重,救治无效,先后于14时10分和15时33分左右死亡。

二、事故原因分析

直接原因:

立柱模板连接螺栓未按模板设计螺栓数量安装,螺栓安装不规范。当混凝土浇筑至9米多后,模板底部连接件不能承受混凝土侧向压力引起的张拉力,致使螺栓滑牙,模板胀模开裂。又因立柱右侧缆风绳缺失,使立柱失稳,造成浇筑中的立柱和模板向左倒塌。

根据本案例,回答下列问题:

1. 该事故属于(　　)。

A. 特大事故　　B. 特大伤亡事故

C. 重大责任事故　　D. 重大交通事故

2. 现浇混凝土结构工程施工用的模板结构主要由(　　)组成。

A. 安全网　　B. 面板　　C. 支撑结构　　D. 连接件

3. 该事故中的螺栓安装不规范是导致事故发生的直接原因。　　(　　)

4. 分析造成该事故发生可能的间接因素有(　　)。

A. 1合同段工程项目部负责人安全意识淡薄,未对施工人员和有关作业队劳务人员进行严格的安全教育培训

B. 现场施工管理不严,桥梁立柱施工作业时,未严格执行施工方案,安全生产规章制度和操作规程不落实

C. 某交通建设工程监理公司该合同段驻地办,未认真履行工程监理职责,对所属监理人员未进行严格的安全监管教育。专业监理工程师流动性大,配备不足,责任心不强

D. 某高速公路建设管理处作为代建单位承担该高速公路工程的建设管理任务,对施工单位施工中存在的安全隐患和监理单位存在的问题处置及时,安全管理到位

5. 各责任单位和责任人员下列行为中可能引起事故发生的有(　　)。

A. 立柱浇筑现场施工员李某,未按立柱浇筑施工方案的要求组织施工,未对有关作业人员进行施工前安全技术交底,也未对立柱模板安装的安全质量情况进行严格检查,冒险组织浇筑作业

B. 现场施工监理员张某,未按国家有关工程建设监理要求认真履行监理职责

C. 项目部经理罗某,安全生产意识淡薄,现场施工管理不严,对施工人员安全教育培训不到位,在项目施工过程中,安全生产管理制度不落实

D. 监理单位驻地工程师赵某,对项目部监理人员要求不严,对国家有关工程建设监理程序执行不力,管理失职

E. 监理单位副驻地工程师胡某,分管1标段的施工监理工作,对施工现场出现的一些违规施工行为,没有采取有效措施,工作责任心不强,监理工作不到位

案例六:某市排水工程沟槽坍塌事故

××年5月30日,某市政道路排水工程,在施工过程中,发生一起边坡坍塌事故,造成4人死亡、2人重伤,直接经济损失约160万元。

事发当日,在浇筑沟槽混凝土垫层作业中,东侧边坡发生坍塌,将1名工人掩埋。正在附近作业的其余几名施工人员立即下到沟槽底部,从南、东、北三个方向围成半月形扒土施救,并用挖掘机将塌落的大块土清出,然后用挖掘机斗抵住东侧沟壁,保护沟槽底部的救援人员。经过约半个小时的救援,被埋人员的双腿已露出。此时,挖掘机司机发现沟槽东侧边坡又开始掉土,立即向沟底的人喊叫,沟底的人听到后,立即向南撤离,但仍有6人被塌落的土方掩埋。

根据本案例,回答下列问题:

1. 根据《给水排水管道工程施工及验收规范》(GB 50268—2008),沟槽的开挖应符合下列规定(　　)。

   A. 沟槽的开挖断面应符合施工组织设计的要求,不得扰动槽底原状地基土,机械开挖时槽底预留200~300mm土层,由人工开挖至设计高程,整平

   B. 槽底不得受水浸泡或受冻,槽底局部扰动或受水浸泡时,宜采用天然级配砂砾石或石灰土回填;槽底扰动土层为湿陷性黄土时,应按设计要求进行地基处理

   C. 槽底土层为杂填土、腐蚀性土时,应全部挖除并按设计要求进行地基处理

   D. 槽壁平顺,边坡坡度符合施工方案的规定

   E. 在沟槽边坡稳固后设置供施工人员上下沟槽的安全梯

2. 深度超过5m的沟槽,施工前应组织专家论证,并严格按照施工方案放坡,执行沟槽边1m内禁止堆土的规定。(　　)

3. 施工单位应制订应急救援预案,当发生紧急情况时,应按照预案在统一指挥和确保安全的前提下进行抢险。(　　)

4. 施工单位对所承包的工程应加强安全管理,做好日常的各项安全和技术管理工作,加强土方边坡的定点监测,提前发现事故险兆。(　　)

5. 施工单位应按规定对施工人员进行安全教育培训及安全技术交底。(　　)

案例七:湖南省凤凰县堤溪沱江大桥坍塌事故

一、事故经过

2007年8月13日,湖南省凤凰县堤溪沱江大桥在施工过程中发生坍塌事故,造成64人死亡、4人重伤、18人轻伤,直接经济损失3 974.7万元。

事发当日,堤溪沱江大桥施工现场7支施工队、152名施工人员进行1~3号孔主拱圈支架拆除和桥面砌石、填平等作业。施工过程中,随着拱上荷载的不断增加,1号孔拱圈受力较大的多个断面逐渐接近和达到极限强度,出现开裂、掉渣,接着掉下石块。最先达到完全破坏状态的0号桥台侧2号腹拱下方的主拱断面裂缝不断张大、下沉,下沉量最大的断面右侧拱段(1号墩侧)带着2号横墙向0号台侧倾倒,通过2号腹拱挤压1号腹拱,因1号腹拱为三铰

拱,承受挤压能力最低而迅速破坏下塌。受连拱效应影响,整个大桥迅速向0号台方向坍塌,坍塌过程持续了大约30s。

二、事故原因

(一)直接原因

堤溪沱江大桥主拱圈砌筑材料不满足规范和设计要求,拱桥上部构造施工工序不合理,主拱圈砌筑质量差,降低了拱圈砌体的整体性和强度,随着拱上施工荷载的不断增加,造成1号孔主拱圈靠近0号桥台一侧拱脚区段砌体强度达到破坏极限而崩塌,受连拱效应影响最终导致整座桥坍塌。

(二)间接原因

(1)建设单位严重违反建设工程管理的有关规定,项目管理混乱。一是对发现的施工质量不符合规范、施工材料不符合要求等问题,未认真督促整改。二是未经设计单位同意,擅自与施工单位变更原主拱圈设计施工方案,且盲目倒排工期赶进度、越权指挥施工。三是未能加强对工程施工、监理、安全等环节的监督检查,对检查中发现的施工人员未经培训、监理人员资格不合要求等问题未督促整改。四是企业主管部门和主要领导不能正确履行职责,疏于监督管理,未能及时发现和督促整改工程存在的重大质量和安全隐患。

(2)施工单位严重违反有关桥梁建设的法律法规及技术标准,施工质量控制不力,现场管理混乱。一是项目经理部未经设计单位同意,擅自与业主单位商议变更原主拱圈施工方案,并且未严格按照设计要求的主拱圈方式进行施工。二是项目经理部未配备专职质量监督员和安全员,未认真落实整改监理单位多次指出的严重工程质量和安全生产隐患;主拱圈施工不符合设计和规范要求的质量问题突出;主拱圈施工各环在不同温度下无序合龙,造成拱圈内产生附加的永存的温度应力,削弱了拱圈强度。三是项目经理部为抢工期,连续施工主拱圈、横墙、腹拱、侧墙,在主拱圈未达到设计强度的情况下就开始落架施工作业,降低了砌体的整体性和强度。四是项目经理部技术力量薄弱,现场管理混乱。五是项目经理部直属上级单位未按规定履行质量和安全管理职责。六是施工单位对工程施工安全质量工作监管不力。

(3)监理单位违反了有关规定,未能依法履行工程监理职责。一是现场监理对施工单位擅自变更原主拱圈施工方案,未予以坚决制止。在主拱圈施工关键阶段,监理人员投入不足,有关监理人员对发现施工质量问题督促整改不力,不仅未向有关主管部门报告,还在主拱圈砌筑完成但拱圈强度资料尚未测出的情况下,即在验收砌体质检表、检验申请批复单、施工过程质检记录表上签字验收合格。二是对现场监理管理不力。派驻现场的技术人员不足,半数监理人员不具备执业资格。对驻场监理人员频繁更换,不能保证大桥监理工作的连续性。

(4)承担设计和勘察任务的设计院,工作不到位。一是违规将地质勘察项目分包给个人。二是前期地质勘察工作不细,设计深度不够。三是施工现场设计服务不到位,设计交底不够。

(5)有关主管部门和监管部门对该工程的质量监管严重失职、指导不力。一是当地质量监督部门工作严重失职,未制订质量监督计划,未落实重点工程质量监督责任人。对施工方、监理方从业人员培训和上岗资格情况监督不力,对发现的重大质量和安全隐患,未依法责令停工整改,也未向有关主管部门报告。二是省质量监督部门对当地质量监督部门业务工作监督指导不力,对工程建设中存在的管理混乱、施工质量差、存在安全隐患等问题失察。

(6)州、县两级政府和有关部门及省有关部门对工程建设立项审批、招投标、质量和安全生产等方面的工作监管不力,对下属单位要求不严,管理不到位。一是当地交通主管部门违规办理工程建设项目在申报、立项期间的手续和相关文件。二是该县政府解决工程征迁问题、保障施工措施不力,致使工期拖延,开工后为赶进度,压缩工期。三是当地政府在工程建设项目立项审批过程中,违反基本建设程序和招标法的规定。对工程建设项目多次严重阻工、拖延工期及施工保护措施督促解决不力,盲目赶工期,又对后期实施工作监督检查不到位。四是湖南省交通厅履行工程质量和安全生产监管工作不力。违规委托设计单位编制勘察设计文件;违规批准项目开工报告;对省质监站、公路局管理不力,督促检查不到位;对工程建设中存在的重大质量和安全隐患失察。

根据本案例,回答下列问题:

1. 根据《公路桥涵施工技术规范》(JTG/T F50—2011),跨径大于或等于20m的拱圈,一般采用分段砌筑或分环分段相结合的方法砌筑。 (　　)

2. 根据《公路桥涵施工技术规范》(JTG/T F50—2011),多孔连续拱桥拱圈的砌筑,应考虑连拱的影响,无需制订相应的砌筑程序。 (　　)

3. 根据《公路桥涵施工技术规范》(JTG/T F50—2011),在石拱桥施工时,若先松架后砌拱上结构时,应待拱圈合龙、砂浆强度达到设计强度的70%以上后进行。 (　　)

4. 根据《公路工程施工监理规范》(JTG G10—2016),施工单位要求工程变更时,应提交变更申报单,报监理工程师审核,即可进行更改。 (　　)

5. 根据《中华人民共和国建筑法》(国务院令〔2011〕46号)第三十二条规定,工程监理人员认为工程施工不符合工程设计要求、施工技术标准和合同约定的,有权要求建筑施工企业改正。 (　　)

案例八:某市地铁站坍塌重大事故

××年11月15日,某市地铁1号线车站北2基坑西侧路面下沉,致使基坑基底失稳,导致西侧连续墙断裂,基坑坍塌,倒塌长度约75m。东侧河水及西侧道路下的污水、自来水管破裂后的大量流水立即涌进基坑,积水深达9m。事发当日,造成3人死亡、18人失踪、24人受伤。事故共造成21人死亡、24人受伤,直接经济损失4 961万元。

根据本案例,回答下列问题:

1. 根据《生产安全事故报告和调查处理条例》(国务院令〔2007〕493号)第三条规定,按该事故造成的人员伤亡分,该事故属于(　　)。

A. 特别重大事故　B. 重大事故　C. 较大事故　D. 一般事故

2. 造成基坑坍塌的常见原因有(　　)。

A. 坑壁的形式选用不合理　B. 坑壁土方施工不规范

C. 支护结构施工质量不符合设计要求　D. 重视对地表水的处理

3. 基坑开挖所需的地质资料勘察范围应大一些,可根据(　　)决定。

A. 基坑宽度　B. 基坑长度

C. 基坑深度　D. 场地工程地质条件

4. 建筑施工安全检查中关于基坑支护的五个保证项目是(　　)。

A. 施工方案　　B. 临边防护

C. 坑壁支护　　D. 排水措施

E. 坑边荷载

5. 基坑开挖前应遵循(　　)的原则。

A. 开槽支撑　　B. 先撑后挖

C. 分层开挖　　D. 严禁超挖

E. 多次到位

案例九:某高速公路互通立交桥坍塌事故

一、事故经过

××年5月26日,某央企在某高速公路互通立交桥施工时发生支架坍塌事故,造成7人死亡、1人轻伤。经过事故调查组的调查,认定这是一起较大生产安全责任事故。

二、事故原因

(一)直接原因

事故调查组查明,事故的直接原因是在混凝土浇注过程中荷载增加作用下,产生了过大的不均匀沉降,导致互通立交桥D匝道第二联箱梁其上支架局部失稳,引起整体失稳,从而引发事故。

(二)间接原因

一是施工单位变更施工方案后擅自组织施工,施工现场管理混乱,隐患排查不力,对员工安全教育不到位;二是监理单位——某公路工程监理有限公司、某公路建设监管咨询有限公司履行监理职责不到位;三是业主单位——该高速公路管理处安全生产管理不到位;四是市和区交通行政主管部门安全监管不到位。

根据本案例,回答下列问题:

1. 支架的稳定性、强度、刚度应符合相应的规范要求,支架强度安全系数应不小于(　　)。

A. 1.0　　B. 1.5　　C. 2.0　　D. 2.5

2. 进行支架计算时,应考虑的施工荷载包括(　　)。

A. 模板及支架自重

B. 施工人员及设备自重

C. 新浇混凝土自重

D. 浇筑混凝土的振捣荷载和混凝土的倾倒荷载

3. 施工方要求的变更,经监理确认、施工方签认,由建设方申请设计方出变更单返回建设方,交监理下达施工方。(　　)

4. 根据《建设工程质量监督管理条例》(国务院令〔2000〕279号)第二十八条规定,施工单位必须按照工程设计图纸和施工技术标准施工,不得擅自修改工程设计,不得偷工减料。(　　)

5. 根据《建设工程质量监督管理条例》(国务院令〔2000〕279号)第三十七条规定,未经监

理工程师签字,建筑材料、建筑构配件和设备不得在工程上使用或者安装,施工单位可以进行下一道工序的施工。（　　）

案例十:某大桥发生吊篮坠落事故

一、事故经过

××年8月4日,某大桥9号桥墩发生一起吊篮坠落事故,造成1人死亡。

据了解,8月4日,江苏籍工人戴某在该桥9号桥墩背离架(据江面约16m)上拆卸模板,附近停泊着一艘施工船,桥墩一侧船头有一台履带式吊机。戴某拆好背离架上的模板后,欲到背离架上方的V形架上继续拆卸。V形架距背离架约2m,人无法攀爬,戴某叫履带式吊机操作工申某将吊篮升上去,甲板上钢筋工陶某将吊篮挂上吊钩后,申某操纵吊机将吊篮向V形架方向提升,升到背离架位置时,戴某走进了吊篮。此时申某叫戴某系好安全带,戴某未理睬,挥手示意申某上升吊篮。吊篮继续上升约70cm时,戴某突然一扭身,吊篮也随之一动,正好撞在V形架上,造成吊篮与吊钩连接部分的钢筋电焊脱焊,连人带篮一起坠入分水江中。见此情形,现场施工人员立即拨打“110”,并联系专业打捞队组织打捞,到当天下午,戴某的尸体才被打捞上岸。

事故发生后,由县安监、公安、交通以及国道连接线指挥部等部门组成的事故调查组迅速赶赴事故现场进行调查处理。8月8日,事故调查组出具初步调查报告,指出高处作业安全防护措施不够是此次事故发生的主要原因。

二、事故原因

(一)直接原因

经过事故现场勘察和对相关人员调查分析,事故调查组认为事故发生的直接原因是吊篮违规载人,戴某在高处作业未使用相应的安全防护措施,加之戴某不识水性又未穿救生衣,无法自救。

(二)间接原因

造成事故的间接原因,一是在施工过程中,施工单位未安排专人进行现场指挥;二是施工单位对该项目管理不到位,未健全安全生产责任制,日常管理松懈,对职工的安全教育培训不到位,对职工屡次在水上高处作业未系安全带和未穿救生衣等违章作业行为未采取有效措施加以制止;三是模板拆卸无专项施工方案,吊篮使用的钢筋不符合要求等。

根据本案例,回答下列问题:

1. 凡从事(　　)m以上高处作业人员应系好安全带,穿好防滑软底鞋,扎紧袖口,衣着灵便。

A. 2　　B. 3　　C. 4　　D. 5

2. 预防高处坠落的措施有(　　)。

A. 加强安全自我保护意识教育,强化管理安全防护用品的使用

B. 对重点部位项目,严格执行安全管理专业人员旁站监督制度

C. 随施工进度,及时完善各项安全防护设施,在各类竖井安全门栏处必须设置警示牌

D. 各类脚手架及垂直运输设备搭设、安装完毕后,未经验收禁止使用

E. 安全专业人员,加强安全防护设施巡查,发现隐患及时落实解决

3. 高空作业的基本要求有(　　)。

A. 患有职业禁忌病症和年老体弱、疲劳过度、视力不佳及酒后人员等,不准进行高空作业

B. 高空作业人员劳保着装、安全帽、安全带、工作鞋必须到位,高空作业要备带工具袋

C. 脚手架安全可靠,严禁在脚手架上乱堆、乱放工具,严禁往下或往上抛掷材料和工具等物体

D. 登高设施、作业平台安全防护设施必须到位;必要时可设置安全网兜作为二次保护

E. 大雾、雪天、六级风以上等恶劣天气,夜晚照明不足等,人、机一律停止作业

4. 在该次事故中戴某应负一定责任。(　　)

5. 根据《建筑施工高处作业安全技术规范》(JGJ 80—1991),施工中发现高处作业的安全技术设施有缺陷和隐患时,必须及时解决;危及人身安全时,必须停止作业。(　　)

6. 可以乘坐或利用履带式吊机载人升降。(　　)

案例十一:宁波某工程高架桥高空坠落事故

一、事故经过

××年7月14日上午,宁波某工程高架桥施工作业中,5名操作工人从左幅搬运压浆机到右幅过程中,为图方便,从左右幅之间(宽约3.7m)的悬空临时过人通道上通过,因通道承载力不足,发生断裂。1人被临时过人通道旁边的钢筋勾住未掉下,4个在临时过人通道上的工人和压浆机同时坠落,坠落落差约15m,致4名工人死亡。

二、事故原因

经初步分析,发生事故的主要原因为操作工人违规操作,在临时过人通道上擅自移动重约500kg的压浆机,致使临时过人通道不堪负荷而发生纵梁(方木)折断,使临时过人通道上的4名操作人员和压浆机同时坠落。

(一)直接原因

(1)劳务分包单位施工人员在无专项事故方案和技术计算书的情况下,盲目搭建临时通道,且未经验收即投入使用。

(2)作业人员违规操作,盲目搬运重物通过栈桥,导致方木梁断裂,人机坠落。

(二)间接原因

(1)总承包方未审查劳务分包单位资质,与不具备劳务分包资质的某公司签订劳务分包合同。

(2)项目部未对作业人员进行有效安全生产教育培训,未进行有针对性的安全技术交底,导致作业人员安全意识淡薄,安全常识缺乏。

(3)第×项目部对事故现场缺乏有效安全管理,未制定搭设临时通道的相关规定,对搭设临时通道的结构可靠性、稳定性是否符合安全要求未予检查,对通道的承载能力,未设置限载警告标志,未及时发现并阻止违章作业。

(4)劳务分包单位利用伪造劳务资质证书承接业务,未有效履行施工现场安全管理职责。

其施工队主要负责人长期不在现场，施工现场管理混乱。

(5)某技术咨询有限公司未严格履行安全监理职责，未及时发现和制止违法劳务分包合同，未及时制止不符合安全要求的临时通道搭设和使用，未及时发现并制止施工人员违章作业。

(6)宁波该高速公路指挥部安全生产工作职责不健全，落实安全措施不到位；对施工单位违法分包、施工现场管理混乱没有及时发现和制止；对监理单位工作不到位疏于管理和督促；对落实上级安全生产指示和督促隐患排查治理工作不够到位。

三、事故点评

事故留给人们的教训十分深刻，一条临时通道夺走4条人命。对临时通道不检查、不验收，也不设置安全警示标志，职工生命无保障。

根据本案例，回答下列问题：

1. 在施工过程中，各类人员都应在规定的通道内行走，不允许在阳台间或非正规通道进行登高或跨越，但可利用臂架或脚手架杆件与施工设备进行攀登。（　　）

2. 作业平台上应设有平台额定荷载或载人数。（　　）

3. 场地施工时，应在施工现场入口、出入通道口、桥梁口设置安全警示标志。（　　）

4. 在施工准备阶段，监理单位审查核验施工单位提交的有关技术文件及资料，审查未通过的，安全技术措施及专项施工方案不得实施。（　　）

5. 施工单位必须建立健全并落实安全生产责任制和安全生产教育培训制度，制定安全管理规章制度和操作规程。（　　）

案例十二：温州某高速公路连续箱梁倾覆事故

一、事故经过

事故发生部位位于温州某高速公路工程一枢纽工程C匝道桥第五联第20号墩（桩号K0+582.06）的上部梁体，为变截面连续箱梁。

C匝道桥第五联第20号墩上部连续箱梁的0号块采用支架现浇，1号块开始采用挂篮悬臂浇筑，0号块及左、右1号和2号块已于××年11月1日前浇筑完毕，左、右3号块浇筑的准备工作于11月13日完成，11月14日9时30分开始浇筑3号块混凝土，先浇筑前进方向（跨104国道侧）3号块混凝土，至10时45分基本完成（该块段混凝土总量10.8m^3，已完成9m^3），正准备移管至另一侧挂篮浇混凝土时，突然发生梁体倾覆，带动梁体下滑，下坠的挂篮和梁体压垮跨国道部分门洞贝雷支架后坠入河道，另一端上翘，梁体中间部位在墩顶上。施工发生时，现场共有8名施工人员，其中2名工人在底板上振捣混凝土，5名工人在桥面上做移管等工作，1名工人在箱梁侧面修整已浇筑梁体。随着梁体的倾覆，8名工人随之滚落，在桥面移管的1名工人滚落后被随后滑落的一盘钢绞线（约2.5t重）砸中致死，其余7名人员不同程度受伤（其中一人伤势较重）。

二、事故原因

经查，××年8月温州某高速公路某段枢纽桥梁进入施工建设阶段。同年10月底，温州市交通工程质量监督站在现场安全检查中发现该工程C匝道挂篮施工没有制订安全专项施工方案，存在安全隐患。根据国家有关规定，挂篮施工属于高危险项目，应当编制安全专项施工方案，并组织专家审查，按规定程序报批后才能实施。于是，温州市交通工程质量监督站向温州市某高速公路工程建设指挥部发出意见书，要求指挥部对该工程督促、落实整改。而负责安全生产管理工作的温州市某高速公路工程建设指挥部征迁处处长助理和安全员在接到意见书后，没有及时有效地督促监理单位和施工单位暂停施工，进行整改，该工程在违规情况下仍然继续施工。

三、事故责任和处理

温州市检察院2010年9月16日以涉嫌玩忽职守罪对温州市该高速公路工程建设指挥部两名责任人员陈某两兄弟提起公诉。

四、事故点评

明知山有虎，偏向虎山行。《林海雪原》里的杨子荣有备而去，才能成为英雄。在安全生产上，明知有危险，却无视安全隐患，不整改，也不做安全防范措施，违规施工，造成惨痛的后果令人惋惜。

根据本案例，回答下列问题：

1. 下列属于安全员职责范围的是(　　)。

A. 监督检查项目部各项安全管理措施在作业项目上的落实

B. 项目部各项安全管理制度的制定

C. 项目部各项安全管理制度的实施

D. 项目部安全全面管理

2. 组织专家论证的专项施工方案应(　　)。

A. 先审批，再修改完善，后论证　　B. 先论证，再修改完善，后审批

C. 先修改完善，再论证，后审批　　D. 先修改完善，再审批，后论证

3. 下列专项施工方案实施说法中，错误的是(　　)。

A. 施工单位技术负责人应当定期巡查专项施工方案实施情况

B. 施工单位指定的安全生产管理人员发现不按照专项施工方案施工的，应要求立即整改，整改合格后才能进行下一道工序

C. 专项施工方案实施前，应向施工、技术等人员进行安全技术交底

D. 施工单位可根据现场情况及时调整专项施工方案

4. 根据《浙江省公路水运建设工程安全生产监督管理实施办法》，施工单位应当在施工组织设计中编制(　　)和(　　)，对危险性较大的工程应当编制(　　)，并附安全验算结果。(要求按顺序填)

A. 安全技术措施　　B. 安全进度方案

C. 安全经费使用方案　　D. 施工现场临时用电方案

E. 安全专项施工方案

5. 在施工中发生危及人身安全的紧急情况时，作业人员有权立即停止作业或者在采取必要的应急措施后撤离危险区域。　　(　　)

案例十三:高速公路龙门架倾覆事故案例

一、事故经过

某高速公路项目部将预制场梁板预制工程以劳务分包形式由某劳务公司负责施工,场地内配有三台门式起重机,施工任务相继完成。××年10月13日上午,该劳务公司安排人员在现场做龙门架拆卸前的准备工作,夏某和芦某不听现场施工员的劝阻,在未张拉缆风绳采取安全防范措施的情况下,爬至龙门架拆除上横梁压板螺栓,造成龙门架往一边倒塌,该二人随龙门架摔至地面上。事发后,劳务公司负责人立即拨打120急救电话,将两名伤者送至医院进行抢救。虽经全力抢救,终因伤势过重,夏某和芦某相继死亡。

二、事故原因

(一)直接原因

夏某和芦某安全生产意识淡薄,在起重机支腿未采用揽风绳固定并且在无起重机械安装持证人员指导的情况下,盲目拆卸。在现场带班人员发现夏某和芦某违章作业,要求立即停止作业的情况下,该二人不听劝阻继续拆卸,导致该门式起重机倒塌,造成该二人高空坠落死亡。

(二)间接原因

(1)该项目部未能全面落实安全生产主体责任,未落实安全生产事故隐患排查制度。安全管理松懈,没有对起重机拆卸准备工作过程进行有效的安全监管。在无起重机拆卸专项方案、无具有起重机械安装许可资质单位和持证作业人员到场的情况下,对劳务公司作业人员的擅自拆卸、冒险作业未能及时发现,导致该门式起重机倾覆,是引起这起事故发生的主要原因。

(2)该项目部管理人员,未认真履行安全生产监管职责,未认真落实安全生产事故隐患排查,未严格督促、检查门式起重机拆卸准备过程的安全生产工作,对现场作业人员的违章作业行为没有及时发现,使事故隐患未能得到消除,是导致该事故发生的重要原因。

(3)劳务公司未认真履行安全生产管理职责,对作业人员擅自拆卸、冒险作业未能做到有效管理,未能采取有力措施对违章作业加以制止,是导致该事故发生的重要原因之一。

(4)项目监理人员未认真履行监理职责,现场监理人员工作责任心不强,在无拆卸专项方案、无起重机械安装许可资质单位、无相关持证作业人员到场的情况下,对劳务公司作业人员的擅自拆卸、冒险作业未能及时发现,是导致这起事故发生的原因之一。

三、事故处理

(1)夏某和芦某安全生产意识淡薄,盲目拆卸,且不听劝阻,对该事故的发生负有直接责任,因已在事故中死亡,故责任不予追究。

(2)该项目负责人未认真督促、检查项目部的安全生产工作,对劳务公司作业人员的擅自拆卸、冒险作业未能及时发现,对事故的发生负有主要领导责任,按规定进行处罚。

(3)该项目安全生产管理人员,未认真履行安全监管职责,对作业人员的违章作业未能及时发现,是导致这起事故发生的原因之一,对事故的发生负有管理责任,按规定进行处罚。

(4)劳务公司未认真履行安全生产管理职责,在无起重机械安装许可资质和持证人员到场的情况下,放任作业人员的擅自拆卸、冒险作业。在发现作业人员违章作业的情况下,未能采取有力措施加以制止,是导致该事故发生的重要原因之一,对事故的发生负有责任,按规定进行处罚。

(5)该劳务公司负责人全面负责公司安全生产管理工作,未能落实公司的安全生产管理工作,没有认真履行安全生产管理职责,在进行门式起重机拆卸的准备工作过程中,未能做到有效管理,是导致这起事故发生的重要原因之一,对事故的发生负有主要管理责任,按有关规定进行处罚。

(6)该劳务公司现场负责人未能有效落实作业现场的安全管理,在发现现场作业人员的违章作业行为时,未能及时采取有效手段制止作业人员的冒险行为,对事故的发生负有管理责任,建议按相关规定进行处理。

(7)现场监理人员工作责任心不强,对劳务公司作业人员的擅自拆卸、冒险作业未能及时发现,是导致这起事故发生的原因之一,对事故的发生负有责任,按有关规定进行处罚。

四、防范对策

(1)吸取事故的惨痛教训,举一反三,落实安全生产主体责任,对项目部进行一次全面安全检查,对存在的安全隐患要采取切实有效的措施,及时消除事故隐患。完善安全生产规章制度、操作规程、施工方案及应急预案,加强日常安全检查,杜绝违章违规行为,加强对管理人员、从业人员的安全教育培训,提高人员安全意识和安全管理水平。

(2)由有起重机械拆卸资质的单位和持证人员进行龙门架拆除,编制专项施工方案,安排专职安全员旁站监督,严格按施工方案进行施工。

根据本案例,回答下列问题:

1. 龙门架拆除时,应制订安全技术措施。 ( )

2. 龙门架制作(拼装)完成后,应按设计要求组织检查验收。 ( )

3. 龙门架吊起重物作水平移动时,应将重物提高到可能遇到的障碍物1m以上,运行时被吊重物不得左右摇摆。 ( )

4. 作业中出现危险征兆时,作业人员必须立即停止作业,从安全通道处撤离到安全区域,及时向主管领导汇报。 ( )

案例十四:某一级公路装载机倾翻较大事故

××年2月3日上午,某一级公路建设工程发生一起装载机倾翻较大事故,造成3人死亡。

一、事故经过

××年2月3日上午,某一级公路建设工程第二合同段桥梁工区技术员王某,在工地为施工队工队长李某安排工作,李某接受任务后,安排装载机驾驶员刘某带领装卸工李某、陈某、毛某三人利用装载机(ZL50)从2号桥运送模板到1号桥0号台。运送一趟后,上午10时许,刘某和李某一起去北界买手套、铁丝等物品,将装载机(装载机未熄火)停放在2号桥。当他们离开现场后,上午11时,王某从项目部返回工地至1号桥墩旁时,发现一辆装载机侧翻在河里,便马上跑到事故现场,发现有3人被闷在装载机驾驶室,且装载机驾驶室变形严重,靠人力无法实施救助,就立即向项目部报告,项目部立即组织抢救,同时向上级报告,指挥部紧急调两台挖掘机和吊车进行抢救,至下午2时,3名人员被先后救出时,发现3名人员均已死亡。

二、事故原因

(一)直接原因

无证人员陈某擅自违章操作装载机,且违反装载机严禁载人的规定,在驾驶室内搭载2人,下坡时速度过快,操作不当,偏离正常行驶路线,造成倾翻。

(二)间接原因

(1)协作队伍安全责任制度不落实,安全基础工作和现场安全管理薄弱,持证上岗及职工教育不到位,违章现象普遍。

①驾驶员刘某只持有货车B驾驶证,未持有厂内机动车操作证书,安全意识淡薄,在离开时未将装载机熄火、拔出发动机钥匙及关闭车门。此前,他曾多次放任陈某无证驾驶装载机。

②工区长李某明知陈某无证驾驶装载机也未及时制止,安排未经安全生产教育职工上岗作业。

③协作队伍负责人廖某安全管理不到位,安排未持有效特种作业操作证人员驾驶装载机,且在节后(春节后第一天开工)本人未到达工区情况下安排工程开工。

(2)项目部安全管理及现场监管不到位。

①对协作队伍管理不到位,相关管理制度未得到有效实施。

②节后复工安全生产组织、措施不落实,未采取相应的检查、教育措施,未履行复工报批手续。

③对职工安全生产"三级教育"制度和特种作业人员持证上岗制度未作全面落实,使未受教育及无证人员上岗作业。

④对装载机等危险性较大设备未建立使用、检测、检修等安全管理台账,设备管理薄弱。

⑤对施工现场监督检查不到位,诸多隐患及违章作业现象未得到及时制止。

(3)作业人员普遍劳动纪律松弛,安全意识淡薄,缺乏风险意识和自我保护意识。

根据本案例,回答下列问题:

1.(　　)对项目部安全生产全面负责。

A.项目经理　　B.主管生产副经理

C.安全员　　D.主管技术员

2.装载机不准停放在(　　)。

A.固定停车位　　B.主要运输干道或坡道上

C.交叉路口上　　D.低洼积水处

E.大型设备盲区

3.施工作业人员进场前必须经过项目部、施工队、班组三级安全教育培训,考试合格后方可上岗作业。(　　)

4.装载机作业和行驶中禁止人员上下,也不准有人站在司机室外进行检修和其他工作,严禁其他无关人员搭乘。(　　)

5.工程项目部应对进入施工现场机械设备的操作人员和安全装置的资质进行审验,不合格的人员和机械设备不得进入施工现场。(　　)

案例十五：某工地木工房火灾

某工地现场木工房，因木工活多，木材下脚料、木屑满地都是。某木工有吸烟习惯，自认为干了20多年木工活也没事。一天，该木工吸完烟，烟头没处理好便下班了，半夜木工房内起了大火，把工地的木材和木棚全烧光了。

根据本案例，回答下列问题：

1. 木工房不应堆放混乱，应随时打扫，保持清洁。（　　）

2. 木工房禁止烟火。（　　）

3. 木工房用火管理制度不严。（　　）

4. 木工作业场所的刨花、木屑、碎木必须“三清”：自产自清、日产日清、活完场清。（　　）

案例十六：某工地钻孔死亡事故

某工地1名工人在人工挖孔桩下面取水样时，突然倒下，随后现场3名工人在无任何防护的情况下，相继下去救人而昏倒，工地上其他人员随即报警，附近武警战士赶来，穿戴防毒面具和防化服，将4人救出，但均已死亡。

根据本案例，请你进行事故原因分析判断：

1. 井下缺氧，换气不好。（　　）

2. 无监护情况下施工。（　　）

3. 下井前应点火试验方可下井作业。（　　）

4. 井下施工应设通风换气装置。（　　）

5. 工人没有穿戴相应的防护用具。（　　）

案例十七：某工地临时用电安全事故

某工地，准备加夜班浇筑混凝土，电工将混凝土搅拌机棚的三个照明灯接亮，当电工将照明灯接完线推闸试灯时，听见有人喊“电人了”，立即将闸拉掉，可是手扶搅拌机往外倒混凝土的杨某倒地，经医院抢救无效死亡。经查，工地使用的是四芯电缆，在线路上的工作零线已断，这个开关箱照明和动力混设。

根据本案例，回答下列问题：

1. 事故的直接原因是搅拌机与照明共用一个电源线，当三个照明灯用380V两根火线供电时，因工作零线断掉，使搅拌机外壳带电，当开灯时，杨某触电。（　　）

2. 这段线路没按临时用电TN-S系统的要求使用五芯线，而是使用了四芯线，因此，线路上没设保护零线PE，当零线断掉时，使设备外壳带电。（　　）

3. 搅拌机开关箱中，没有设置漏电保护器，因此，当外壳漏电时，使操作者触电死亡。（　　）

4. 施工现场应按规定将照明与动力两条线路分设。（　　）

5. 机械维修清扫时应该将开关拉闸，箱门上锁。（　　）

案例十八:某工地电焊灼伤事故

某工地需要大量焊接铁件,一时找不到操作人,经过培训无证的电焊工刘某说自己能烧电焊,领导就让刘某在工地临时焊接铁件。半天过后,刘某感到眼睛不适,第二天眼睛肿胀,经医院检查刘某眼睛被电焊灼伤。

根据本案例,回答下列问题:

1. 没经领导审批雇用无操作证的人进行电焊作业。 (　　)
2. 刘某不该无证操作。 (　　)
3. 操作无安全交底。 (　　)
4. 刘某没佩戴安全防护镜。 (　　)
5. 电焊工容易得的职业病是锰尘中毒。 (　　)

案例十九:某公路浮石垮塌事故

某公路开挖路堑,挖深53m,某班放完炮后,正赶上吃午饭时间,放炮人员即回去吃午饭,下午路基开挖作业队开始挖运石渣,这时坡上浮石滚落,将正在施工的李某砸死,将杨某砸伤。

根据本案例,回答下列问题:

1. 路基施工时,坡面上的操作人员对松动的土、石块必须及时清除,严禁在危石下方作业、休息和存放机具。 (　　)
2. 路基施工时,弃土下方和有滚石危及范围内的道路,应设警告标志,作业时坡下严禁通行。 (　　)
3. 相关人员的安全意识不足。 (　　)
4. 爆破前应划定既能保证安全又要尽量减少扰民范围的警戒区。 (　　)

案例二十:某码头工人坠海事故

2002年5月,某码头工地焊工邓某在完成横梁模板安装和加固后,因模板内钢筋笼空间狭窄,便脱下救生衣放在钢筋笼顶,钻入钢筋笼内进行堵模板缝作业。将缝堵好后,邓某从模板钢筋笼内爬出,在伸手拿救生衣时,突然坠海,周围作业人员发现后,立即搜救,却不见邓某,直到事故20日后才在事故现场发现邓某尸体。

根据本案例,回答下列问题:

1. 造成该事故的直接原因是(　　)。
   - A. 钢筋笼狭窄
   - B. 邓某没穿救生衣或者没采取其他安全保护措施
   - C. 现场安全防护设施齐备
   - D. 现场安全监督管理不到位
2. 由于存在"钢筋笼空间狭窄"的客观原因,所以该事故可以认定为意外事故。 (　　)
3. 施工码头横梁临水、临边作业,可以不设任何安全防护设施。 (　　)

4. 从上述案例中吸取的主要教训是：现场作业人员应充分意识到临边、临水作业的危险性所在，并采取有效的安全防护措施，方能作业，不能因客观因素的存在而存侥幸心理违章作业。（　）

5. 在施工作业前，只要进行了安全技术交底，在作业过程中，施工现场安全生产专职管理人员可以不在现场巡查、监督。（　）

附录一　参考答案

第一篇　法律法规篇

第一章　安全法律

一、单选题

1. A	2. D	3. D	4. B	5. D	6. B	7. A	8. D	9. D	10. C
11. D	12. B	13. C	14. B	15. B	16. D	17. A	18. D	19. A	20. B
21. C	22. C	23. C	24. D	25. A	26. D	27. B	28. B	29. C	30. B
31. A	32. B	33. D	34. D	35. A	36. A	37. C	38. A	39. D	40. B
41. A	42. A	43. D	44. A	45. D	46. B	47. C	48. B	49. B	50. B

二、多选题

1. ABC	2. ABCDE	3. BCD	4. ABCDE	5. ABCD
6. ABE	7. ABCD	8. BCD	9. ABCD	10. AB
11. ABE	12. AB	13. ABC	14. ABC	15. ACD
16. AB	17. ACDE	18. ABC	19. ABCDE	20. ACD
21. ABC	22. ABCD	23. ACDE	24. AB	25. ABCDE
26. ABC	27. ABD	28. BD	29. ABCD	30. ABCDE
31. ABC	32. ABCD			

三、判断题

1. ×	2. ×	3. ×	4. ×	5. ×	6. √	7. ×	8. √	9. ×	10. √
11. √	12. √	13. ×	14. √	15. ×	16. ×	17. √	18. √	19. ×	20. ×
21. √	22. ×	23. √	24. √	25. ×	26. √	27. ×	28. √	29. ×	

第二章　行政法规

一、单选题

1. B	2. C	3. A	4. C	5. C	6. B	7. C	8. C	9. A	10. D
11. C	12. A	13. C	14. D	15. B	16. C	17. D	18. C	19. D	20. C
21. C	22. C	23. C	24. D	25. C	26. D	27. A	28. C	29. A	30. D

31. C 32. A 33. C 34. D 35. A 36. D 37. D 38. D 39. D 40. C
41. B 42. D 43. D 44. B 45. C 46. A 47. A 48. A 49. C 50. D
51. D 52. A 53. C 54. B 55. D 56. C 57. B 58. B 59. B 60. D
61. A 62. D 63. C 64. A 65. C 66. B 67. B 68. D 69. D 70. D

二、多选题

1. ABC 2. ABC 3. BCD 4. ABCDE 5. ABE
6. ACDE 7. ABCD 8. ABCD 9. ABCDE 10. ABCDE
11. ABD 12. ABCD 13. ABE 14. AB 15. ABE
16. BD 17. ABDE 18. ABE 19. ACE 20. CD
21. ABCE 22. BD 23. ACDE 24. BDE 25. ABCDE

三、判断题

1. √ 2. × 3. √ 4. √ 5. √ 6. × 7. × 8. √ 9. √ 10. ×
11. × 12. × 13. √ 14. √ 15. √ 16. √ 17. × 18. × 19. ×

第三章　部门规章

一、单选题

1. B 2. C 3. C 4. B 5. C 6. B 7. A 8. D 9. B 10. C
11. A 12. D 13. A 14. B 15. C 16. B 17. B 18. D 19. D 20. A
21. C 22. D 23. D 24. B 25. B 26. C 27. B 28. C 29. B 30. A
31. B 32. D 33. B 34. B 35. B 36. C

二、多选题

1. ABDE 2. ABCDE 3. CDE 4. BDE 5. ABCD
6. ABCDE 7. ABD 8. AB 9. ABDE 10. ABDE
11. AC 12. ABC 13. BCD 14. ABCD 15. ABCDE
16. ABD 17. ACDE 18. ABC 19. ABD 20. ABCD
21. ABCDE 22. ABCD 23. ABE 24. ABDE 25. ABD
26. BCDE 27. ABCD

三、判断题

1. × 2. × 3. √ 4. √ 5. × 6. √ 7. √ 8. √ 9. √ 10. √
11. √ 12. × 13. √ 14. √ 15. √ 16. √ 17. √ 18. √ 19. × 20. √
21. × 22. √ 23. √ 24. × 25. × 26. √ 27. √ 28. × 29. × 30. √
31. √ 32. √ 33. × 34. √ 35. × 36. √ 37. × 38. × 39. √ 40. √

41. ×　42 ×　43. √　44. ×

第二篇　安全管理篇

第一章　安全基础理论

一、单选题

1. B	2. D	3. D	4. C	5. B	6. B	7. A	8. A	9. D	10. C
11. C	12. B	13. D	14. D	15. A	16. A	17. A	18. D	19. C	20. A
21. C	22. A	23. D	24. B	25. B	26. A	27. C	28. A	29. B	30. C
31. B	32. B	33. B	34. B	35. C	36. A	37. A	38. D	39. C	40. D
41. C	42. D	43. B	44. B	45. D	46. B	47. A	48. B	49. A	50. B
51. D	52. C	53. B	54. D	55. D	56. C				

二、多选题

1. ABC	2. ACD	3. ABC	4. ABC	5. ACDE
6. ABCE	7. ABCD	8. ABCDE	9. ACDE	10. ABCDE
11. ABCD	12. AD	13. ABCDE	14. ABCD	15. ABCE
16. ABD	17. ABCDE	18. ABCD	19. ABCDE	20. ACDE
21. ABCD	22. ABCDE	23. ABCDE	24. ABCDE	25. ABCDE
26. ABCD	27. ABCD	28. ABCD	29. AC	30. BD
31. ABE	32. ABCDE	33. ABCE	34. DE	35. ABC
36. ABCDE	37. ABDE	38. BD	39. BCDE	40. BCDE
41. ABD	42. ABCDE	43. ABCD	44. ABCD	45. ABCDE
46. ABCD	47. ABCDE	48. BE	49. ADE	50. ABCDE
51. ABCDE	52. ABCDE	53. ABC	54. ABCD	55. ABCDE
56. BCE	57. ABCDE	58. ABCDE	59. ABCDE	60. ABCDE
61. ABDE	62. ABC	63. ABC	64. ABDE	65. ABE
66. ABCE	67. ABCD	68. ABCDE	69. ABD	70. ABCEF
71. ACDE	72. BCD	73. ABCE	74. CDE	75. ABC
76. ABCE	77. ACDE	78. ABC	79. ABC	80. ACD
81. ABCD				

三、判断题

1. ×	2. √	3. √	4. ×	5. √	6. ×	7. √	8. √	9. √	10. √
11. √	12. √	13. √	14. √	15. ×	16. ×	17. ×	18. √	19. √	20. ×

21. √ 22. √ 23. × 24. √ 25. √ 26. × 27. √ 28. √ 29. √ 30. √
31. √ 32. √ 33. √ 34. √ 35. √ 36. √ 37. × 38. √ 39. × 40. √
41. √ 42. × 43. √ 44. √ 45. √ 46. √ 47. × 48. × 49. × 50. √
51. √ 52. √ 53. √ 54. × 55. √ 56. × 57. √ 58. √ 59. × 60. √
61. √ 62. √ 63. √ 64. × 65. √ 66. √ 67. √ 68. √ 69. × 70. ×
71. × 72. √ 73. √ 74. × 75. √ 76. √ 77. √ 78. √ 79. √ 80. √
81. √ 82. × 83. × 84. √ 85. × 86. √ 87. √ 88. × 89. √ 90. ×
91. × 92. √ 93. × 94. × 95. √ 96. √ 97. √ 98. √ 99. √ 100. √
101. √ 102. √ 103. √ 104. × 105. √ 106. √ 107. √ 108. × 109. × 110. ×
111. √ 112. √ 113. × 114. √ 115. × 116. √ 117. √ 118. √ 119. √ 120. √
121. √ 122. × 123. √ 124. √ 125. √ 126. ×

第二章 安全管理制度

一.单选题

1. D 2. D 3. D 4. C 5. D 6. A 7. C 8. A 9. D 10. D
11. C 12. B 13. A 14. B 15. C 16. C 17. C 18. C 19. B 20. A
21. D 22. B 23. B 24. C 25. B 26. A 27. D 28. B 29. B 30. C
31. B 32. B 33. D 34. D 35. D 36. A 37. B 38. D 39. A 40. D
41. B 42. C 43. A 44. B 45. B 46. A 47. C 48. A 49. C 50. B
51. B 52. D 53. B 54. A 55. A

二、多选题

1. ACE 2. ACE 3. ABCDE 4. ABCD 5. AB
6. BCDE 7. ABCDE 8. ABCDE 9. ABC 10. ABDE
11. ABCDE 12. ACD 13. BCDE 14. ABC 15. ABCD
16. BCD 17. ABCD 18. ABC 19. ACD 20. ABCDE
21. ACD 22. ABCE 23. ABCD 24. ABCD 25. ABCD
26. ABCD 27. ABD

三、判断题

1. √ 2. √ 3. × 4. √ 5. √ 6. √ 7. × 8. √ 9. × 10. ×
11. × 12. × 13. √ 14. × 15. √ 16. √ 17. √ 18. √ 19. × 20. √
21. √ 22. √ 23. √ 24. √ 25. √ 26. √ 27. × 28. × 29. √ 30. √
31. √ 32. √ 33. √ 34. √ 35. √ 36. √ 37. √ 38. √ 39. √ 40. √
41. √ 42. √ 43. √ 44. √ 45. × 46. × 47. √ 48. √ 49. √ 50. √
51. √ 52. √ 53. √ 54. √ 55. √ 56. √ 57. √ 58. √ 59. √ 60. √

61. √	62. √	63. ×	64. √	65. ×	66. √	67. ×	68. √	69. √	70. √
71. ×	72. √	73. ×	74. ×	75. ×	76. ×	77. ×	78. √	79. √	80. √
81. ×	82. √	83. √	84. √	85. √	86. √	87. ×	88. ×	89. ×	90. ×
91. √	92. √	93. √	94. ×	95. √	96. √	97. ×	98. √	99. ×	100. ×

第三章　安全标准化考评

一、单选题

1. C	2. B	3. A	4. B	5. C	6. A	7. C	8. C	9. C	10. C
11. A	12. C	13. B	14. C	15. B	16. C	17. B	18. B	19. A	20. C
21. A	22. D	23. B	24. A	25. B	26. C	27. C	28. A	29. A	30. B
31. B	32. C	33. A	34. C	35. D	36. A	37. C			

二、多选题

1. ABCDE	2. BCD	3. ABC	4. ABCD	5. ABCD
6. ABCD	7. ABCDE	8. ABCDE	9. ABCE	10. ABCE
11. ABCDE	12. ABCDE	13. ABCDE	14. ABCDE	15. ABCDE
16. ACD	17. ACE	18. ABCD	19. ABCDE	20. AD

三、判断题

1. √	2. ×	3. √	4. √	5. √	6. √	7. √	8. √	9. ×	10. ×
11. √	12. √	13. √	14. √	15. √	16. ×				

第三篇　工程施工作业通用安全技术篇

第一章　施工现场布设与防护

一、单选题

1. A	2. C	3. C	4. C	5. B	6. C	7. D	8. A	9. C	10. A
11. B	12. D	13. B	14. A	15. A	16. B	17. B	18. C	19. B	20. B
21. B	22. B	23. B	24. A	25. A	26. B	27. A	28. C	29. A	30. C
31. B	32. C	33. A	34. C	35. C	36. B	37. A	38. C	39. A	40. C
41. D	42. B	43. A	44. C	45. C	46. B	47. B	48. C	49. C	50. A
51. A	52. B	53. D	54. D	55. D	56. B	57. B	58. B	59. A	60. D
61. A	62. C	63. B	64. B	65. B	66. C	67. C	68. B	69. A	70. A
71. A	72. D	73. A	74. A	75. A	76. B	77. A	78. D	79. C	80. A

81. D　82. D　83. B　84. C

二、多选题

1. ABCDE	2. ABCDE	3. ABDE	4. ABD	5. ABC
6. ABDE	7. ABCDE	8. ABCE	9. ABC	10. ABCD
11. ABCD	12. ABCDE	13. ABCD	14. BD	15. CDE
16. ABC	17. CDE	18. ABCE	19. CDE	20. ABCDE
21. ABCD	22. AC	23. ABC	24. BCDE	25. ABCDE
26. ABCD	27. ABDE	28. BCDE	29. ABD	30. ABCD
31. ACD	32. ABCDE	33. ABCD	34. ABD	35. ABCD
36. ABCE	37. BD	38. BCE	39. ABCDE	40. AB
41. ACD	42. BDE	43. ABCDE	44. ABE	45. ABCDE
46. BCD	47. ACE	48. ACE	49. BCD	50. BCDE
51. ACDE	52. ABC			

三、判断题

1. ×	2. √	3. √	4. √	5. √	6. √	7. √	8. √	9. √	10. √
11. √	12. √	13. √	14. √	15. √	16. ×	17. √	18. √	19. ×	20. √
21. ×	22. √	23. ×	24. √	25. ×	26. √	27. √	28. √	29. √	30. √
31. ×	32. ×	33. √	34. √	35. √	36. √	37. √	38. √	39. √	40. √
41. √	42. √	43. ×	44. √	45. √	46. √	47. √	48. √	49. √	50. √
51. √	52. √	53. √	54. √	55. √	56. √	57. √	58. √	59. ×	60. √
61. √	62. √	63. √	64. √	65. √	66. ×	67. √	68. √	69. √	70. √
71. √	72. √	73. √	74. √	75. √	76. √	77. √	78. ×	79. √	80. √
81. √	82. √	83. √	84. √	85. ×	86. √	87. √	88. √	89. √	90. √
91. ×	92. √	93. √	94. √	95. ×	96. √	97. √	98. ×	99. √	100. √
101. √	102. √	103. √	104. ×	105. √	106. √	107. √	108. √	109. √	110. √
111. √	112. √	113. ×	114. √	115. ×	116. ×	117. √	118. √	119. ×	120. ×
121. ×	122. √	123. ×	124. √	125. √	126. ×	127. √	128. ×	129. √	130. √
131. ×	132. ×	133. ×	134. √	135. ×	136. √	137. √	138. ×	139. √	140. √
141. √	142. √	143. √	144. √	145. √	146. √	147. √	148. √	149. ×	150. √
151. √	152. ×	153. ×	154. √	155. √	156. √	157. ×	158. √	159. √	160. ×
161. √	162. √	163. ×	164. √	165. √	166. √	167. √	168. ×	169. √	170. √
171. ×	172. √	173. √	174. √	175. ×	176. ×	177. √	178. ×	179. √	180. √
181. ×	182. √	183. ×							

第二章 高处作业

一、单选题

1. D 2. A 3. B 4. C 5. B 6. B 7. D 8. C 9. D 10. D
11. A 12. C 13. B 14. A 15. C 16. A 17. C 18. B

二、多选题

1. ABD 2. BD 3. ABCDE 4. ACDE 5. ACDE
6. ABCD 7. ABC 8. ABCD 9. ABCE 10. ABCDE
11. BCDE 12. AB 13. ABCDE 14. ABCDE

三、判断题

1. √ 2. √ 3. × 4. × 5. × 6. √ 7. √ 8. √ 9. √ 10. √
11. √ 12. √ 13. √ 14. √ 15. √ 16. √ 17. √ 18. √ 19. × 20. √
21. √ 22. √ 23. √ 24. √ 25. √ 26. √ 27. √ 28. √ 29. √ 30. √
31. √ 32. × 33. × 34. √ 35. √ 36. × 37. × 38. √ 39. √ 40. ×
41. × 42. ×

第三章 支架脚手架

一、单选题

1. C 2. C 3. D 4. D 5. A 6. C 7. B 8. A 9. C 10. B
11. B 12. D 13. B 14. B 15. C 16. C 17. B 18. B 19. B 20. B
21. A 22. B 23. D 24. C 25. A 26. B 27. C 28. A 29. B 30. C
31. A 32. C 33. C 34. C 35. B 36. A 37. B 38. C 39. B 40. B
41. A 42. D 43. D 44. D 45. D 46. B 47. C 48. C 49. D 50. C
51. B 52. B 53. A 54. A 55. A 56. D 57. D 58. B 59. C 60. B
61. B 62. A 63. D 64. B 65. C

二、多选题

1. ABCDE 2. ABCDE 3. BD 4. ABCDE 5. ABE
6. ABC 7. ABCD 8. ABCD 9. ABCD 10. ABCD
11. AC 12. ABCDE 13. ABCDE 14. AD 15. ABCE
16. ABCDE 17. ABD 18. ABCDE 19. ABCD 20. ABCD
21. ABCE 22. ABE 23. ABCD 24. AB 25. AB
26. ABCDE 27. ABCD 28. ABCD 29. ABC 30. ABCDE

31. ABCD　32. ABC　33. ABCD　34. ABCD　35. ABC

三、判断题

1. √　2. √　3. √　4. ×　5. ×　6. √　7. √　8. √　9. √　10. ×
11. √　12. √　13. √　14. √　15. √　16. √　17. √　18. ×　19. √　20. √
21. √　22. ×　23. √　24. √　25. √　26. √　27. √　28. √　29. √　30. √
31. √　32. √　33. √　34. ×　35. ×　36. ×　37. √　38. √　39. √　40. √
41. √　42. ×　43. √　44. √　45. √　46. √　47. √　48. √　49. √　50. ×
51. √　52. √　53. ×　54. ×　55. √　56. √　57. ×　58. ×　59. √　60. √
61. ×　62. ×　63. √　64. ×　65. √　66. √　67. ×　68. ×　69. √　70. √
71. √　72. √　73. √

第四章　模　　板

一、单选题

1. A　2. B　3. B　4. B　5. D　6. D　7. A　8. B　9. B　10. A
11. B　12. D

二、多选题

1. ABCDE　2. ABCDE　3. ABCD　4. ABCDE　5. BE
6. ABCDE　7. BCDE　8. ABD　9. ABC　10. ABCDE
11. ABCD　12. ABDE　13. ABCE　14. ABDE　15. AD
16. BCD　17. ABDE

三、判断题

1. √　2. ×　3. √　4. ×　5. √　6. √　7. √　8. √　9. √　10. √
11. √　12. √　13. √　14. ×　15. √　16. √　17. √　18. √　19. √　20. ×
21. √　22. √　23. ×　24. ×　25. ×　26. √　27. √　28. √　29. √　30. √
31. √　32. ×　33. ×　35. √　35. √　36. √　37. √　38. √　39. √　40. √
41. √　42. √

第五章　危险品作业

一、单选题

1. C　2. C　3. B　4. D　5. B　6. B　7. A　8. A　9. B　10. D
11. C　12. B　13. D　14. B　15. A　16. D

二、多选题

1. ABCD　2. ABCDE　3. ABCD　4. ACDE　5. ABCDE
6. ABCDE　7. ABCDE　8. ABCDE　9. ABCDE　10. ABCDE
11. ABCDE　12. ABCDE　13. ABCDE　14. ABDE　15. ABCDE
16. ABCDE　17. ABCDE　18. ABCDE

三、判断题

1. √　2. √　3. ×　4. ×　5. ×　6. √　7. ×　8. √　9. √　10. √
11. ×　12. √　13. √　14. ×　15. ×　16. ×　17. ×　18. √　19. √　20. ×
21. √　22. √　23. ×　24. √　25. √　26. √　27. √　28. √　29. ×　30. √
31. √　32. √　33. √　34. √　35. √

第六章　特种设备与特种作业

一、单选题

1. C　2. D　3. C　4. B　5. A　6. D　7. B　8. D　9. C　10. B
11. B　12. C　13. B　14. C　15. D　16. B　17. D　18. C　19. B　20. A
21. A　22. A　23. B　24. A　25. C　26. B　27. C　28. C　29. B　30. B
31. C　32. D　33. D　34. C　35. C　36. B　37. B　38. C　39. B　40. B
41. C　42. A　43. C　44. D　45. B　46. C　47. D　48. B　49. A　50. C
51. B　52. C　53. C　54. B　55. A　56. A　57. B　58. C　59. B　60. B
61. D　62. C　63. D　64. A　65. B　66. A　67. A　68. C　69. B　70. B
71. A　72. D　73. B　74. B　75. A　76. A　77. B　78. D　79. A　80. C
81. B　82. B　83. C　84. B　85. A　86. C　87. B　88. C　89. D　90. B
91. B　92. C　93. B　94. B　95. C　96. A　97. C　98. B　99. D　100. C
101. C　102. C　103. C　104. C　105. D　106. D　107. A　108. B　109. D　110. B
111. A　112. B　113. D　114. C　115. A

二、多选题

1. ABCDE　2. ABCDE　3. ABCDE　4. BDE　5. AB
6. ABCDE　7. ABD　8. ABC　9. ABCDE　10. ABC
11. AB　12. ABD　13. ABCDE　14. ABDE　15. ABCDE
16. BCD　17. ABCE　18. ABD　19. BD　20. AC
21. ABCD　22. ABCDE　23. ABD　24. AD　25. ABCD
26. BC　27. ABCD　28. ABCDE　29. ABD　30. ABCDE
31. ABCDE　32. ABCD　33. ABDE　34. ABCDE　35. ABD

36. ABC　37. ABC　38. ABCD　39. ABDE　40. ABCDE
41. ABC　42. AD　43. ABCDE　44. BD　45. ABCDE
46. ABC　47. ABC　48. ABC　49. ABCD　50. ABCDE
51. ABD　52. ABC　53. C　54. ABCD　55. ABCE
56. ABCD　57. ABCE　58. ABC　59. ACD　60. ABCDE
61. ABCDE　62. ABCDE　63. ABCD　64. ABDE　65. ABD
66. ABCE　67. ABCE　68. ABE　69. ABDE　70. ABCE
71. ABDE　72. ABCDE　73. BCDE

三、判断题

1. √　2. √　3. √　4. √　5. √　6. √　7. √　8. √　9. √　10. √
11. √　12. √　13. √　14. ×　15. √　16. √　17. √　18. √　19. √　20. ×
21. √　22. √　23. ×　24. ×　25. √　26. √　27. ×　28. ×　29. √　30. √
31. √　32. √　33. ×　34. √　35. √　36. √　37. √　38. ×　39. √　40. √
41. ×　42. √　43. √　44. √　45. √　46. √　47. √　48. √　49. √　50. √
51. √　52. ×　53. √　54. √　55. √　56. ×　57. √　58. √　59. √　60. √
61. √　62. √　63. √　64. √　65. √　66. √　67. ×　68. √　69. √　70. ×
71. √　72. ×　73. √　74. ×　75. ×　76. √　77. √　78. ×　79. √　80. √
81. ×　82. ×　83. √　84. √　85. ×　86. ×　87. ×　88. ×　89. √　90. ×
91. ×　92. ×　93. √　94. √　95. ×　96. ×　97. ×　98. √　99. √　100. √
101. ×　102. √　103. ×　104. ×　105. ×　106. √　107. √　108. √　109. √　110. ×
111. √　112. √　113. ×　114. √　115. √　116. ×　117. ×　118. ×　119. √　120. ×
121. √　122. √　123. √　124. √　125. ×　126. ×　127. ×　128. ×　129. ×　130. √
131. ×　132. √　133. √　134. ×　135. √　136. ×　137. ×　138. √　139. ×

第七章　基坑施工

一、单选题

1. B　2. B　3. C　4. D　5. B　6. B　7. A　8. D　9. D　10. C
11. A

二、多选题

1. ABCDE　2. ABCDE　3. AD　4. ABCD　5. ABC
6. BCDE　7. ABCD　8. ABCD

三、判断题

1. ×　2. √　3. √　4. ×　5. √　6. √　7. √　8. √　9. √　10. ×

11. √　12. √　13. √　14. √　15. √　16. √　17. √

第八章　临 时 用 电

一、单选题

1. C　2. C　3. D　4. C　5. C　6. A　7. C　8. B　9. A　10. B
11. B　12. A　13. C　14. B　15. A　16. A　17. D　18. C　19. B　20. C
21. C　22. C　23. C　24. A　25. A　26. A　27. C　28. B　29. C　30. C
31. B　32. B　33. B　34. C　35. C　36. A　37. C　38. D　39. B　40. C
41. B　42. C　43. C　44. B　45. C　46. D　47. C　48. B　49. B　50. A
51. C　52. D　53. A　54. B　55. C　56. C　57. D　58. C　59. B　60. B
61. C　62. A　63. C　64. A　65. C　66. B　67. D　68. A　69. C

二、多选题

1. ABCE　2. ABCDE　3. ABCD　4. ABDE　5. BCDE
6. ABD　7. ABCD　8. ACD　9. ABCDE　10. ABCE
11. ABC　12. BCD　13. ABCD　14. ABDE　15. ABCDE
16. ABC　17. ABCD　18. ABCDE　19. BC

三、判断题

1. √　2. √　3. √　4. √　5. √　6. √　7. √　8. ×　9. √　10. √
11. ×　12. √　13. √　14. ×　15. ×　16. √　17. ×　18. ×　19. ×　20. √
21. ×　22. ×　23. ×　24. √　25. ×　26. √　27. √　28. √　29. ×　30. ×
31. ×　32. ×　33. ×　34. √　35. ×　36. ×　37. ×　38. ×　39. ×　40. √
41. √　42. ×　43. ×　44. √　45. √　46. √　47. ×　48. ×　49. ×　50. √
51. √　52. √　53. ×　54. √　55. √　56. ×　57. √　58. √　59. √　60. ×
61. √　62. ×　63. √　64. ×　65. ×　66. √　67. ×　68. √　69. ×　70. √
71. ×　72. √　73. √

第四篇　工程施工作业专用安全技术篇

第一章　路基工程(边坡施工)

一、单选题

1. A　2. D　3. C　4. B　5. B　6. D　7. B　8. D　9. C　10. C
11. C　12. B　13. C　14. B　15. A　16. B　17. B　18. C　19. A　20. A

21. C　22. C　23. C

二、多选题

1. ABCDE　2. ADE　3. AD　4. ABCD　5. ABD
6. ABCD　7. ABCD　8. ACE　9. ABCD　10. ABC
11. ABCE　12. ABCE　13. ACDE　14. ABCD　15. ABCD
16. CDE

三、判断题

1. √　2. √　3. √　4. √　5. √　6. √　7. √　8. √　9. √　10. √
11. √　12. √　13. √　14. ×　15. √　16. √　17. √　18. ×　19. √　20. ×
21. ×　22. √　23. ×　24. √　25. √　26. √　27. √　28. ×　29. √　30. √
31. √　32. ×　33. √　34. √　35. √　36. √　37. ×　38. ×　39. √　40. √
41. √　42. √

第二章　路面工程(机械)

一、单选题

1. B　2. C　3. A　4. B　5. A　6. B　7. D　8. D　9. A　10. B
11. A　12. A　13. C　14. B　15. D　16. B　17. B　18. C　19. C　20. C
21. B　22. B

二、多选题

1. ABCD　2. ABCDE　3. ABC　4. ABCD　5. AB
6. ABCDE　7. ABCD　8. ABD　9. ABC　10. ABCDE
11. BCD　12. ABCD

三、判断题

1. √　2. √　3. ×　4. √　5. √　6. √　7. √　8. √　9. √　10. √
11. √　12. √　13. √　14. √　15. √　16. √　17. √　18. √　19. √　20. √
21. √　22. √　23. √　24. √　25. √　26. ×　27. √　28. √　29. √

第三章　桥 梁 工 程

一、单选题

1. A　2. B　3. C　4. C　5. C　6. A　7. D　8. B　9. C　10. C
11. A　12. D　13. D　14. D　15. A　16. C　17. C　18. C　19. B　20. C

21. D　22. A　23. C　24. A　25. C　26. C

二、多选题

1. ABCDE　2. ABCDE　3. BD　4. ABCDE　5. ABCD
6. ABCD　7. ABCE　8. ABCD　9. ABCD

三、判断题

1. √　2. √　3. √　4. √　5. √　6. √　7. √　8. ×　9. √　10. √
11. √　12. √　13. √　14. ×　15. ×　16. √　17. √　18. √

第四章　隧道工程

一、单选题

1. C　2. D　3. A　4. D　5. A　6. A　7. D　8. C　9. D　10. B
11. C　12. C　13. C　14. B

二、多选题

1. ABCDE　2. ABCDE　3. ABCD　4. ABC　5. ACE

三、判断题

1. √　2. √　3. √　4. √　5. √　6. √　7. √　8. √　9. ×　10. √
11. ×　12. √　13. √　14. √　15. √　16. √　17. √　18. √　19. √　20. ×
21. √

第五章　航道工程

一、单选题

1. C　2. B　3. B　4. B　5. A　6. B　7. D　8. C　9. B　10. D
11. D　12. C　13. C

二、多选题

1. BCDE　2. ABCE　3. ACD　4. ABE　5. ABCD
6. ABCD　7. AB　8. CD　9. ABCD　10. ABCE
11. ACD　12. AB　13. DE　14. ABDE　15. AE
16. AB

三、判断题

1. √　2. √　3. ×　4. ×　5. ×

第六章　码头工程

一、单选题

1. D　2. C　3. B　4. A　5. B　6. D　7. A　8. B　9. D　10. D
11. B　12. A　13. B　14. B　15. B　16. C　17. C　18. D　19. A

二、多选题

1. ABC　2. ABDE　3. ABCDE　4. ACD　5. ABD
6. ABDE　7. ABD　8. ABCD　9. DE　10. CDE
11. ACD　12. BC

三、判断题

1. ×　2. ×　3. √　4. √　5. √　6. ×　7. ×　8. √　9. ×　10. √
11. ×　12. √

第七章　船闸工程

一、单选题

1. C　2. B　3. D　4. A

二、多选题

1. ABC　2. AB　3. ABD

三、判断题

√

第八章　附属工程

单选题

1. B　2. A　3. A　4. A

第五篇　养护技术篇

一、单选题

1. A　2. B　3. C　4. C　5. B　6. C　7. D　8. B　9. A　10. C
11. A　12. C　13. D　14. A　15. A　16. C　17. D　18. A　19. C　20. B

21. A　22. D　23. A　24. D　25. A　26. A　27. C　28. B　29. B　30. A
31. A　32. A　33. C　34. A　35. B　36. B　37. A　38. C　39. D　40. A
41. D　42. A　43. C　44. A　45. A　46. C　47. A　48. B　49. C　50. D
51. A　52. B　53. C　54. B　55. A　56. A　57. B　58. B　59. B　60. B
61. C　62. A　63. C　64. B　65. C　66. C　67. D　68. C　69. A　70. B
71. C　72. B　73. A　74. A　75. A　76. D　77. B　78. A　79. A　80. D

二、多选题

1. ABCDE　2. ABCD　3. ABCDE　4. ABCDE　5. AB
6. ABCDE　7. ABE　8. ABC　9. ABCE　10. ACDE
11. ACD　12. ABCDE　13. ABCD　14. ABCDE　15. ABDE
16. ABCD　17. ABCDE　18. ABCD　19. ABD　20. ACE
21. AC　22. ABCE　23. ABCDE　24. ABCD　25. ABCDE
26. ABCDE　27. ABCE　28. ABCD　29. ABCD　30. ABC

三、判断题

1. √　2. √　3. ×　4. √　5. ×　6. ×　7. ×　8. √　9. ×　10. ×
11. √　12. ×　13. √　14. ×　15. ×　16. √　17. √　18. ×　19. √　20. ×
21. √　22. √　23. ×　24. √　25. √　26. √　27. √　28. √　29. √　30. √
31. √　32. ×　33. ×　34. √　35. ×　36. √　37. √　38. √　39. √　40. √
41. ×　42. √　43. ×　44. ×　45. √　46. √　47. ×　48. √　49. √　50. √
51. ×　52. √　53. √　54. ×　55. √　56. √　57. √　58. √　59. √　60. ×
61. ×　62. ×　63. √　64. ×　65. √　66. ×　67. √　68. √　69. √　70. √
71. ×　72. ×　73. √　74. ×　75. √　76. ×　77. √

第六篇　案例警示

案例一

1. A　2. B　3. √　4. ×　5. √　6. √

案例二

1. B　2. ×　3. √　4. √　5. ×

案例三

1. C　2. B　3. D　4. B　5. √　6. ×　7. ×　8. √

案例四

1. √　2. ×　3. ×　4. √　5. √

案例五

1. C　2. BCD　3. √　4. ABC　5. ABCDE

案例六

1. ABCDE　2. √　3. √　4. √　5. √

案例七

1. √　2. ×　3. ×　4. ×　5. √

案例八

1. B　2. ABC　3. CD　4. ABCDE　5. ABCD

案例九

1. B　2. ABC　3. ×　4. √　5. ×

案例十

1. A　2. ABCDE　3. ABCDE　4. √　5. √
6. ×

案例十一

1. ×　2. √　3. √　4. √　5. √

案例十二

1. A　2. B　3. D　4. ADE　5. √

案例十三

1. √　2. √　3. ×　4. √

案例十四

1. A　2. BCDE　3. √　4. √　5. √

案例十五

1. √　2. √　3. √　4. √

案例十六

1. √　2. √　3. √　4. √　5. √

案例十七

1. √　2. √　3. √　4. √　5. √

案例十八

1. √　2. √　3. √　4. √　5. √

案例十九

1. √　2. √　3. √　4. √

案例二十

1. B　2. ×　3. ×　4. √　5. ×

附录二　部门规章文件目录

（按颁布时间排序）

序号	名　　称	发布机构	文件号	颁布时间	实施时间
1	公路水运工程安全生产监督管理办法	交通运输部	交通运输部令〔2016〕第9号	2016年3月7日	2016年3月7日
2	中华人民共和国海事行政许可条件规定	交通运输部	交通运输部令〔2015〕第7号	2015年5月29日	2015年7月1日
3	企业安全生产应急管理九条规定	国家安全生产监督管理总局	安监总局令〔2015〕第74号	2015年2月28日	2015年2月28日
4	交通运输行业建设工程生产安全事故统计报表制度	安全与质量监督管理司	交办安监函〔2014〕第603号	2014年12月24日	2014年12月24日
5	企业安全生产风险公告六条规定	国家安全生产监督管理总局	安监总局令〔2014〕第70号	2014年12月10日	2014年12月10日
6	建筑工程施工许可管理办法	住房和城乡建设部	建设部令〔2014〕第18号	2014年6月25日	2014年10月25日
7	关于进一步加强隧道工程质量和安全监管工作的若干意见	交通运输部	交质监发〔2013〕第549号	2013年9月16日	2013年9月16日
8	关于开展高速公路和大型水运工程“防坍塌、防坠落、反三违”专项整治活动的通知	交通运输部质监局	厅质监字〔2013〕第129号	2013年5月16日	2013年5月16日
9	关于印发交通运输系统“平安交通”创建活动实施方案的通知	交通运输部安监司	交安监发〔2013〕第116号	2013年2月7日	2013年2月7日
10	关于进一步加强安全生产工作的意见	交通运输部	交安监发〔2013〕第1号	2013年1月5日	2013年1月5日
11	关于开展公路水运工程“平安工地”考核评价工作的通知	交通运输部安全监管总局	交质监发〔2012〕第679号	2012年12月5日	2012年12月5日
12	关于进一步加强安全培训工作决定	国务院安委会	安委〔2012〕第10号	2012年11月21日	2012年11月21日
13	关于组织公路水运建设项目平安工程冠名工作的通知	交通运输部、安全监管总局	交质监发〔2012〕第639号	2012年11月19日	2012年11月19日

续上表

序号	名　称	发布机构	文件号	颁布时间	实施时间
14	公路水运工程施工企业项目负责人施工现场带班安全制度(暂行)	交通运输部质监局	交质监发〔2012〕第576号	2012年11月5日	2012年11月5日
15	公路水运工程生产安全重大事故隐患挂牌督办制度(暂行)	交通运输部	交质监发〔2012〕第577号	2012年11月2日	2012年11月2日
16	公路水运工程施工企业项目负责人施工现场带班生产制度(暂行)	交通运输部、安全监管总局	交质监发〔2012〕第576号	2012年11月2日	2012年11月2日
17	关于进一步加强夜间施工质量安全管理工作的通知	交通运输部办公厅	厅质监字〔2012〕第183号	2012年8月9日	2012年8月9日
18	关于进一步加强在建公路特大桥梁和特长隧道工程质量安全监管工作的通知	交通运输部	厅质监字〔2012〕第117号	2012年5月18日	2012年5月18日
19	建设项目职业卫生“三同时”监督管理暂行办法	国家安全生产监督管理总局	安监总局令〔2012〕第51号	2012年4月27日	2012年6月1日
20	企业安全生产费用提取和使用管理局办法	财政部、国家安全生产监督管理总局	财企〔2012〕第16号	2012年2月14日	2012年2月14日
21	国家安全监管总局关于修改《生产安全事故报告和调查处理条例》罚款处罚暂行规定部分条款的决定	国家安全生产监督管理总局	安监总局令〔2011〕第42号	2011年9月1日	2011年11月1日
22	关于开展公路桥梁和隧道工程施工安全风险评估试行工作的通知	交通运输部	交质监发〔2011〕第217号	2011年5月5日	2011年8月1日
23	中华人民共和国水上水下活动通航安全管理规定	交通运输部	交通运输部令〔2011〕第5号	2011年1月27日	2011年3月1日
24	公路水运工程生产安全事故应急预案	交通运输部	交质监发〔2011〕第6号	2011年1月11日	2011年1月11日
25	交通运输部办公厅关于进一步加强交通运输行业建设工程生产安全事故报告统计工作的通知	交通运输部	厅质监字〔2010〕第231号	2010年12月3日	2010年12月3日
26	特种作业人员安全技术培训考核管理规定	国家安全生产监督管理总局	安监总局令〔2010〕第30号	2010年5月24日	2010年7月1日

续上表

序号	名　　称	发布机构	文件号	颁布时间	实施时间
27	关于开展公路水运工程平安工地建设活动的通知	交通运输部质监局	交质监发〔2010〕第132号	2010年3月12日	2010年3月12日
28	关于加强重大工程安全质量保障措施的通知	水利部安全监管总局	发改投资〔2009〕第3183号	2009年12月14日	2009年12月14日
29	公路水运工程施工企业安全生产管理人员考核管理办法	交通运输部质监局	交质监发〔2009〕第757号	2009年12月9日	2009年12月9日
30	危险性较大的分部分项工程安全管理办法	住房和城乡建设部	建质〔2009〕第87号	2009年5月13日	2009年5月13日
31	生产安全事故应急预案管理办法	国家安全生产监督管理总局	安监总局令〔2016〕第88号	2016年6月3日	2016年7月1日
32	生产安全事故档案管理办法	国家安全生产监督管理总局	安监总办〔2008〕第202号	2008年11月17日	2008年11月17日
33	建筑施工企业安全生产管理机构设置及专职安全生产管理人员配备办法	住房和城乡建设部	建质〔2008〕第91号	2008年5月13日	2008年5月13日
34	安全生产事故隐患排查治理暂行规定	国家安全生产监督管理总局	安监总局令〔2007〕第16号	2007年12月28日	2008年2月1日
35	中华人民共和国内河交通事故调查处理规定	交通运输部	交通部令〔2006〕第12号	2006年12月4日	2007年1月1日
36	生产经营单位安全培训规定	国家安全生产监督管理总局	安监总局令〔2006〕第3号	2006年1月17日	2006年3月1日
37	危险性较大工程安全专项施工方案编制及专家论证审查办法	建设部	建质〔2004〕第213号	2004年12月1日	2004年12月1日
38	建筑施工企业安全生产许可证管理规定	建设部	建设部令〔2004〕第128号	2004年7月5日	2004年7月5日
39	关于加强安全工作的紧急通知	国务院办公厅	国办发明电〔2004〕第7号	2004年2月17日	2004年2月17日
40	机关、团体、企业、事业单位消防安全管理规定	公安部	公安部〔2001〕第61号	2001年10月19日	2002年5月1日
41	特种设备注册登记与使用管理规则	国家质量技术监督局	质技监局锅发〔2001〕第57号	2001年4月9日	2001年4月9日

附录三　法律文件目录

（按颁布时间排序）

序号	名　称	发布机构	文件号	颁布时间	实施时间
1	中华人民共和国安全生产法	全国人民代表大会常务委员会	中华人民共和国主席令第13号	2014年8月31日	2014年12月1日
2	中华人民共和国环境保护法	全国人民代表大会常务委员会	中华人民共和国主席令第9号	2014年4月24日	2015年1月1日
3	中华人民共和国特种设备安全法	全国人民代表大会常务委员会	中华人民共和国主席令第4号	2013年6月29日	2014年1月1日
4	中华人民共和国职业病防治法	全国人民代表大会常务委员会	中华人民共和国主席令第52号	2011年12月31日	2011年12月31日
5	中华人民共和国建筑法	全国人民代表大会常务委员会	中华人民共和国主席令第46号	2011年4月22日	2011年7月1日
6	中华人民共和国消防法	全国人民代表大会常务委员会	中华人民共和国主席令第6号	2008年10月28日	2009年5月1号
7	中华人民共和国刑法修正案（六）	全国人民代表大会常务委员会	中华人民共和国主席令第51号	2006年6月29日	2006年6月29日
8	中华人民共和国环境噪声污染防治法	全国人民代表大会常务委员会	中华人民共和国主席令第77号	1996年10月29日	1997年3月1日

附录四　规范文件目录

序号	规范名称	发布机构	文件号	发布时间	实施时间
1	《公路养护安全作业规程》	交通运输部	JTG H30—2015	2015-04-20	2015-06-01
2	《公路工程施工安全技术规范》	交通运输部	JTG F90—2015	2015-02-10	2015-05-01
3	《爆破安全规程》	国家质量监督检验检疫总局	GB 6722—2014	2014-12-05	2015-07-01
4	《建筑设计防火规范》	住房和城乡建设部	GB 50016—2014	2014-08-27	2015-05-01
5	《生产经营单位生产安全事故应急预案编制导则》	国家质量监督检验检疫总局	GB/T 29639—2013	2013-07-19	2013-10-01
6	《建设工程施工现场环境与卫生标准》	住房和城乡建设部	JGJ 146—2013	2013-11-08	2014-06-01
7	《防波堤设计与施工规范》	交通运输部	JTS 154-1—2011	2012-01-01	2012-04-23
8	《建筑施工起重吊装工程安全技术规范》	住房和城乡建设部	JGJ 276—2012	2012-01-11	2012-06-01
9	《建筑机械使用安全技术规程》	住房和城乡建设部	JGJ 33—2012	2012-05-03	2012-11-01
10	《建筑施工起重吊装工程安全技术规范》	住房和城乡建设部	JGJ 276—2012	2012-01-11	2012-06-01
11	《建筑施工扣件式钢管脚手架安全技术规范》	住房和城乡建设部	JGJ 130—2011	2011-01-28	2011-12-01
12	《建设工程施工现场消防安全技术规范》	住房和城乡建设部	GB 50720—2011	2011-06-06	2011-08-01
13	《公路桥涵施工技术规范》	交通运输部	JTG/T F50—2011	2011-06-07	2011-08-01
14	《建筑施工场界环境噪声排放标准》	国家质量监督检验检疫总局	GB 12523—2011	2011-12-30	2012-07-01
15	《建筑工程冬期施工规程》	住房和城乡建设部	JGJ/T 104—2011	2011-04-22	2011-12-01
16	《职业健康安全管理体系 要求》	国家质量监督检验检疫总局	GB/T 28001—2011	2011-12-30	2012-02-01
17	《建筑施工安全检查标准》	住房和城乡建设部	JGJ 59—2011	2011-12-07	2012-07-01

续上表

序号	规 范 名 称	发 布 机 构	文件号	发布时间	实施时间
18	《建筑施工门式钢管脚手架安全技术规范》	住房和城乡建设部	JGJ 128—2010	2010-05-18	2010-12-01
19	《龙门架及井架物料提升机安全技术规范》	住房和城乡建设部	JGJ 88—2010	2010-08-03	2011-02-01
20	《道路交通标志和标线》	国家质量监督检验检疫总局	GB 5768—2009	2009-05-25	2009-07-01
21	《安全带》	国家质量监督检验检疫总局	GB 6095—2009	2009-04-13	2009-12-01
22	《重力式码头设计与施工规范》	交通运输部	JTS 167-2—2009	2009-04-17	2009-09-01
23	《危险化学品重大危险源辨识》	国家质量监督检验检疫总局	GB 18218—2009	2009-03-31	2009-12-01
24	《生产过程危险和有害因素分类与代码》	国家质量监督检验检疫总局	GB/T 13861—2009	2009-10-15	2009-12-01
25	《安全带测试方法》	国家安全生产监督管理总局	GB/T 6096—2009	2009-04-13	2009-12-01
26	《安全网》	国家质量监督检验检疫总局	GB 5725—2009	2009-04-01	2009-12-01
27	《起重机 钢丝绳 保养、维护、检验和报废》	国家质量监督检验检疫总局	GB/T 5972—2016	2016-02-24	2016-06-01
28	《水运工程施工安全防护技术规范》	交通运输部	JTS205-1—2008	2008-12-02	2009-01-01
29	《建筑施工碗扣式钢管脚手架安全技术规范》	住房和城乡建设部	JGJ 166—2008	2008-11-04	2009-07-01
30	《焊接防护具》	国家质量监督检验检疫总局	GB/T 3609. 1—2008	1983-04-15	2009-10-01
31	《高处作业分级》	国家质量监督检验检疫总局	GB/T 3608—2008	2008-10-30	2009-06-01
32	《建筑施工模板安全技术规范》	住房和城乡建设部	JGJ 162—2008	2008-08-06	2008-12-01
33	《给水排水管道工程施工及验收规范》	住房和城乡建设部	GB 50268—2008	2008-10-15	2009-05-01
34	《安全标志及其使用导则》	国家质量监督检验检疫总局	GB 2894—2008	1982-02-10	2009-10-01
35	《建筑灭火器配置验收及检查规范》	住房和城乡建设部	GB 50444—2008	2008-08-13	2008-11-01

续上表

序号	规范名称	发布机构	文件号	发布时间	实施时间
36	《安全色》	国家质量监督检验检疫总局	GB 2893—2008	2008-12-11	2009-10-01
37	《安全帽》	国家质量监督检验检疫总局	GB 2811—2007	2007-01-19	2007-12-01
38	《粉尘防爆安全规程》	国家质量监督检验检疫总局	GB 15577—2007	2007-07-30	2008-02-01
39	《公路路基施工技术规范》	交通运输部	JTG F10—2006	2006-08-31	2007-01-01
40	《钢管脚手架扣件》	国家质量监督检验检疫总局	GB 15831—2006	2006-09-12	2007-03-0
41	《公路工程施工监理规范》	交通运输部	JTG G10—2016	2016-07-22	2016-10-01
42	《公路交通安全设施设计细则》	交通部	JTG/T D81—2006	2006-07-07	2006-09-01
43	《手持式电动工具管理、使用、检查和维修安全技术规程》	国家质量监督检验检疫总局	GB/T 3787—2006	2006-02-15	2006-06-01
44	《塔式起重机安全规程》	中国机械工业联合会	GB 5144—2006	2006-06-02	2007-10-01
45	《剩余电流动作保护装置安装和运行》	国家标准化管理委员会	GB 13955—2005	2005-02-06	2005-12-01
46	《施工现场临时用电安全技术规范》	住房和城乡建设部	JGJ 46—2005	2005-04-15	2005-07-01
47	《建筑灭火器配置设计规范》	住房和城乡建设部	GB 50140—2005	2005-07-15	2005-10-01
48	《高处作业吊篮》	中国机械工业联合会	GB 19155—2003	2003-05-23	2003-11-01
49	《建筑工程大模板技术规程》	建设部	JGJ 74—2003	2003-06-03	2003-10-01
50	《港口及航道护岸工程设计与施工规范》	交通运输部	JTJ 300—2000	2000-12-25	2001-06-01
51	《疏浚工程技术规范》	交通运输部	JTJ 319—1999	1999-04-23	1999-12-01
52	《焊接与切割安全》	国家质量技术监督局	GB 9448—1999	1999-09-03	2000-05-01
53	《建筑施工高处作业安全技术规范》	建设部	JGJ 80—1991	1992-01-08	1992-08-01
54	《企业职工伤亡事故分类》	国家标准局	GB 6441—1986	1986-05-31	1987-02-01

附录五　行政法规文件目录

（按颁布时间排序）

序号	名　　称	发布机构	文件号	颁布时间	实施时间
1	生产经营单位安全生产不良记录“黑名单”管理暂行规定	国务院安委会办公室	安委办〔2015〕第14号	2015年7月29日	2015年7月29日
2	国务院关于坚持科学发展安全发展　促进安全生产形势持续稳定好转的意见	国务院办公厅	国发〔2011〕第40号	2011年11月26日	2011年11月26日
3	工伤保险条例	国务院	国务院令〔2010〕第586号	2010年12月20日	2011年1月1日
4	特种设备安全监察条例	国务院	国务院令〔2009〕第549号	2009年1月14日	2009年5月1日
5	关于进一步加强企业安全生产工作的通知	国务院办公厅	国发〔2010〕第23号	2010年7月19日	2010年7月19日
6	生产安全事故报告和调查处理条例	国务院	国务院令〔2007〕第493号	2007年4月9日	2007年6月1日
7	民用爆炸物品安全管理条例	国务院	国务院令〔2006〕第466号	2006年5月10日	2006年5月10日
8	安全生产许可证条例	国务院	国务院令〔2004〕第397号	2004年1月13日	2004年1月13日
9	国务院关于进一步加强安全生产工作的决定	国务院办公厅	国发〔2004〕第2号	2004年1月9日	2004年1月9日
10	建设工程安全生产管理条例	国务院	国务院令〔2003〕第393号	2003年11月24日	2004年2月1日
11	建设工程质量管理条例	国务院	国务院令〔2000〕第279号	2000年1月30日	2000年1月30日